兵战事典 ❻ 欧洲近代篇

[日] 河村启之 等著　张咏翔 译

生活·讀書·新知三联书店

Simplified Chinese Copyright © 2020 by SDX Joint Publishing Company.
All Rights Reserved.
本作品简体中文版权由生活·读书·新知三联书店所有。
未经许可，不得翻印。

Senryaku Senjyutsu Heiki Jiten 3 Europe Kindaihen
© Gakken 1995
First publishing in Japan 1995 by Gakken Co., Ltd, Tokyo

图书在版编目（CIP）数据

兵战事典. 6, 欧洲近代篇／（日）河村启之等著；张咏翔译. —北京：生活·读书·新知三联书店，2020.11
ISBN 978-7-108-07031-9

Ⅰ.①兵… Ⅱ.①河…②张… Ⅲ.①战争史－欧洲－近代－通俗读物 Ⅳ.① E19-49

中国版本图书馆 CIP 数据核字（2020）第 255685 号

责任编辑　曹明明　徐国强
装帧设计　康　健
责任印制　徐　方
出版发行　生活·讀書·新知 三联书店
　　　　　（北京市东城区美术馆东街 22 号 100010）
网　　址　www.sdxjpc.com
图　　字　01-2018-7723
经　　销　新华书店
印　　刷　天津图文方嘉印刷有限公司
版　　次　2020 年 11 月北京第 1 版
　　　　　2020 年 11 月北京第 1 次印刷
开　　本　787 毫米 × 1092 毫米　1/16　印张 13.75
字　　数　220 千字　图 310 幅
印　　数　0,001-6,000 册
定　　价　78.00 元

（印装查询：01064002715；邮购查询：01084010542）

目录
CONTENTS

欧洲近代军事
文／河村启之、今村伸哉、菱沼和秀

- 军服 002
- 小火器 008
- 步枪、刺刀 010
- 大炮 012
- 棱堡式城塞 016
- 帆船军舰 024

战争阵型
文／河村启之　监修／今村伸哉　协助／白井雅高

- 方阵 034
- 罗马军团 035
- 瑞士战斗团 036
- 西班牙步兵大方阵 038
- 毛里茨型 040
- 古斯塔夫型 042
- 腓特烈型 044
- 混合战斗序列 046

武器、防御和战舰
文／河村启之、菱沼和秀

- 脱去铠甲的现代陆军 050
- 使战斗改头换面的新兵器 052
- 面对火力与机动力的各种挑战 054
- 棱堡式筑城技术的发展与完备 056
- 帆船军舰的谱系与装备、战术 062

近代战争史
文／今村伸哉、铃木董、白井雅高

[*16 世纪*]
- 国家意识萌芽与宗教改革 068
- 火炮的诞生使部队运用产生变革 070

[*17 世纪*]
- 宗教与经济摩擦导致的国际战争 080
- 以三兵统合与火力发挥为焦点的战术革命 ... 082

[*18世纪*]
军事强国普鲁士的崛起 —————————————————— 098
趋于完备的战术与迈向新型军队的探索 ——————————— 100
[*拿破仑战争*]
法国大革命与拿破仑的登场 ———————————————— 116
拿破仑的法兰西军事思想 ————————————————— 118

近代战争起源

文／今村伸哉

专业常备军 ——————————————————————— 132
武器、装备库 ————————————————————— 136
教范 ————————————————————————— 137
军事制度 ——————————————————————— 138
征兵制 ———————————————————————— 142
军法 ————————————————————————— 144

大战记录

文／中里融司　协助／今村伸哉

拉韦纳战役 —————————————————————— 146
布莱登菲尔德战役 ——————————————————— 153
耶拿会战 ——————————————————————— 160
特拉法加海战 ————————————————————— 167

著名战役

文／中里融司　协助／今村伸哉

欧洲战争史年表（**1494～1815**） ————————————— 174
帕维亚战役 —————————————————————— 178
纽波特战役 —————————————————————— 179
勒班陀战役 —————————————————————— 180
无敌舰队海战 ————————————————————— 182
吕岑战役 ——————————————————————— 184
罗克鲁瓦战役 ————————————————————— 185
纳斯比战役 —————————————————————— 186
安茨海姆战役 ————————————————————— 187
维也纳攻城战 ————————————————————— 188
纳尔瓦战役 —————————————————————— 189
艾利克森战役 ————————————————————— 190

里尔攻城战	191
罗斯巴赫战役	192
萨拉托加战役	193
马伦哥战役	194
滑铁卢战役	195

军事用语集

监修／今村伸哉　文／白井雅高

人物篇 — 198

尼可罗·马基亚维利／尤斯图斯·利普修斯／毛里茨亲王／古斯塔夫·阿道夫／拉依蒙多·蒙特库科利／杜伦尼／沃邦／马尔博罗公爵／卡尔十二／萨克森伯爵／腓特烈大帝／吉贝特／比洛／拿破仑／威灵顿公爵／沙恩霍斯特／格奈森瑙／克劳塞维茨／约米尼

事项篇 — 206

机动战／骑兵炮、步兵炮／军队编制／轻骑兵、轻步兵／现地征调／西洋棋战术／焦土战术／歼灭战、消耗战／绝对战争、限制战争／战争术／战略、战术／战略机动、战术机动／战术队形、战斗队形／外线作战、内线作战／部队支援／后勤／炮／炮兵后勤／预防战争

欧洲近代军事

文 | 河村启之（Hiroyuki Kawamura）
今村伸哉（Nobuya Imamura）
菱沼和秀（Kazuhide Hishinuma）

【军服】

UNIFORMS

与士兵一起驰骋欧洲战场的军服，在其华丽绚烂的色彩之下，却也隐藏着另外一部战争史

步兵
1500
撕裂中世纪的黑暗 站上舞台的佣兵们

16世纪的战争，步兵集团战法的复活，以及火器这种新武器的普及，成为军事史上的一大转捩点。夹在中世纪与近代之间诞生的佣兵，穿着相当绚烂夺目的华丽军装，夸耀自己的战历。在铠甲方面，中世纪骑士那种包覆全身的样式已经消失无踪，换成以只遮到膝盖的半身甲胄为主流

❶ 仿照佣兵服饰打造的16世纪初期甲胄
模仿这个时代佣兵的服饰打造出来的甲胄，表面用蚀刻方式装饰

❷ 16世纪初的德国佣兵（国土佣仆）
德国佣兵所穿的衣服相当宽松，而且上面开有缝隙，可以看见内层的布料。他们还会穿上条状花纹的裤袜，整体而言相当华丽

火绳枪 · 剑 · 裤袜

❸ 16世纪初的瑞士佣兵
瑞士佣兵也与德国佣兵一样，会穿上华丽的军装。当时因为没有制服，所以也有可能穿上从敌人那里抢来的铠甲，样式相当丰富。手臂上面的白色十字架是在战斗时识别敌我的标志

胸甲

❹ 16世纪中叶的戟兵
穿着良质半身甲胄的戟兵。虽然当时的主要武器是长枪和火绳枪，不过戟也是较常使用的辅助兵器。头盔戴的是morion式的高顶盔，整体装备是典型的重装步兵样式

戟 · 肩甲 · 长枪

各种头盔样式
16世纪所使用的头盔。最上面是从15世纪就开始使用的sallet，头部后侧下方也被遮到。中间的是burgonet，虽然遮住脸颊，不过视野也较为宽广。最下方的是morion，特点是有着很大的上翘帽檐

1600

随着火炮发展而登场的新型军队

17世纪时已经出现了常备军，而长枪队、火枪队等部队，也陆续穿上各自的军服，这可以视为军装制服化的前兆。铠甲则逐渐轻量化，不仅取消了臂甲与肩甲，下摆也改成比较简单的样式

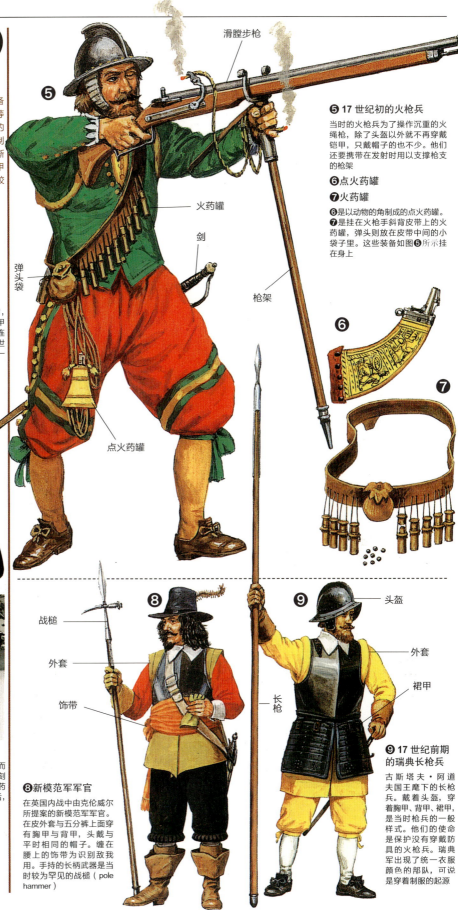

长枪兵甲胄

17世纪典型的长枪兵甲胄，由头盔、胸甲、背甲、裙甲构成，裙甲用绞链与胸甲连接。虽然步兵的甲胄在18世纪以后消失，不过头盔则一直流传至现代

点火药罐

主要以动物角等材料制作而成的点火药罐，表面大多刻有花纹。等到把弹头与火药包在一起的药包发明之后，就不再使用这种火药罐了

插图／伊藤展安

❺ 17世纪初的火枪兵

当时的火枪兵为了操作沉重的火绳枪，除了头盔以外就不再穿戴铠甲，只戴帽子的也不少。他们还要携带在发射时用以支撑枪支的枪架

❻ 点火药罐

❼ 火药罐

❻是以动物的角制成的点火药罐。❼是挂在火枪手斜背皮带上的火药罐，弹头则放在皮带中间的小袋子里。这些装备如图❺所示挂在身上

❽ 新模范军军官

在英国内战中由克伦威尔所提案的新模范军军官。在皮外套与五分裤上面穿有胸甲与背甲，头戴与平时相同的帽子。缠在腰上的饰带为识别敌我用。手持的长柄武器是当时较为罕见的战槌（pole hammer）

❾ 17世纪前期的瑞典长枪兵

古斯塔夫·阿道夫国王麾下的长枪兵。戴着头盔，穿着胸甲、背甲、裙甲，是当时枪兵的一般样式。他们的使命是保护没有穿戴防具的火枪兵。瑞典军出现了统一衣服颜色的部队，可说是穿着制服的起源

欧洲近代军事 003

1700

各国定出不同制服

18世纪时，各国已经开始穿着固定的制服。这个时代的步兵一般会穿着前开式的长外套加上背心，裤子长度到膝盖下方，并且打上绑腿，外套的燕尾部分则会反折回来。帽子最常使用三角帽，还有各种不同的变化

普鲁士军的工兵

头戴主教冠式军帽，身穿传统式围裙，手持斧头，步枪背在背后（出自 *Das Ehrenkleid des Soldaten*）

军帽的样式

18世纪的普鲁士军军帽。上面两项为以掷弹兵为主使用的主教冠式，因为跟天主教的主教所戴的头冠很像而得名。由于掷弹兵原本是投掷手榴弹的士兵，因此必须戴没有帽檐的帽子，才不会妨碍投掷。下方则是最普遍的三角帽

❶ 18世纪初的普鲁士巨人兵

普鲁士腓特烈大帝的父亲腓特烈·威廉一世的"巨人兵团"士兵。这支可说是在专制君主的任性之下所创设的部队，是从全欧洲半强制征集身材高大的男子所编组而成的

❷ "巨人兵团"的军官

"巨人兵团"的军官是普通体格，跟巨人兵站在一起时相当容易分辨，两位穿着的都是18世纪的典型军装

标注（左起）：主教冠式军帽、滑膛步枪、皮包；外套、五分裤

❸ 路易十五时代的法国军官

这个时代的长枪已经像图中这样退居为军官的辅助武器，一般士兵普遍会在步枪上装设刺刀。法国在路易十四时代就已经开始穿着制服，并且会依据军团改换颜色

❹ 腓特烈大帝的普鲁士士兵

这个时代所有士兵都要自行携带装备，所以身上会背着弹药包与背包。背包里面装有牙刷、镜子、备用纽扣、绑腿的钩子等生活用品

标注：三角帽、枪、水壶；三角帽、背包、弹药包、剑、绑腿

UNIFORMS

1800
华丽制服的全盛时期

19世纪初的拿破仑时代，可说是制服最争奇斗艳的时期，各国都采用了颇具个性且色彩艳丽的军服。虽然这基本上是从18世纪的款式发展而来，不过在设计上则更为洗练，种类也更多。此时期的外套已更下摆改短，长裤陆续普及，筒型军帽也取代三角帽成为主流

英军步兵

这位士兵展现了少见的咬开药包动作。他的高筒帽上盖有防水罩，下雨时须套上这种用油鞣制而成的皮罩，才能保护军帽不致受损。整体场景相当有实战感

奥地利步兵

头戴特殊盔型军帽的奥地利军步兵。这种军帽发明于18世纪末，在奥斯特里茨战役与华格姆战役中均曾使用，最后演变成筒型军帽

❺拿破仑近卫掷弹兵的正装

头戴熊毛皮制高帽，传说中的精锐部队，一直都在拿破仑身边待命。是广为人知的拿破仑军象征

标注：熊皮帽、大外套、滑膛步枪、五分裤、绑腿

❻法国战列步兵

拿破仑军一般步兵的正装。夹克的颜色是代表法国的红、蓝、白三色。帽子是一种称为shako的筒型军帽；由于是掷弹兵，会装上红色羽毛和山形装饰

标注：筒型军帽、背包、弹药包、剑、绑腿

❼英军的苏格兰步兵

穿着带有浓厚民族色彩格子状纹样的苏格兰裙，头戴以鸵鸟羽毛装饰的特殊帽子，格子纹样依据军团而有不同设计，是英军中的精锐部队

标注：苏格兰裙、滑膛步枪

❽俄罗斯军步兵的冬装

头戴俄罗斯军特有的筒型军帽，上面装有识别部队用的球状装饰，下身为长裤与绑腿。斜背于肩上的是卷起来的防寒大衣，在肉搏战时可以充当防具

标注：滑膛步枪、防寒大衣、长裤、绑腿

欧洲近代军事 005

骑兵

1500

骑士的半身铠甲

16世纪轻装骑兵使用的半身铠甲。头盔是一种称为burgonet的式样，脸部会露出来

火器与步兵战斗导致骑士没落，新型骑兵登场

16世纪德国佣兵的骑兵。跟全身与马匹都被盔甲覆盖的中世纪骑士相比，各部位都开始轻装化。头盔把整个脸露出来，膝盖以下则无铠甲，马铠也被废除。他们的武器是两挺簧轮式点火的短枪，采用一种称为caracole（caracole，在马上开枪之后回旋绕至后排，重新装填后继续前进）的半回旋枪击战法

16世纪中叶的德国黑骑兵

1600

17世纪的德国骑兵

17世纪的德国骑兵

1620年左右的德国胸甲骑兵。在这个时代，还出现了比半身甲胄骑兵装备更轻量化的骑兵（出自 Das Ehrenkleid des Soldaten）

靠着新战术成为战场关键的骑兵

古斯塔夫·阿道夫麾下的骑兵，从17世纪开始装备变得更轻。他们只戴头盔，穿着胸甲与背甲，腰部以下不使用铠甲。在古斯塔夫军中，还有另外一种负责拔刀突击、完全不穿甲胄、只穿着皮革或布制外套的骑兵

UNIFORMS

1700

18 世纪初的英军骑兵

身穿五颜六色的制服，来回奔驰于战场上

就这个时代的骑兵来说，各国皆已陆续确定制服，铠甲也只剩下胸甲而省去了背甲，且穿铠甲的只有一部分重骑兵，轻骑兵完全不穿铠甲。这名英军骑兵身穿军团特有的红色外套，背心与五分裤则是绿色，头盔也换成布制的三角帽

18 世纪的普鲁士骑兵

18 世纪中叶的普鲁士胸甲骑兵旗手，军旗手通常是由士官来担任。由于插图中画的是国王的近卫部队，因此军旗也是属于特殊版本（出自 *Das Ehrenkleid des Soldaten*）

1800

法国骑兵的军帽

拿破仑军近卫枪骑兵的军帽。上方的特殊四角形状起源于远方的波兰。帽牌中央的N字标记代表拿破仑军队（照片/敏 INTERNATIONAL·HERMANN HISTORICA）

在拿破仑旗下点缀战场

头戴以黑马毛装饰铁盔的胸甲骑兵，是拿破仑麾下被誉为欧洲最强重骑兵的部队。这是一支用来决战的打击部队，成员尽是些骑乘巨马的高大男子，以滑铁卢的拼死突击最为闻名

19 世纪初的法国胸甲骑兵

欧洲近代军事　007

【小火器】

GUNS

步枪的出现,
让欧洲的战斗样式产生决定性变化
步枪持续进化出各式各样的形态
并且越变越精悍

在论及欧洲近代军事史时，步枪的发展与普及是一项不可或缺的要素。从原始的手铳开始，历经火绳枪的发展，到18世纪时，前膛装填式的滑膛步枪已经成为近代军队的普遍装备。在此便要一窥对于近代军事进化有决定性影响的步枪变迁过程。

1350年左右~1700年左右

↓ **17世纪的簧轮枪**
枪托上施以彩色雕刻，发射装置的金属部分有描绘农村祭典的浮雕装饰

燧石夹 — 黄铁矿 — 火盖 — 扳机

➜ **火药罐**
17世纪使用的火药罐。枪手们在从军时会在腰间携带

手铳 (handgun)

最早期的单发式前装枪。构造相当简单，只是把铁制的筒子装在木棒前端而已。弹药从枪口装填，点火方式是直接将点着火的棒子或火绳用手插入点火口。末端之所以会做出板状的凸起构造，是为了钩住固定于地面的盾牌等物体之边缘，以吸收发射时的冲击力

火盖 — 火绳夹

↑ **1630年左右的火绳枪**
整把枪身上的镶嵌相当华丽。上方为射击时支撑枪管用的枪架

扳机

火绳枪 (matchlock)

以火绳上的火接触火皿上的火药来点火，在16世纪到17世纪中叶时使用。此时期的枪整体重量较重，因此在射击的时候就要用枪架来支撑枪管。虽然这种点火方式较原始，但构造简单，因此在前膛装填枪出现之前，一直是军用步枪的主流

↑ **15世纪的手铳**
← **1450年左右的手铳**
虽然口径很大，枪管长度却较短，因此射程也很短

GUNS

点火装置的构造

西洋火绳枪的构造基本上跟日本的火绳枪差不多。把弹药从枪口插入之后，首先要打开火盖，把点火药装入火皿中，然后暂时盖上火盖。接着，将点着火的火绳夹在火绳夹上，再打开火盖瞄准目标，最后扣引扳机发射。火盖是为了避免火绳上的火不小心引燃火皿中的点火药而装上的护盖。每次都要以手动方式开闭火盖，以及为了确保火绳不受到气候因素影响而熄灭的这几点，算是它比较不方便的地方。不过跟使用敲击燧石等方式点火的枪支相比，具有震动较少的优点。

簧轮式点火的枪支，是利用黄铁矿在敲击或摩擦到金属时会产生火花的特性来点火。发射时首先要把点火药倒入火皿中，然后把夹有黄铁矿的燧石夹往上拉，让火盖关闭。接着转动位于点火装置中心部位的弹簧式磨轮主轴，瞄准目标之后扣动扳机，此时火盖会滑开，磨轮主轴同时开始旋转，让磨轮上的锯齿纹路摩擦降下的黄铁矿并产生火花，进而引燃火皿内的点火药，使子弹发射出去。

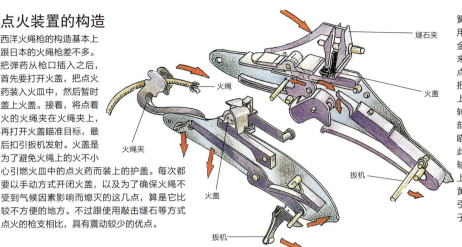

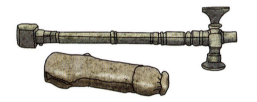

↓卷动磨轮主轴用的转柄与纸制药夹

簧轮枪（wheellock）

以旋转的金属磨轮接触夹在燧石夹上的黄铁矿来点火的枪支。由于不需要另外打开火盖，因此骑兵用的单手手枪上也会使用这种方式，不过价钱较高且构造复杂，容易发生故障，所以没有完全取代火绳枪

早期燧发枪（snaphance）

使用燧石作为点火方式的划时代枪支。虽然点火原理基本上与簧轮枪相同，不过在扣动扳机时火盖会自行开启，在构造上较为复杂

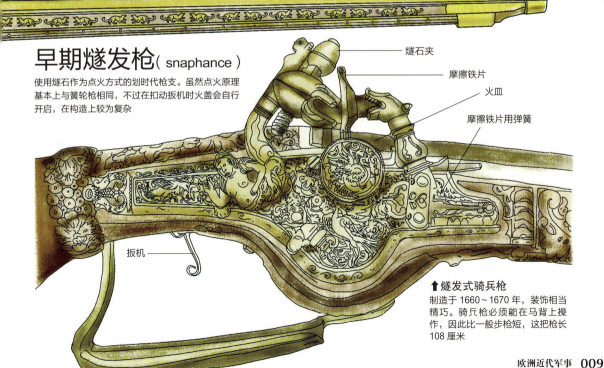

↑燧发式骑兵枪
制造于1660～1670年，装饰相当精巧。骑兵枪必须能在马背上操作，因此比一般步枪短，这把枪长108厘米

欧洲近代军事　009

1700年左右～1800年左右

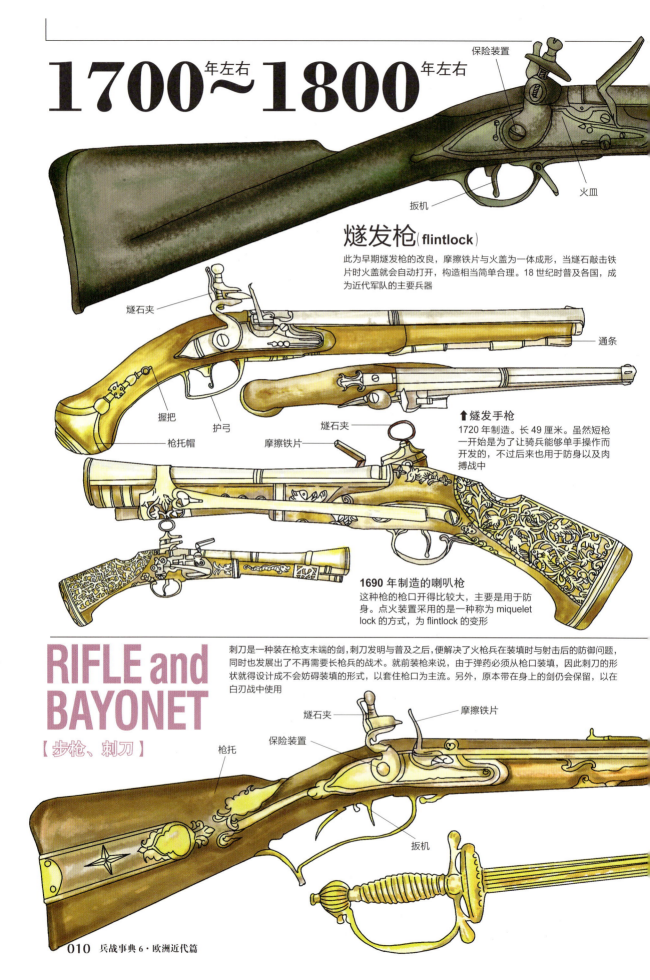

燧发枪 (flintlock)

此为早期燧发枪的改良，摩擦铁片与火盖为一体成形，当燧石敲击铁片时火盖就会自动打开，构造相当简单合理。18世纪时普及各国，成为近代军队的主要兵器

↑燧发手枪
1720年制造。长49厘米。虽然短枪一开始是为了让骑兵能够单手操作而开发的，不过后来也用于防身以及肉搏战中

1690年制造的喇叭枪
这种枪的枪口开得比较大，主要是用于防身。点火装置采用的是一种称为 miquelet lock 的方式，为 flintlock 的变形

RIFLE and BAYONET
【步枪、刺刀】

刺刀是一种装在枪支末端的剑，刺刀发明与普及之后，便解决了火枪兵在装填时与射击后的防御问题，同时也发展出了不再需要长枪兵的战术。就前装枪来说，由于弹药必须从枪口装填，因此刺刀的形状就得设计成不会妨碍装填的形式，以套住枪口为主流。另外，原本带在身上的剑仍会保留，以在白刃战中使用

GUNS

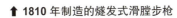

↑ 1810 年制造的燧发式滑膛步枪

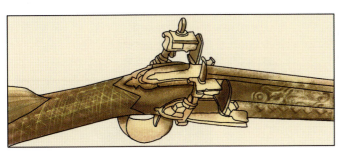

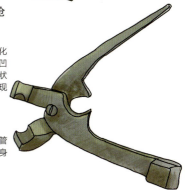

➡ 弹头制造器
构造像把钳子，把熔化的铅倒入末端的圆形凹槽中，就能制作出球状的弹头。在线膛枪出现之前，弹头都呈球状

⬅ 多枪管前装枪
有两根枪管的多枪管枪。发射装置位于枪身两侧，可以连续发射

燧发枪的射击程序

首先要把燧石夹拉至暂时固定的位置，然后扳倒摩擦铁片以开启火盖，从火药罐将点火用的火药倒入火皿中。Flintlock 式燧发枪的特征就是摩擦铁片与火盖呈一体构造，使得点火程序能够变得简单准确。

将点火药倒入火皿之后，就要把摩擦铁片扳回原来的位置，让火盖盖上，同时也要将燧石夹完全倒向后方。根据当时的军事教范，几乎都是在完成这些手续之后，才将弹头与发射药从枪口装填。

到此即算准备完成。瞄准目标并扣动扳机之后，解锁的燧石夹就会倒向前方接触摩擦铁片，并且直接推倒摩擦铁片至最终定位

由于摩擦铁片与火盖呈一体构造，因此在摩擦铁片倒下的同时，火盖也会自动开启。燧石敲击摩擦铁片所产生的火花则会掉入正下方的火皿中引燃点火药，进而点燃装填于枪管内的发射药，让弹头发射出去。

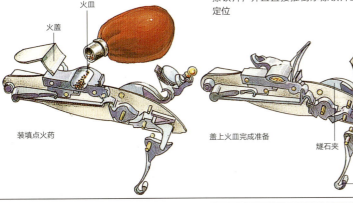

装填点火药　　盖上火皿完成准备　　燧石夹　　扳机　　扣引扳机击发

| 插入式 | 套筒式 | 套环式 |

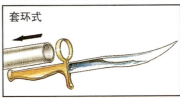

↑ 腓特烈大帝所使用的燧发步枪

↑ 腓特烈大帝所使用的剑

套筒

插图／板垣真诚、林正洪

↑ 套筒式刺刀
刺刀最早是直接插入枪口，如此一来装上刺刀后就无法进行射击，因此衍生了套筒式与套环式刺刀。图中的刺刀是 1750 年左右的套筒式

欧洲近代军事　011

【大炮】
CANNON
～1600年左右

为攻城而出现的大炮，在加上了机动力后，发展成为炮兵的主要兵器。

从粗糙的锻铁炮演变为铸造青铜炮

大炮从14世纪中叶开始使用。早期的大炮是粗糙的锻造铁制品，战术效果较不理想。青铜炮在15世纪末出现之后，发挥了相当亮眼的威力

↑以箍上铁环的方式强化炮管的铁制炮

↑早期的后装炮，有把手的部分是可拆卸式的弹药筒

早期的攻城炮

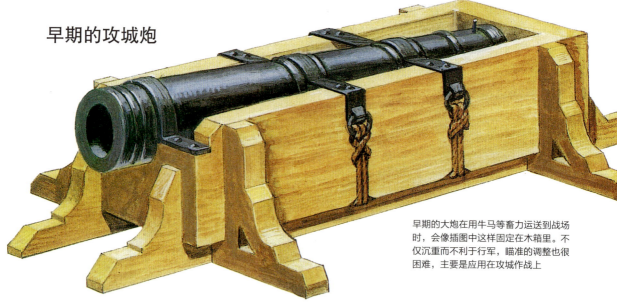

早期的大炮在用牛马等畜力运送到战场时，会像插图中这样固定在木箱里。不仅沉重而不利于行军，瞄准的调整也很困难，主要是应用在攻城作战上

↓有了装上车轮的炮架，就能容易移动

↓小口径的锻铁制前装炮，其左轮旁的棒子是用于装填的

CANNON

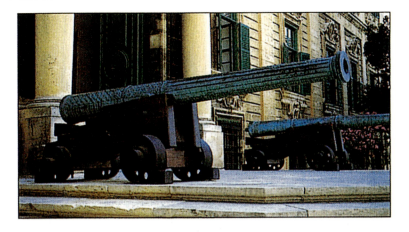

← **16世纪的青铜制舰炮**

置于马耳他岛首相官邸前的前装式青铜制舰炮。这是青铜炮开始普及时的产物,因为是舰炮,所以比较大,装设于船艉楼等处

↑ **小口径锻铁制后装炮**
装有可以变更射角的弧形装置

← **小口径锻铁制后装炮**
在炮尾上装有用来变更射角的把手

石弹

早期的大炮使用磨成球状的石制炮弹。石弹发射后会破裂,破片四处飞散,杀伤周围的官兵

芒斯蒙哥(Mons Meg)大炮

15世纪中叶于佛兰德斯制造的大型锻铁炮。全长4.5米,重量约7吨,口径50厘米,可以让250公斤的石弹飞至2500米处。它属于前装炮,炮尾处较细的部分则以螺纹相接。现存于英国爱丁堡

欧洲近代军事 013

~ 1700 年左右

古斯塔夫·阿道夫的机动炮兵，使野战的样貌为之一变

于三十年战争中绽放的野战炮

在持续至 16 世纪中叶的意大利战争中，大炮的实用性获得了认可，各国军队皆开始采用。进入 17 世纪之后，瑞典的古斯塔夫·阿道夫大帝改革炮兵的组织与装备，于三十年战争中投入只靠数名士兵操作的轻型军团炮以及独立的野战重炮集团，将敌军陆续击破。

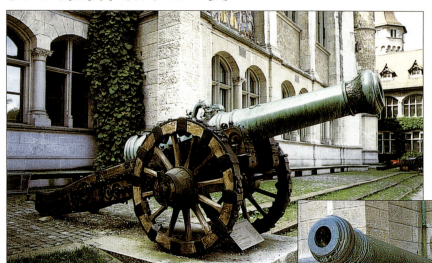

古斯塔夫炮

← 从炮尾方向看重炮
车轮周围用金属零件加强。装在炮管上的凸起物是在吊挂炮管时穿过绳索用的

← 重炮的火门
这个时代的火炮以前装式为主流，弹药从炮口塞入，然后从火门点火，原理与步枪相同

↑ 瑞典军的大炮
三十年战争中古斯塔夫·阿道夫军的野战重炮。展示于苏黎世的瑞士博物馆中

大炮的大量生产与规格化

到 17 世纪初期，大炮都是小规模生产的手工制品，样式种类五花八门。随着战争规模的扩大，火炮的需求量也跟着增大，以往的生产方式无法负荷，因此就出现了以大量生产为目的的军事规格，不过火炮的规格化即使在进入 18 世纪后依然很缓慢，正式的改革要到 18 世纪后半叶，法国的格利包佛尔炮登场之后才展开。

↑ 17 世纪的青铜炮炮管
炮管中央向左右凸起的短圆柱构造称为炮耳，用来调整射角。炮管尾部上面的小洞是点火口。此时期的大炮大多会在表面刻上浮雕，这在 18 世纪之后，伴随着规格化而消失

CANNON

~ 1800 年左右

在 18 世纪中叶改革、发展的炮兵，于拿破仑战争中发挥了压倒性的威力

功能发展完整的拿破仑时代大炮

18 世纪中叶，法国的格利包佛尔将军在大炮上做出了重大改革。他把繁杂的火炮型号加以整理，形成规格统一、性能均衡的轻量野炮群。炮兵出身的拿破仑加以继承，发挥大炮威力席卷全欧洲。

↑拿破仑军的 12 磅炮
12 磅炮在格利包佛尔将军的系统中属于重炮。在移动的时候，要把炮架后端接上两轮车，靠 6 匹马来牵引。放在后部炮架上的是弹药箱

↑拿破仑军的大炮
展示于滑铁卢古战场游客中心的大炮。在这场会战当中，法军因为地面泥泞导致大炮移动有所延迟，使得攻击被迫延后展开

↑拿破仑军的弹药车
运送备用弹药与各种工具的弹药车。装在后方的备用车轮可供野炮或弹药车使用，而前轮部分也可以当作牵引野炮时的前车，通用性相当良好

↓以细木头制成的轻炮炮架，从形状上也可看出这种设计易于移动

↓保存于伦敦塔的英军 6 磅炮，曾在拿破仑战争中使用

↓保存于奥斯特里茨的轻炮，曾于 1805 年三皇会战中使用

欧洲近代军事 **015**

【棱堡式城塞】

FORTIFICATIONS

取代中世纪城堡登场的近代几何形城塞，
到底是哪些原因引发这种变革的呢？

1400年左右

典型的中世纪都市城郭

为高耸石造城墙所包围的中世纪欧洲都市。这种最广为人知的城郭形态，因为攻城炮的出现而改头换面。插图是以简单易懂的方式重现当时都市城郭的模式

1500年左右

因为攻城炮的出现而大幅变貌

高耸的城墙是攻城炮最好的目标，很容易被破坏。因此在高塔下方会盖上棱堡将其包围，借此加强防卫能力

棱堡式城塞的诞生

1494 年，号称所向无敌的中世纪欧洲强化城塞（左图）出现了危机。侵略意大利的法国国王查理八世所使用的攻城炮具有压倒性威力。中世纪城郭陆续遭到破坏。

为了应付这种新型攻城炮的威胁，筑城技术就必须跟着近代化。中世纪的城郭开始配备大炮武装，并且发展成棱堡式城塞构造。

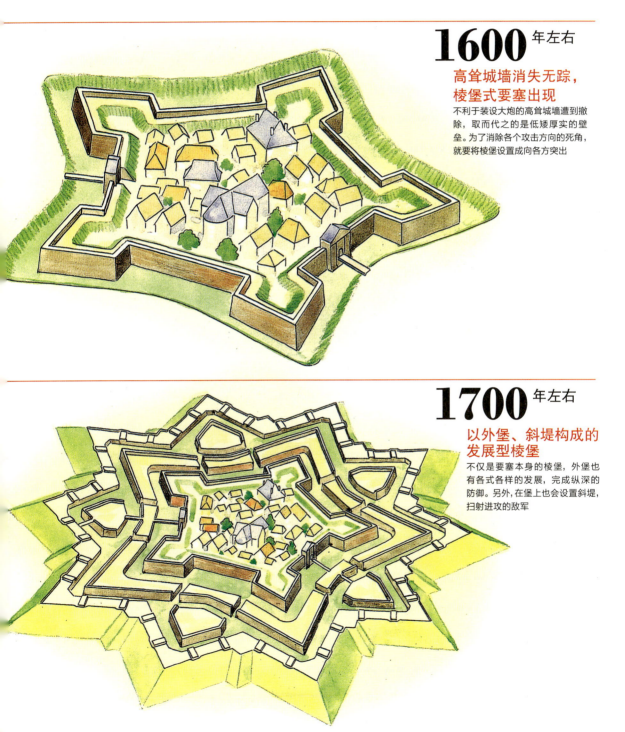

1600 年左右

高耸城墙消失无踪，棱堡式要塞出现

不利于装设大炮的高耸城墙遭到撤除，取而代之的是低矮厚实的壁垒。为了消除各个攻击方向的死角，就要将棱堡设置成向各方突出

1700 年左右

以外堡、斜堤构成的发展型棱堡

不仅是要塞本身的棱堡，外堡也有各式各样的发展，完成纵深的防御。另外，在堡上也会设置斜堤，扫射进攻的敌军

解剖・棱堡式城塞

突出于要塞本体的棱堡与向四方发展的外堡形成绝妙平衡。

棱堡式筑城最大的特色,就是特殊的外圈设计。对看惯中世纪城堡的人来说,这种设计可能会令人费解,不过只要一一检视其构成要素,就能明白它在防御上的道理。

最具代表性的棱堡式包括荷兰式与法国式,具体依据各国的国情发展出不同的防御设计。荷兰式具有许多外堡,法国式则采用斜提设计,不管是哪一种,共通点都是为了在防御上确保纵深性。

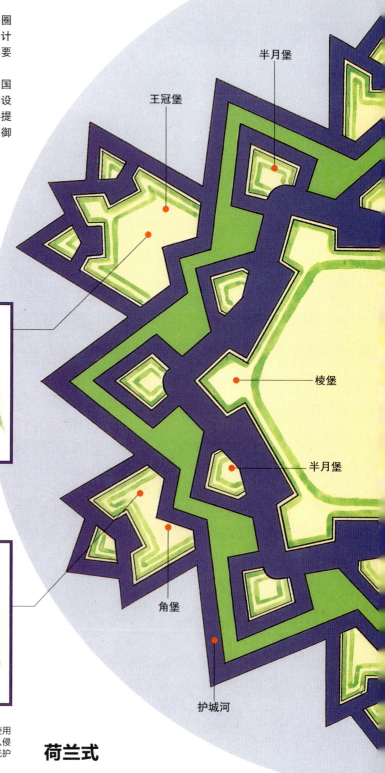

荷兰式

王冠堡
荷兰是个海拔与海平面差不多高的低地国,因此无法依靠地形作为屏障,进而发展出各种形式的外堡,以在平面上构成纵深防御。王冠堡就是其中一种

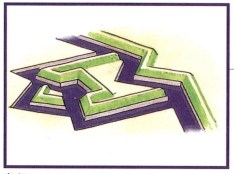

角堡
角堡是比王冠堡还要小一点的外堡。荷兰式棱堡常会使用护城河来阻绝,不过到冬天有可能会结冰,出现敌人入侵的危险。因此在冬季时,会靠着发达的水利技术来排光护城河内的水

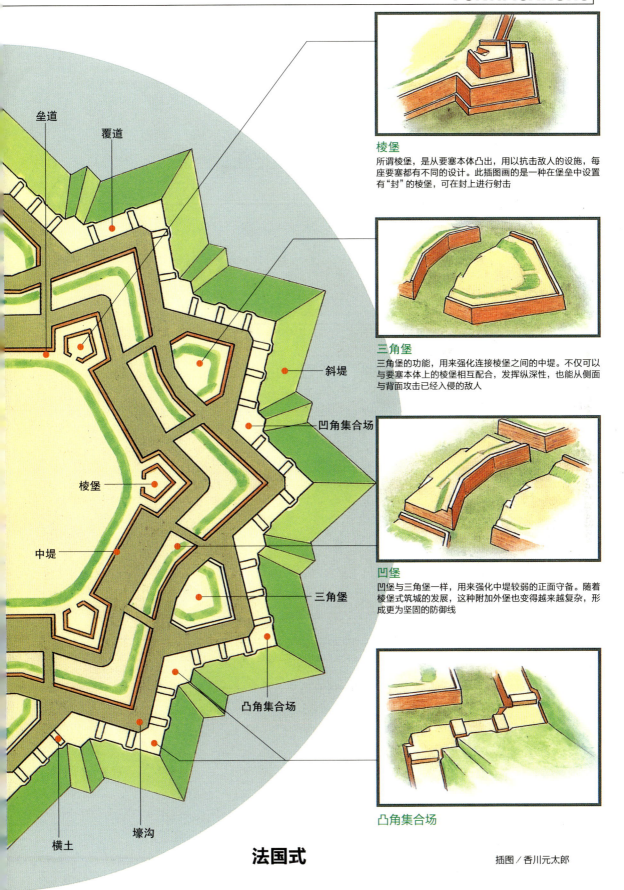

积极防御
为了将手上的火力发挥至最大程度，而实施的各种改良

棱堡式的筑城构造，主要是为了让守城军以火力积极阻止、击退围攻军。之所以会出现棱堡式筑城，是因为在发达的攻城炮面前，中世纪城堡根本不堪一击。

为了解决这样的问题，包括斜堤在内的各种防御设施，以及以棱堡设计来消除死角的方法就被想了出来

[斜堤的出现] 用来把逼近的敌军一扫而空的防御设施

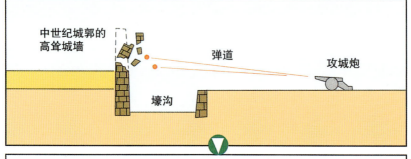

中世纪的城墙
一直到中世纪，欧洲的城郭都被高耸的城墙包围。不过当有效的攻城炮出现，并且实际投入战斗之后，以往的高耸城墙反而会成为炮击的最佳目标。被炮弹直接命中的城墙会散发出破片，造成守军大量损伤。就算想要把这种高耸的城墙当成炮台来用，也很难把大炮装上去，因此此类城墙遭到废除，不再使用

以斜堤来扫射敌兵
把高耸的城墙拆除后，取而代之的是比较低矮厚实的壁垒，而斜堤则是用来扫射逼近敌兵的土制斜面。守军可以靠斜堤清楚监视敌军的一举一动，也能借此遮蔽攻城军的视线，使他们完全看不到包括要塞本体、覆道、集合场在内的各种防御设施。而只要从这些设施上进行炮击，就能击退爬上坡道的敌军

[消除死角]
全方位防御的惊人威力
以往壁塔与角塔会形成的死角，现已靠着棱堡与三角堡的灵活组合而完全消除。因此不管攻城兵从哪个角度进攻，都逃不过要塞十字火网的攻击

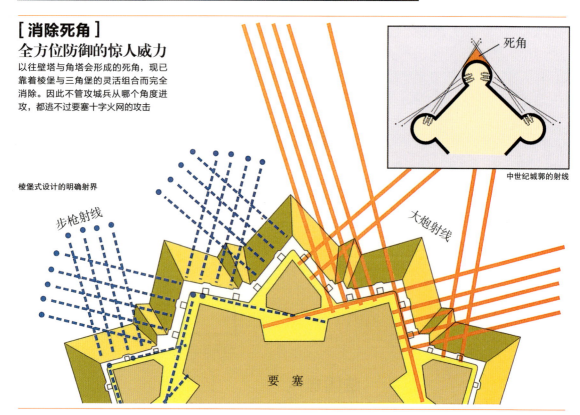

FORTIFICATIONS

航拍·棱堡式筑城
至今依然守护着都市的棱堡式筑城

现在依然有相当数量的棱堡式筑城留存于欧洲各地，在此要举其中最具代表性的几座城为例。不管是哪座棱堡式城池，在设计上都具有对称性，拥有凸出的棱堡以及各式各样的外堡，并且会配合各自所在的地形发展出独有的纵深防御

鲁汶施坦城堡（荷兰）

彼得保罗要塞（俄罗斯）

沃邦式城池的完成
棱堡式筑城法经过法国人沃邦的整合,终于趋于完整

FORTIFICATIONS

这幅插图绘制的是采用沃邦第 3 形式的棱堡式城塞,以及沃邦的攻城法。在要塞外圈有❶斜堤围绕,❷覆道上则设置有❸凸角集合场以及❹凹角集合场。❺横土是一种在攻城军的炮火击中城墙,破片四处飞散时,也能保护周围的守城军,让损伤减至最小的保护墙。❻三角堡与❼棱堡塔是用来围住❽的堡障,有强化防御的功能。❾中堤会设有凹形部位,并于前方配置❿凹堡。从⓫第 1 平行壕到⓬对壕会以挖出锯齿状的方式推进。然后经由⓭第 2 平行壕到达斜堤基部,并设置⓮第 3 平行壕,由此处着手突破要塞防线。另外,还会从⓯攻城炮阵地炮击要塞

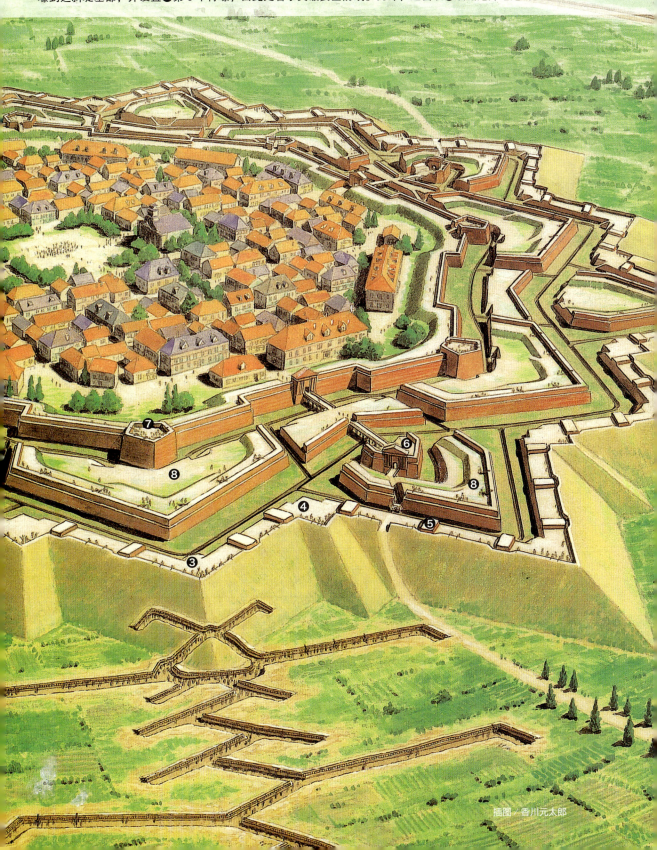

插图・香川元太郎

【帆船军舰】

SAILING WARSHIP

称霸七海的帆船军舰，
与舰载炮一同驰骋于世界海洋

1571年
桨帆船
真实号（Real）

- 船舷炮……… 5 门
- 回转炮……… 18 门
- 全长（不包括冲角）…54 米

GALLEY

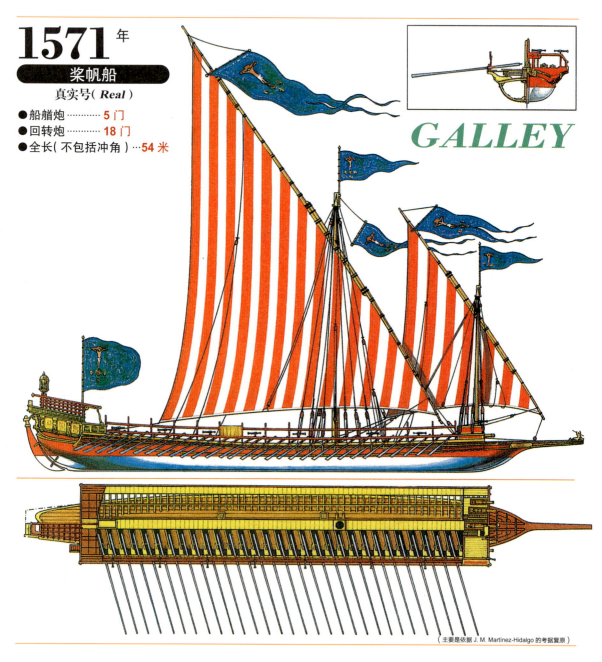

（主要是依据 J. M. Martínez-Hidalgo 的考据复原）

　　真实号是一艘拥有 60 具 4 人划桨的多桨座系统特大型桨帆船，这是在勒班陀海战中，欧洲神圣同盟的总帅唐·胡安（Don Juan de Austria）大公所搭乘的"皇旗旗舰"（Galera Real）。船宽 6.2 米，若把向外伸出的甲板算进去，全宽则是 8.4 米。相对于此，担任舰队中坚力量的其他同型桨帆船，动力只有 50 余具 3 人划桨，诸元则为全长 43.5 米，船宽 5.2 米，全宽 7.6 米。

　　靠人力划动的桨帆船最高速度约为 7.5 节，不过若维持这种状态，大约经过 30 分钟就会达到划船手的疲劳极限。在战斗时，为了让作战行动不受风向左右，会将船帆卷至帆桁上，以人力来划动，不过在巡航时则会在两根桅杆上张起三角帆，靠着风力航行。

勒班陀海战（1571）是最后一场桨帆船之间的大海战，而无敌舰队海战（1588）则是盖伦帆船（Galleon）之间的第一场大海战。这两场战役之间的 17 年，是从地中海时代推移至大西洋时代的转换期。而在此期间，舰载炮也正好由铁制的后装炮取代青铜制的前装炮，使得船只能够施展正式的炮击战，揭开近代海战的序幕。

在此介绍的三艘船，都是当时的"时代宠儿"。桨帆船在风平浪静的地中海中，靠着人力随心所欲地操舵航行；加莱赛战船虽然比较笨重，不过舰载炮的威力很强大，用来担任前锋；盖伦帆船一旦扬帆捕风，便能在波涛汹涌的大海上高速驰骋。在这当中，虽然加莱赛战船曾经接连参与过两大海战，但是它的存在时间却最为短暂，只有约 150 年而已。桨帆船则在维持着相同外形、构造之下，一直存续至 19 世纪中叶。盖伦帆船这种号称单舷、两舷齐射能力最强的帆船军舰，即使后来已经不再使用这样的称呼，也依然持续称霸着海上战列，直到铁甲舰出现为止。帆船，真可说是人类最美丽的创作物。

1571 年
加莱赛战船

- 大炮 ……… **13** 门
- 回转炮 ……… **18** 门
- 全长（不包括冲角）… **56** 米

GALLEASS

插图／菱沼和秀
（作者自行考据复原）

以长宽比例来说，加莱赛战船会显得宽一点（船宽 8 米，全宽 10 米），且干舷也较高，就划桨船而言是属于较为粗短的船型。除此之外，它所搭载的火炮一般都比桨帆船强大，因此运动性能极为钝重。它的船帆是采纵帆、横帆并用，前桅使用四角帆，后面两根桅杆则是三角帆。以人力划行时，是采用 50 具 3 人或 4 人划桨的多桨座系统。此种船只的船宽在之后的一百年里扩张了约 1.8 米，这是为了加快船速，让每只桨的划桨手陆续增多所致，最多则会由 7 人来划桨。

进入炮击战的全盛时期之后，冲角就变成一种画蛇添足的构造，因此会被长度较短的装饰用的吻状船艏取代。虽然兵装也有增强，但依然不敌备有舷侧炮列的帆船军舰，使得加莱赛战船在 18 世纪初便消失无踪。

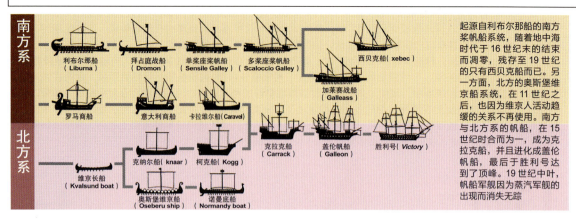

1600 年左右

盖伦帆船

- 备炮 …… 44 门
- 炮甲板 …… 43 米

插图／菱沼和秀

GALLEON

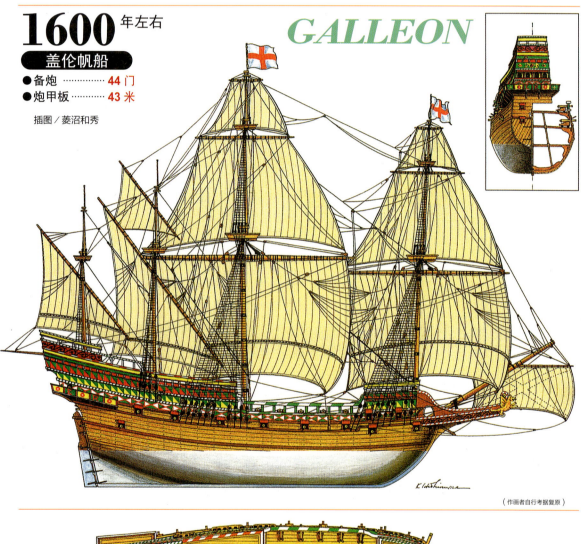

（作画者自行考据复原）

　　图为伊丽莎白时代的造船家马修·贝克（Mathew Baker）于1582 年设计的典型英国式盖伦帆船。船名不得而知，有可能并未实际建造出来。推测诸元为龙骨长 34.4 米，全宽 11.8 米，深 6.4 米，近似于英国舰队总司令霍金斯（John Hawkins）的旗舰皇家方舟号（Ark Royal）。乘组员共 430 人，其中包括水手 270 人（63%），炮手 34 人（8%），乘船士兵 126 人（29%），大、中型船舰的编制比例几乎都是如此。

　　西班牙的盖伦帆船为了利于登上敌船与射击滑膛步枪，会将船艉楼设计得比较高耸，不过重视稳定性的英国船则会将其盖得比较低矮。想当然耳，后者在进行炮击时会比较准确。

026　兵战事典 6·欧洲近代篇

SAILING WARSHIP

帆船军舰

长达 250 年的时间君临大海的王者们

为了探讨帆船军舰在两个世纪半时间之内的微妙变化，在此只列举出英国的舰艇，并按照时间顺序排列。除了最上方的是克拉克船之外，以下皆为盖伦帆船。而最后的巡防舰（frigate）则是举例，用来跟战列舰作比较。

1545 亨利神恩号 HENRY GRACE À DIEU（改造后）

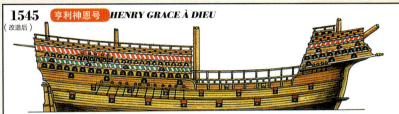

- 备炮…… 大小炮 180 门
- 炮甲板…… 48 米

别名为大哈利（Great Harry），是亨利八世于 1514 年为宣扬国威而建造，当时世界第一的巨舰。舷侧炮门于 1536～1539 年改造时增设

1637 海洋君主号 SOVEREIGN OF THE SEA

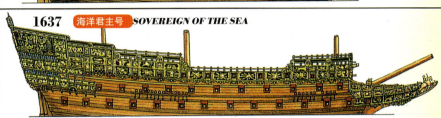

- 备炮………… 100 门
- 炮甲板………… 53 米

本舰为史上装饰最豪华的军舰，由于船体上的雕刻装饰全都贴有金箔，因此后来就被宿敌荷兰人谑称为"黄金恶魔"，于 1696 年烧毁

1670 太子号 PRINCE

- 备炮………… 100 门
- 炮甲板………… 48 米

于第三次英荷战争中，是海军指挥官约克公爵（之后的英王詹姆斯二世）的旗舰。1692 年解体，船身资材回收用于建造皇家威廉号（Royal William）

1701 圣乔治号 ST. GEORGE

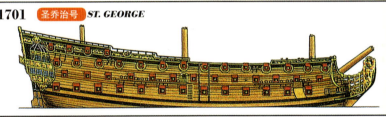

- 备炮………… 96 门
- 炮甲板………… 50 米

建造于威廉三世晚期，在安妮女王的统治下，参与西班牙王位继承战争，活跃于英荷舰队中【2 级舰】

1756 皇家乔治号 ROYAL GEORGE

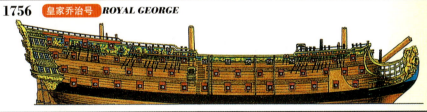

- 备炮………… 100 门
- 炮甲板………… 54 米

在七年战争中身经百战的主力舰，于基伯龙湾海战（1759）中担任霍克（Hawke）提督的旗舰，并且取得了胜利。1782 年，本舰不幸与 900 名乘组人员一同葬身海底【1 级舰】

1805 胜利号 VICTORY（改造后）

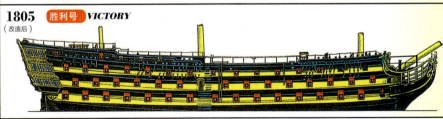

- 备炮………… 100 门
- 炮甲板………… 57 米

1765 年下水，于 1775 年开始服役之后，直到纳尔逊为止，担任过 16 任提督的座舰。1800～1803 年进行改造，把开放式的船艉强化成封闭式。特拉法加海战的旗舰【1 级舰】

1806 夏农号 SHANNON

- 备炮………… 38 门
- 炮甲板………… 41 米

于 1813 年单挑美舰切萨皮克号（Chesapeake），在 6 秒之内进行了 2.5 次舷齐射，让敌舰投降。1844 年改名为圣劳伦斯号（St. Lawrence），1059 年废舰【5 级舰（巡防舰）】

欧洲近代军事

舰载炮（燧发式加农炮）

使帆船军舰成为海上王者

插图／菱沼和秀

早期的前装炮因为铸铁强度仍然不足，因此以昂贵的青铜炮作为主力。不过等到制铁技术提升之后，装备青铜炮的就只剩下上级舰，下级舰则多会使用铸铁炮。**1782 年以后，除了留下既存的青铜炮继续使用外，各种舰级都将舰载炮改换成铸铁制品。燧发式点火装置在 50 年代开始采用，至 1770 年时已经全面取代火绳式点火。**

装填图

炮种是属于炮管内部没有刻上沟槽，呈光滑面的滑膛炮。炮膛底端的药包里装满了由 75% 硝石、10% 硫黄、15% 木炭混合的黑色火药。炮弹基本上分成 3 种，分别是球形弹、长形弹、扩散弹。药垫是用来密封炮膛，以增大火药瓦斯的压力

- 药包（cartridge）
- 摩擦铁片（hammer）
- 火皿（pan）
- 击铁（cock）
- 炮膛（bore）
- 药垫（wed）
- 炮弹（shot）
- 药室（chamber）
- 通火孔（vent）
- 火门（touch hole）
- 拉火绳（triggerline）
- 炮索（breeching）
- 楔子（wedge or coin）
- 滑轮装置（gun tackle）
- 炮架（carriage）

炮具的用法

① 勺子杆是用来把药包塞进炮膛内。
② 椿杆是用来把药包、炮弹、药垫装填至炮膛底部。
③ 通炮杆与螺钩杆用来在发射后清扫膛内的余烬。
④ 装填、清扫绳则兼具椿杆和通炮杆的功能。

- 椿杆（rammer）
- 通炮杆（sponge）
- 勺子杆（ladle）
- 装填、清扫绳（rope rammer-sponge）
- 螺钩杆（worm）

❶ 炙铁弹（hot shot）
❷ 集束弹（faggot shot）
❸ 锁链弹（chain shot）
❹ 锤状弹（hammer shot）
❺ 葡萄弹（grape shot）
❻ 球形弹（round shot）
❼ 星状弹（star shot）
❽ 伸张弹（elongating shot）
❿ 带杆弹（bar shot）
⓫ 羽轴（quill）
⓬ 药包囊（cartridge case）

射程

1571 年 威尼斯炮		1650 米
17 世纪 荷兰炮		1830 米
18 世纪 法国炮		2100 米
1805 年 英国炮		2750 米

帆船军舰的舰载炮在从勒班陀海战到特拉法加海战的大约两个半世纪内，射程只延长了1000米。由于当时的海战自始至终是在直射射程内相互进行半舷齐射，因此在远距离射程上并没有多大需求。而射程在几何学上突飞猛进是在20世纪，闭锁后装式的后膛炮和无烟火药发明以后的事

SAILING WARSHIP

炮术

制作"导火线"
PRIMING

装填完毕之后,炮长会从炮尾的火门用金属棒插一下,把药包戳出一个洞。接着把填有火药与酒精的羽轴插进通火孔,并将点火药撒进羽轴与火皿之间,制作出"导火线"

推出炮口
MUZZLE OUT

使用滑轮装置,把火炮推至炮口露出炮门为止。这项作业所需的人数会因火炮的大小而异

瞄准目标
TAKING AIM

炮长会以弯腰或半跪姿来瞄准目标,并指示炮手调整火炮的左右偏移量。其他炮组员则会用杠杆来赋予火炮仰角,并以楔子固定

发射!
FIRE !

站在火炮后方的炮长拉动拉火绳,炮手的手则放开滑轮装置。此时燧发装置就会启动,依序点燃点火药、羽轴、装药,将炮弹发射出去,炮体本身则会后坐。在重新装填之前,要先把炮膛内的余烬清理干净

阵形
以各种战术将敌人驱逐！

插图／菱沼和秀

面对面阵形
（勒班陀海战／1571年）

在勒班陀海战中，东西两舰队都是以编组成3翼的横队接近并且交战。开始交锋时，威尼斯的加莱赛战船首先对迎面而来的奥斯曼土耳其舰队进行猛烈射击，进入近距离战斗后，双方更是展开激烈交火。不过决定最后胜负的，是接舷之后的白刃战，结果当然是以具备钢铁甲胄与滑膛步枪等重型装备的西方阵营取胜

新月形阵形
（西班牙无敌舰队／1588年）

插图根据派驻于马德里的托斯卡纳大使在无敌舰队出港前，传送给本国政府的该舰队阵形计划图所绘制。不过就实际而言，4艘桨帆船因为耐航性不足，在比斯开湾就已脱队。另外，在遭到英舰队追击时，阵形还会直接反转乘风航行。无论如何，只要有严禁反攻的这条王令存在，无敌舰队的胜算就不大

并列战
（亨可马里海战／1782年）

亨可马里海战是1782～1783年，英法舰队在印度乌木海域进行的5场海战之一。（A）法国舰队从上风处接近英国舰队【a→b】,（B）两舰队以并列航行方式进行半舷齐射，（C）近距离炮战。毁损的英舰蒙莫斯号（Monmouth）脱离战斗序列。等到日落之后，战斗终止

Ⅱ字攻击
（特拉法加海战／1805年）

在纳尔逊提督的原案中，攻击队列并非2列，而是3列纵队。如此一来才能达到预期中切断敌方战列，使其支离破碎，让双方进入大混战的目的。而法国预测到对手会以多列纵队的方式进行接近战，便在舰上配置了多名狙击兵，采用尽可能造成敌方更多伤害的策略。不幸的是，纳尔逊本人成了这种战术的牺牲者

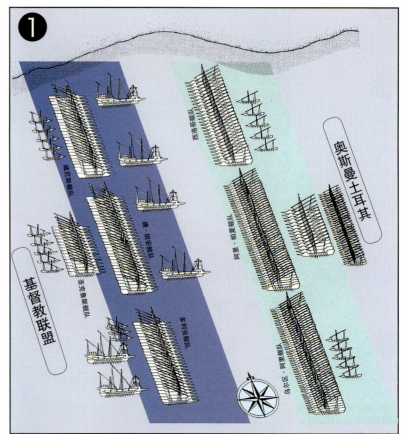

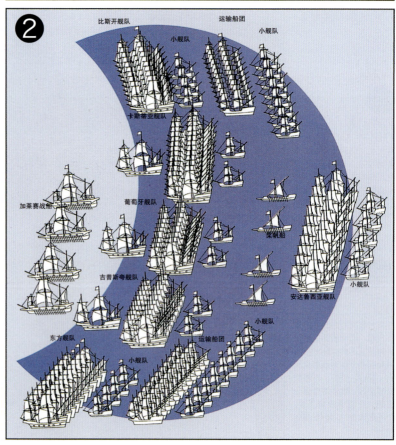

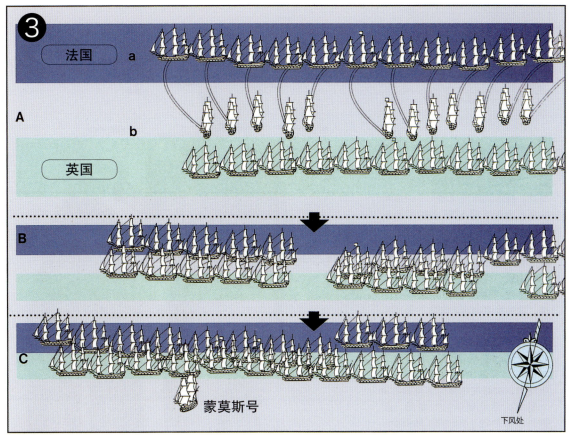

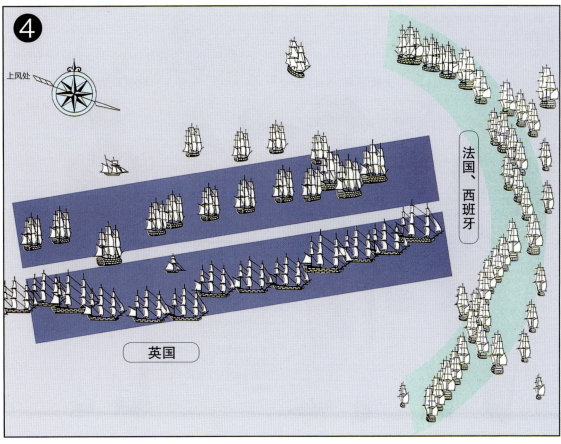

SAILING WARSHIP

英国海军军装
大海男儿引以为傲的军装制服

英国海军军官拥有制服的时间出乎意料地晚，从 1748 年才开始。不用说，上衣的基本色就是海军蓝。特拉法加海战时，英国海军的军、士官依照 1795 年的军装规范来穿着制服。在此规范中，只有中校以上可以配戴肩章。将官的肩章上有星星，上将 3 颗，中将 2 颗，少将 1 颗。

海军军官军装分为正装与便装，前者是镶有金边装饰的豪华礼服，后者只有袖章镶金边，属于较朴素的一般军装。

在纳尔逊提督的三角帽上缝有一块用来保护他失明右眼的绿色眼罩。配戴在中将便装胸前的 4 个勋章，都是刺绣的复制品。霍雷肖·纳尔逊（Horatio Nelson，1758～1805）提督在特拉法加海战中，就是这样手无寸铁地遭到狙击而身亡。

在 1857 年以前，英国海军水兵都是没有制服的。不过 1756 年以后，主计官便开始购买既有服装，配发作为"准制服"。其中最为标准的形式，就是水兵代名词的蓝夹克，衬衫则多为条纹花色。

陆战队士兵的制服基本上是与陆军士兵相仿的红色夹克，不过陆战队用的滑膛枪则比陆军用枪稍短。

战争阵型

文	河村启之（**Hiroyuki Kawamura**）
监修	今村伸哉（**Nobuya Imamura**）
协助	白井雅高（**Masataka Shirai**）

PHALANX

方阵

诞生于古希腊，讲求纪律与士气，重装步兵的密集战斗队形

在公元前7世纪初，古希腊的城邦国家出现了一种名为"方阵"的队形。由公民构成的重装步兵（hoplite）右手持长枪，左手持大型圆盾，为了共同体的名誉亲自上阵作战。其最小单位是以横排4人与纵列8人组成的32人队列，集合几队之后便能形成战列。在战斗时，各员的间隔距离密集至盾牌相接、肩膀互碰的程度，长枪像刺猬的刺一样向外伸出。由于自己的盾牌同时会用来保护左侧邻兵的右半身，因此若把盾牌舍弃，便等同于让同袍暴露在危险当中，是相当可耻的行为。虽然这种队形迎战时正面具有强大的压倒性，不过侧面与背面则难以承受攻击。亚历山大大帝曾经强化这种方阵，为大帝国的形成做出贡献。

欧洲的战斗队形其实是重新把古代世界的样式拿来使用，并加以改良。早在公元前3000年的苏美尔时代，士兵们就已经采用密集队形应战，这样除了可有效发挥战力之外，也能缓和战斗的恐怖感。

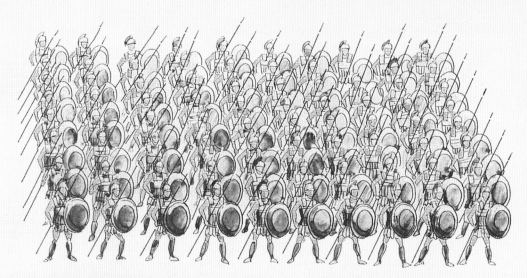

基本队形

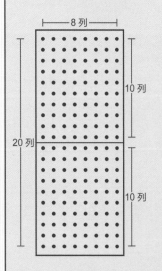

以正面10列、纵深8列为一单位，横向集结两个单位之后，就会形成方阵的最小单位。

军队的产生

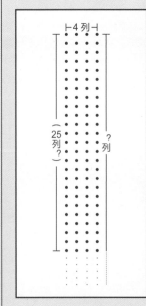

苏美尔城邦国家与作为方阵原型的"集体队形"

就一般认知而言，先有一种称为"集体队形"的阵形传入罗马之后，才发展成重装步兵用的方阵战斗队形。而这种"集体队形"原本并非战斗队形，而是单纯用来称呼集团的用语。

集体队形诞生于古代苏美尔的乌尔第三王朝（公元前2060年～前1950年），一开始并非纯粹的独立军事组织，而是比较重视集体劳动功能的组织。这种劳动组织是在后来才被转用在军事组织上，或许是因其较特殊的关系，使其能顺便当作军事组织来运用。

它的最小单位是"10人队"的小队，推测应以10组10人队的方式凑成100人来指挥运用。如果真的是以100人的方式构成，且排成4列正面（仅是推测）的话，就能编成纵深25列的部队。

不过，实际上有可能有好几列是队长部队，纵深也不排除在25列以上，因此"集体队形"就军事组织来说，明确样貌依然是捉摸不定的。

基本上来讲，这种集体队形也是密集队形的一种，以密集的方式进行攻击，可以发挥消除心理不安的效果。而有人则认为采取密集队形，应该也能使士兵难以临阵逃亡。至于真相到底如何，就有待今后的研究来揭开谜底了。

LEGION

罗马军团

以 3 线构成强化纵深的古罗马密集队形

罗马在刚崛起时继续沿用当时的方阵，不过到了 4 世纪则独自研发出了"中队"（maniple）这种队形。中队是以两个拥有 60 名重装步兵，称为百人队（centuria）的部队构成，共 120 人。由 10 个中队构成的 3 线战列，加上轻装步兵 4200 人，则构成一个军团（legion）。中队在配置时会拉开间隔距离，拥有较佳的机动性，就算有一队溃灭，也能迅速以其他队伍补上。后来到了共和制末期，基本单位换成大队（cohort），罗马军团则靠着骑兵与投石机，称霸整个欧洲。不过以步兵为核心的罗马军，在碰到歌德族等日耳曼人骑马战士时，就会陷入苦战。

经过民族大迁徙之后，骑士社会已在欧洲扎稳根基，身穿铠甲的骑马战士成为冲突的主角，步兵则退居辅助地位。古代的方阵、罗马队列等步兵密集队形在欧洲重新浮上台面，要到 14 世纪了。

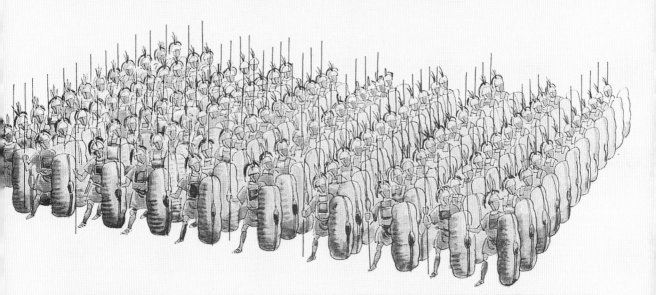

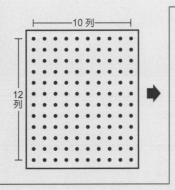

基本队形

基本单位称为中队，正面 12 列，纵深 10 列。以百人队（正面 6 列，纵深 10 列，共 60 人）为最小单位，可看见下图中的第 3 列是由 20 个百人队所构成。

古罗马军团

首先在①当中举出的例子，是古罗马在共和时期所使用的军团战术队形。战斗的基本队形为中队，以横向一列的方式 10 个并排形成第 1 线，并且一直往下组织至第 3 线。各线间隔为 250 英尺（约 76 米），整体在纵向 645 英尺（约 197 米）之间列出第 1 线至第 3 线。之后，由中队组织成的大队，终于在共和末期登场。

②则是表现出恺撒军队的一部分。在恺撒的战术队形中，会于两翼配置骑兵队（turma），从第 1 线到第 3 线配置成 4 个军团。不过就实际而言，军团不止 4 个，而是有好几个的迹象，其运用并无固定规则。

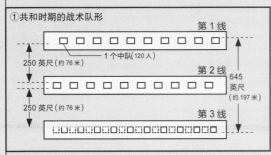

①共和时期的战术队形

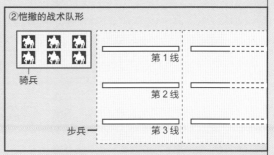

②恺撒的战术队形

SWISS INFANTRY

瑞士战斗团

靠着长枪与戟，
使佣兵发展成核心要角

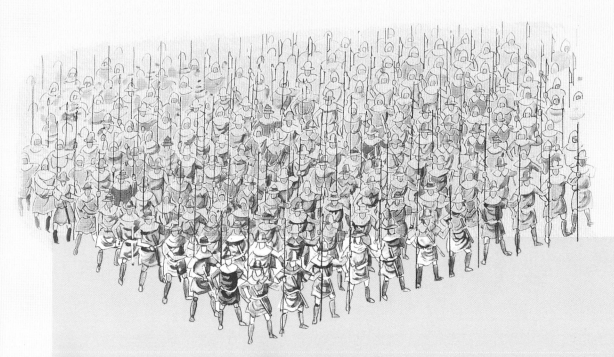

基本队形

基本队形为正面30列，纵深30列，总共900人。前后左右各有5列长枪兵，中央配置纵横20列的戟兵。在对付骑兵时，长枪兵会伸出长枪，以枪尖刺击，戟兵用戟将敌军马上的士兵钩落。

（图示：30列 × 30列，长枪兵 / 戟兵）

行进队形

部队的运用

基本上以前卫、战斗团（本队）、后卫3支部队构成，各自在前方配置若干弩兵，担任前方警戒任务。下图画的是在扩大至7000～8000人的规模之前，大约5000人规模的瑞士战斗团行进队形。

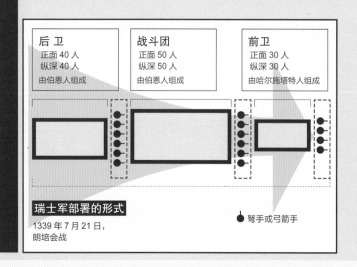

后卫	战斗团	前卫
正面40人	正面50人	正面30人
纵深40人	纵深50人	纵深30人
由伯恩人组成	由伯恩人组成	由哈尔施塔特人组成

瑞士军部署的形式
1339年7月21日，
朗培会战

● 弩手或弓箭手

文艺复兴时代终于来临，除了在文艺方面开始重拾古代文化之外，军事方面也同时展开了复兴。14~15世纪时，瑞士的自由农民为追求独立，与哈布斯堡家族和勃艮第家族的重装骑士作战，他们所采用的战斗队形，简直就是重现古代的密集队形。为了在多山的瑞士国土上充分发挥威力，还经过了改良。基本队形是在中央配置手持戟（halberd）的士兵，外侧有5列长枪兵包围，形成一个方阵。突击而来的骑士会先被长枪挑落，落马后则交由戟兵围殴扑杀。各队的前方配置弩兵，后来换成持用新型武器火绳枪的士兵，在战斗开始时首先对敌人展开射击，不过这种独立的火枪队尚未充分组织化。

兵力在一开始约有5000人，后来陆续扩张，最多达到7000~8000人。他们号称具有严格的训练与严谨的纪律，部队展开时会分成前卫、本队、后卫3个方阵，当其中一队牵制敌军时，其他两队会同时绕至敌军背后进行攻击。

瑞士战斗团的长处是各队采取的战术行动，以及整齐划一的长枪队攻击，但是其基础是古代方阵，因此侧面与背面比较薄弱。另外，他们对于火枪、大炮等新兵器的采用也比较缓慢，因此会遭到这些武器的威胁。

即便如此，各国在看到他们耀眼地施展身手之后，便争先恐后雇用他们为佣兵。特别是在从15世纪末到16世纪的意大利战争中，他们更是挥舞着长枪到处耀武扬威，号称所向无敌。

在此之后，近代欧洲的战斗队形，就分成以新发明的火枪、大炮为主，让各种武器以更有效的方式组合；或是想办法让步兵（长枪兵、火枪兵）、骑兵、炮兵三个兵种向协调运用的方向去发展。

朗培会战（1339年7月21日）瑞士军对哈布斯堡军

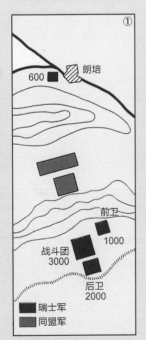

瑞士军在朗培配置有600人，朗培距离战场约有2公里，这支部队因为地形的关系看不到战场，因此无法参与战斗。在主战场上，瑞士军的主力与同盟军对峙

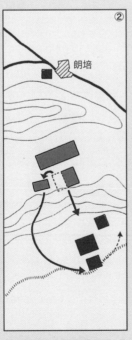

首先展开战斗的是同盟军，从前卫分离出来的部队欲从瑞士军的左翼绕至其背后，借此进行协同攻击的机会却错失了。在此期间，瑞士军的后卫则开始从自军的右翼移动至同盟军的左翼

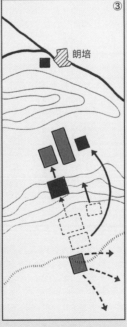

瑞士军看穿同盟军的迂回动作，开始往同盟军的正面挺进，后卫则绕至同盟军的左翼。结果同盟军的迂回部队便找不到瑞士军的后卫，因此迷失了目标

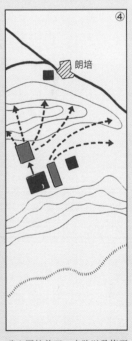

瑞士军的前卫、本队以及绕至同盟军左翼的后卫，开始对同盟军展开夹击。同盟军的左翼遭受毁灭性打击，主力也在还没施展像样的战斗之前就逃之夭夭。胜负于7月21日的傍晚便已分出

TERCIO

西班牙步兵大方阵

席卷欧洲的西班牙方阵

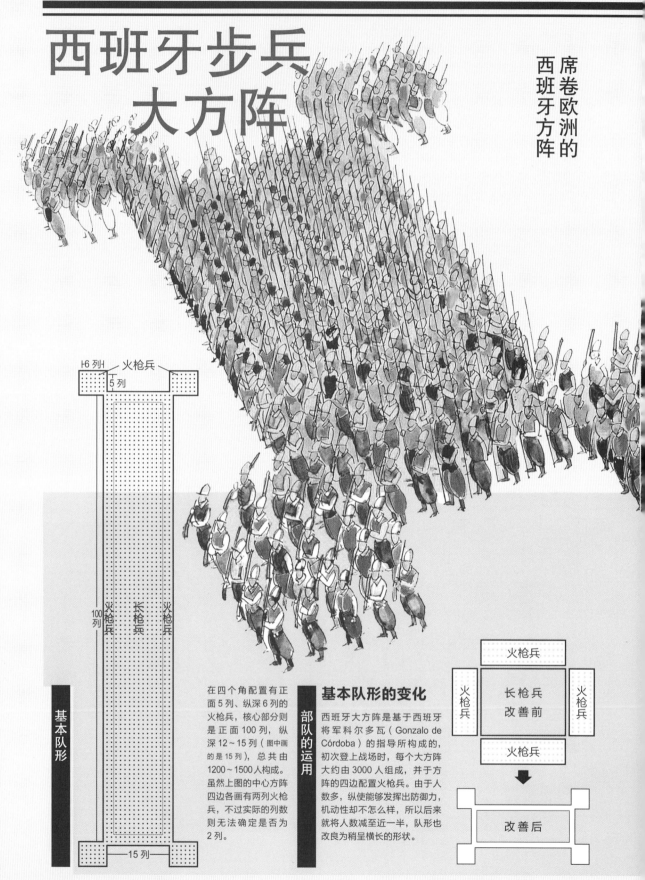

基本队形的变化

西班牙大方阵是基于西班牙将军科尔多瓦（Gonzalo de Córdoba）的指导所构成的，初次登上战场时，每个大方阵大约由 3000 人组成，并于方阵的四边配置火枪兵。由于人数多，纵使能够发挥出防御力，机动性却不怎么样，所以后来就将人数减至近一半，队形也改良为稍呈横长的形状。

部队的运用

在四个角配置有正面 5 列、纵深 6 列的火枪兵，核心部分则是正面 100 列，纵深 12～15 列（图中画的是 15 列），总共由 1200～1500 人构成。虽然上图的中心方阵四边各画有两列火枪兵，不过实际的列数则无法确定是否为 2 列。

最早留意到瑞士战斗团，并且将之改良、发展的则是西班牙。

出现于 1534 年，名为"tercio"的队形，是在看到瑞士的长枪方阵于当时发挥出显著效果之后，设法进一步让日渐普及的火绳枪能够发挥密接支援功能的队形。

这种队形出现过许多种类，标准形式则是由纵深约 40 列构成的长枪队方阵，加上配置于四周、纵深 5 列的火枪队形成的 3000 人密集队形。在作战时，首先火枪队开火射击，然后便退至后方。接着，前方数列长枪兵会将长枪倾斜刺出攻击敌人。在战场上通常会将 3～4 个大方阵凑成一群运用，将其展开成菱形或方格形，并于后方配置 1 个预备方阵。

在阵形的前方，会配置当时仍然很沉重的大炮，两翼的最外侧有手持步枪的轻骑兵，以半回旋枪击战法应战。

西班牙大方阵的优点在于以人数造成冲击力，而且对于来自任何方向的攻击都有办法防御。长枪兵只要把长枪往前倾就行了，不需要经过长期复杂的训练，与当时的佣兵制度一拍即合。

但是它的缺点也不少，首先是把行进后的部队组成这种队形，必须花上一整天的时间；而且因为太过密集，在战场上的行动难有弹性；另外，能够发挥战力的长枪队也只有前面 5～6 列而已，火枪兵退至后排就没办法再次接敌，相当浪费。当时的步枪打上一发得花费数分钟，根本无法进行连续射击，火枪兵本身也没办法抵挡敌人，直接往后退又会阻碍长枪队前进，缺点真的是很多。

因此，如何变得更为洗练精进，如何让长枪兵与火枪兵相互协调，使得战力能够更有效发挥，依然是这种队形有待解决的难题。但 16 世纪的西班牙军还是在欧洲展现了他们的实力，使得各国也开始采用这种大方阵。

各种布阵变化

方格

"方格"是其中一种大方阵的战术队形。第 1 线与第 2 线配置大方阵，加大纵深，第 1 线所产生的空隙是由第 2 线来填补。就单个方阵来说，只要让前后左右的士兵转向，就能让整个大方阵转向，算是具有运用弹性，不过若把大方阵配置成一列横排，万一有个方阵崩毁了一角，整个部队就有可能跟着一起崩溃，因此战术队形就有进一步改良的必要性。另外，右图所示的范例，是以 7 个大方阵加上 2 个轻骑兵队所构成的类型。

菱形

"菱形"是把"方格"进一步强化改良的战术队形，在纵深上更为加大，而且也更区块化。即使菱形的一角遭受敌军攻击，其他 3 个大方阵也能继续接敌作战，整体溃灭的危险性比"方格"小。这 4 个大方阵所构成的"菱形"，还能继续配置成更大的菱形，使全军等级的防御、攻击力得以强化。不过欠缺机动力这个最大问题，依然存在。图示范例是由 8 个大方阵加上 3 个轻骑兵队所构成的类型。

在理论上创造出的队形

3000 人规模的西班牙大方阵，实际运用时所产生的问题会相当多。在研究大方阵的过程中所创造出来的队形，有一种是将早期大方阵四边上的火枪队改采横队运用的样式。这种横队构想在下个阶段的毛里茨型上被付诸实行，可说是一种划时代的队形，不过充其量在理论上被创造，并没有实际投入运用。

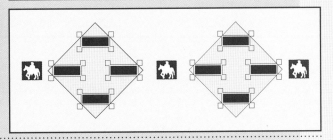

MAURITS MODEL

毛里茨型

因军制改革的结果而产生的划时代横队队形

基本队形

正面是以 5 列为基数，从左边开始依序为 10 列正面火绳枪兵、5 列正面滑膛步枪兵、25 列正面长枪兵、5 列滑膛步枪兵、10 列正面火绳枪兵，纵深则统一为 10 列，这个单位就是基本队形。每 5 列会在正面与最尾端配置指挥官，负责部队的指挥与监视，如果有人企图逃亡，就会毫不犹豫地就地正法。

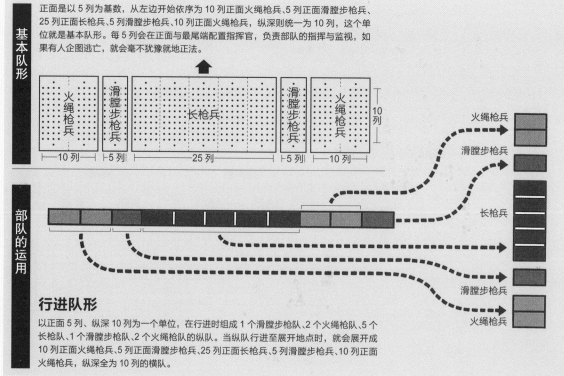

部队的运用

行进队形

以正面 5 列、纵深 10 列为一个单位，在行进时组成 1 个滑膛步枪队、2 个火绳枪队、5 个长枪队、1 个滑膛步枪队、2 个火绳枪队的纵队。当纵队行进至展开地点时，就会展开成 10 列正面火绳枪兵、5 列正面滑膛步枪兵、25 列正面长枪兵、5 列滑膛步枪兵、10 列正面火绳枪兵，纵深全为 10 列的横队。

为 10 列,并创设出在中央配置长枪兵、两翼并列火枪兵的 572 人"营"。在实战当中,这种"营"会以最多 20 个展开成 3 线方格状,骑兵则会配置于步兵部队的两翼或后方。

创设出"营"之后,部队就能进一步小单位化,使得行进队形有办法迅速转换为战斗队形,让机动力大幅提升。另外,靠着这种队形,长枪兵也能迅速展开来保护火枪兵,使二者成功协调。考虑到火力是主宰战场的决定性要素之后,便构思出具革新性的"反转行进射击法",全部的火枪兵都会参与,还能连续射击。另一项重大的革新,则是将原本又重又难用的大炮加以轻量、简化,变成"野战炮",并于骑兵部队中设置专门进行拔刀突击的"龙骑兵"部队。至此,史上最早让步兵、骑兵、炮兵得以相互协同的三兵战术便宣告诞生。不过受到国家体制的影响,他们并未能将三兵战术彻底发挥。

由于部队一旦分散,兵员心理上的不安感就会增加,为了维持士气与纪律,且能够迅速变换队形,将士就必须经历长期的严格训练。因此,过去雇用打工领饷佣兵部队的方式就开始朝创设常备军的路线转变,还整建出幕僚制度,近代军队就此萌芽。

虽然毛里茨战斗队形基本上是采取守势,不过也在各地击败过优势的西班牙军,为荷兰的独立立下功劳。

战斗队形的再次变革,是由当时为了争取独立而与西班牙作战的荷兰所进行的。荷兰被西班牙的猛攻压得喘不过气,因此在 1584 年,便以毛里茨亲王为中心,开始研究西班牙步兵大方阵的弱点,并开发正面火力、战斗力较高的新队形。

他们首先分解大方阵多余的后列,将纵深缩减

西班牙大方阵的弱点探讨与改良

研究当时号称世界最强大方阵的弱点,并且设法创造出新的队形

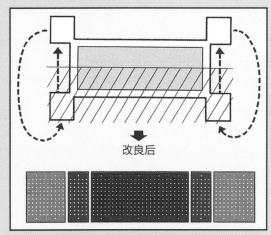

改良后

虽说大方阵改良成横队,不过就战斗正面来说,位于后面的战力却无法有效活用。根据推测,配置于大方阵四个角的火枪队应该让左右各自的前方火枪队与后方火枪队进行反转行进射击,不过长枪兵的后半部却几乎派不上用场。因此毛里茨就重新建构出横队,以增强战斗正面的火力。

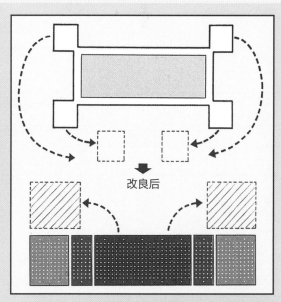

改良后

在大方阵中,为了活用长枪兵的突击能力,会在四角配有扰乱、牵制敌军用的火枪队,不过当火枪兵射击完毕之后,会逃进长枪兵的列队中,躲在后面出不来。毛里茨为了活用火枪的火力,则也用上长枪兵。也就是说,在装填弹药期间,长枪兵会去保护火枪兵的战斗正面,跟大方阵的做法恰好相反。

GUSTAV MODEL

古斯塔夫型

将毛里茨的成果
持续实践，
进化为攻击性队形

基本队形

基本队形是以正面 16 列滑膛步枪兵、36 列长枪兵、16 列滑膛步枪兵，纵深统一为 6 列所构成。除了将 1 个单位的整体士兵人数减少以提高机动性之外，其余皆为仿效、应用毛里茨的横队队形。

部队的运用

部队由行进队形展开至横队

行进队形是让正面 36 列、纵深 6 列的长枪兵走在前面，配置于基本队形左右两侧的滑膛步枪兵则维持横队构成正面 32 列、纵深 6 列的队伍跟在后面，而正面 16 列、纵深 6 列的预备队则会分成正面 8 列、纵深 6 列担任后方警戒。

复合式部队运用："战队"（squadron）

右图表示的是以 3 个基本队形加上预备队的单位所形成的 1 个战队。①、③、⑤是直接以正面 36 列、纵深 6 列的长枪兵为单位配置而成，②、⑥的滑膛步枪兵是以横向方式结合两个正面 16 列、纵深 6 列的单位，⑦的滑膛步枪兵是结合 3 个单位。④则是以纵向方式两两结合，构成 1 个战队。

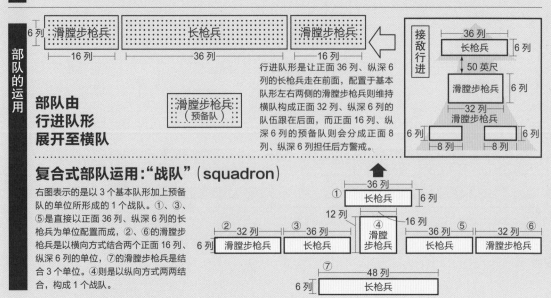

瑞典的古斯塔夫·阿道夫大帝不仅继承了毛里茨所完成的荷兰战斗队形及其军制、思想，还发展得更为彻底。他了解到佣兵制度的极限，因而采征兵制度，欲建设一个能打仗的国民国家。他舍弃以往的防御性战术，完成一支具攻击性的军队。

基本队形跟毛里茨型一样，是由中央的长枪队与两翼的火枪队所构成，但纵深只有6列，显得更为扁平，总人数为408人。

基本队形单独运用的时候，会在队列中追加一个96人的火枪队。另外，也会以3个基本队形组成一个倒T字形的战队。

这样的部队在战场上部署时，会以格子状的方式排列成2~3线运用，并于前方配置轻炮，两翼配置骑兵。

古斯塔夫的火枪兵成功把步枪轻量化，第1列采用跪射，2、3列则进行立射，3列轮流交互齐射。跟毛里茨的时代相比，火力可说是达到数倍之多。另外，骑兵也废除了半回旋枪击战术，当第1线射击完毕之后，全员就彻底改行拔刀突击。大炮方面则是大量配备了3磅炮，炮兵能够对步兵与骑兵提供密接支援。

由毛里茨所创的步兵、骑兵、炮兵三兵战术，至此可说是已发展至完全状态。而从行进状态转换到战斗队形的速度，虽然已经比西班牙大方阵快许多，但是如何更迅速流畅地将部队展开，还是后世继续研究的课题。

古斯塔夫亲自担任新教的盟主，率领这支军队介入三十年战争中，打败了固守旧式大方阵与半回旋枪击战术的天主教军。

吕岑战役中的混合战术

吕岑战役是在1632年11月16日，由古斯塔夫率领的瑞典军与华伦斯坦（Albrecht Wallenstein）率领的神圣罗马帝国军交锋的战役。在此役当中，瑞典军采行了并用骑兵与步兵的混合战术。下图中，配置于骑兵与骑兵之间的就是步兵。而在所有步兵的前方，都配有军团炮。虽然这是属于划时代的部队运用，不过却也为后世留下了待解决的课题。为了让骑兵配合步兵的速度，就会使骑兵的冲击力减弱，而古斯塔夫也在此役中阵亡，使得成果最后没能彰显。

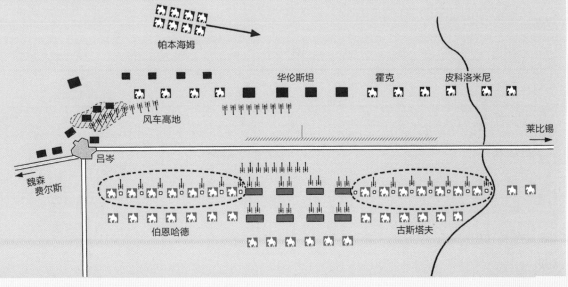

FRIEDRICH MODEL

腓特烈型

随着刺刀的采用，
横队战术发展达到顶峰

套筒式刺刀发明于17世纪末，并在18世纪初普及各国。由于火枪兵可以使用装上刺刀的步枪代替长枪来保护自己，便不再像以往一样需要靠长枪兵保护。刺刀发明之后，历史悠久的传统长枪兵消失无踪，部队的编制不仅在火力上有所增强，还可使用更少的人数，可说是一大变革。另外，步枪的点火装置也从火绳式改为燧石式，射击准备时间大幅缩短。

基本队形

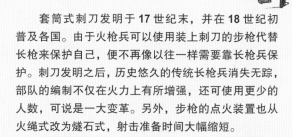

基本队形是以正面24列、纵深3列的滑膛步枪兵构成，在这个单位的两侧配有负责监视的中尉，后方中央则是上尉指挥官。另外，每个单位基本上会配有6名分队长，以此构成横队队形。由于刺刀在腓特烈大帝时代已经发明，长枪兵几乎消失无踪。

部队的运用

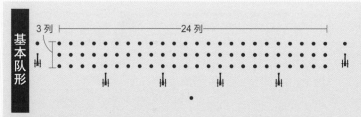

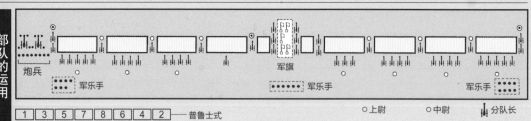

射击顺序

由于滑膛步枪在性能上有所提升，步枪的射击技术便随之精进，战术上也因此受到影响。普鲁士的射击法，是从最左翼部队开始，与右翼部队交互进行；而法国式则是从最左翼部队开始，陆续轮至内侧部队。由于普鲁士可以在1分钟之内进行5次齐射，而法国复杂的射击顺序导致效率低下，因此法国之后便自行废止了法式射击法。

实战中的范例

当两方都以横队进行战斗时，通常会在正面距离敌军50英尺的地方将部队展开。而此时若保持纵队前进，然后直接绕至敌人的侧背，便能出乎意料，取得有效战果。

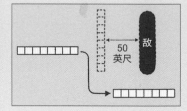

伴随兵器的发展，构思出最能将火力有效集中的队形的，则是普鲁士的专制君主腓特烈大帝。这种队形的最小单位是由80人构成的排，以人数为古斯塔夫时代一半的3列纵深"横队"构成，如图所示，于侧面及后方配置排长与班长。

每一列步兵在排列时前后会稍微错开，并一如往常地执行第1列跪射，第2、3列立射的动作，等到弹药改良以及采用铁制椿杆之后，便能迅速进行齐射。

当时的士兵如果经过训练，甚至能够在1分钟之内射击5发，射击的顺序则会依照各排有条不紊地进行。

另外，在从行进队形展开至战斗队形方面，也发展出斜行、平行移动等迅速的方法。

腓特烈大帝的军队大多是佣兵，因此他们不仅须接受严格的训练，还会配置基层干部对士兵严加监视，以防止士兵逃跑。让他们恪守军律与命令，必须让士兵产生"长官比敌人还要恐怖"的感觉。

不过在遂行严格纪律之下，也招致缺乏临机应变的弹性，致使用兵产生僵化。虽然横队在集中火力上比较有利，不过也欠缺用以突穿敌阵的冲击力道。

在七年战争中，普鲁士打败了列强各国，为之后的德意志帝国奠定基础。

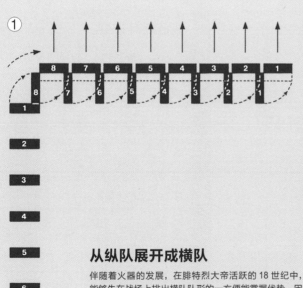
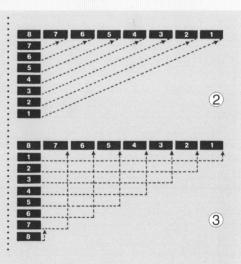

从纵队展开成横队

伴随着火器的发展，在腓特烈大帝活跃的18世纪中，能够先在战场上排出横队队形的一方便能掌握优势，因此如何迅速变换队形，就是众所瞩目的课题。腓特烈大帝除了对自己的士兵施以严格训练之外，也靠着严厉的军律，成功组织出一支精巧运动的部队。最后，腓特烈大帝在七年战争中获得许多场胜利。①是普鲁士军的纵队变更为横队的典型变换队形法。以纵队突入战场的部队，在抵达该形成横队的列线时，便进行90度转弯。各排到达定位之后，就会做出像开门一样的动作，让整个部队变化成3列纵深的横队。之后还发展出②的斜行横队展开和像③一样的阶梯状展开法。能像这样机械式运动的军队，不用说，当然要经过严格的训练才行。

ORDRE MIXTE

混合战斗序列

将横队与纵队、散兵互相组合，
构成能够临机应变的队形

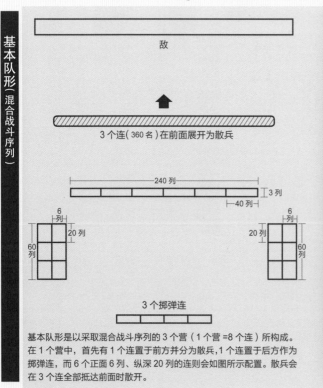

基本队形（混合战斗序列）

敌

3个连（360名）在前面展开为散兵

240列
3列
40列
6列
20列
60列
3个掷弹连

基本队形是以采取混合战斗序列的3个营（1个营=8个连）所构成。在1个营中，首先有1个连置于前方并分为散兵，1个连置于后方作为掷弹连，而6个正面6列、纵深20列的连则会如图所示配置。散兵会在3个连全部抵达前面时散开。

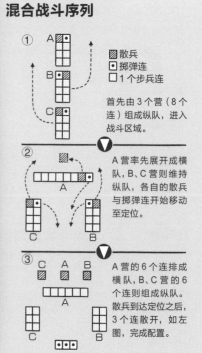

从行进纵队转换为混合战斗序列

部队的运用

① A
B
C

▨ 散兵
▣ 掷弹连
□ 1个步兵连

首先由3个营（8个连）组成纵队，进入战斗区域。

② A
C B

A营率先展开成横队，B、C营则维持纵队，各自的散兵与掷弹连开始移动至定位。

③ C A B
A
C B

A营的6个连排成横队，B、C营的6个连则组成纵队。散兵到达定位之后，3个连散开，如左图，完成配置。

在七年战争中，法国被腓特烈大帝迅速变换队形的部队整得很惨，开始研究如何破解横队战术。

特别是吉贝特（Jacques de Guibert）于1772年出版的《战术概论》，不仅创造出了士气高昂的公民军，并重视机动性，使战争目标具有决定性与破坏性，让过去的战争概念为之一变。

在这样的思想下，以中央横队与两翼纵队组合而成的"混合战斗序列"便孕育而生。这种队形兼具横队的火力和纵队的冲击力，是划时代的队形。

另外，在部队前方有自由间隔距离的"散兵"一边射击一边前进，为本队提供掩护。这已经于美国独立战争中，由手持燧发式线膛枪的美国民兵对抗英军横队时证明了效果。以佣兵为主的军队，有逃兵的疑虑，所以绝对不会采用这种队形。另外，原本只是用来发挥监视功能的小部队指挥官在权限上也有所提高，使得队形变换能够更为迅速、灵活。而采用骑马炮兵队，也能成功运用其机动力，对步兵与骑兵提供更为密切的支援。

在法国大革命中，民众纷纷在国难临头时挺身而出，因此能够组织有别于以往佣兵、具有爱国情操的国民军队。

最后，继续领导革命战争的拿破仑，因能够充分利用这种混合战斗序列，成功获得欧洲全土的霸权。

欧洲在拿破仑之后，步枪、大炮的威力皆有飞跃性提升，因此组成密集队形已经不再必要，反而会成为自杀行为。因此就针对吉贝特队形中的散兵部分加以扩大、应用，使得现代军队以散开队形作为战场上的主角。

从横队展开成纵队

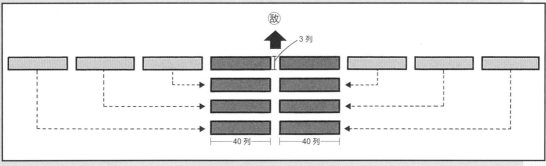

从纵队展开成横队

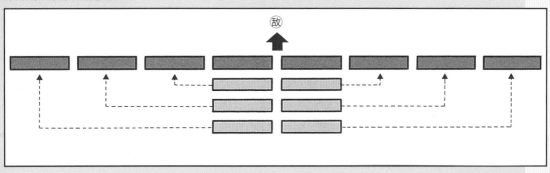

拿破仑的应用战术

案例 ❶

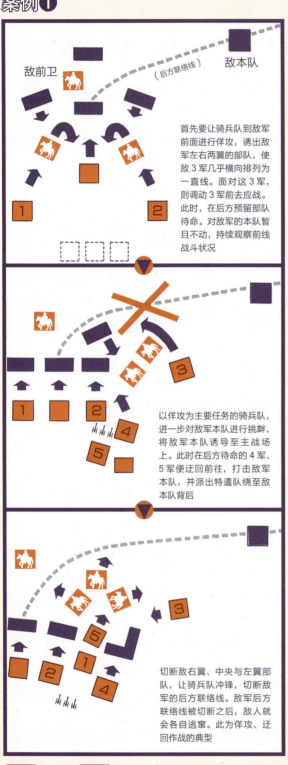

案例 ❷

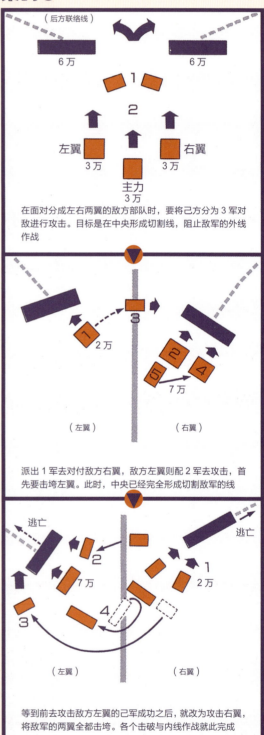

■ 法军　■ 敌军　⛰ 大炮

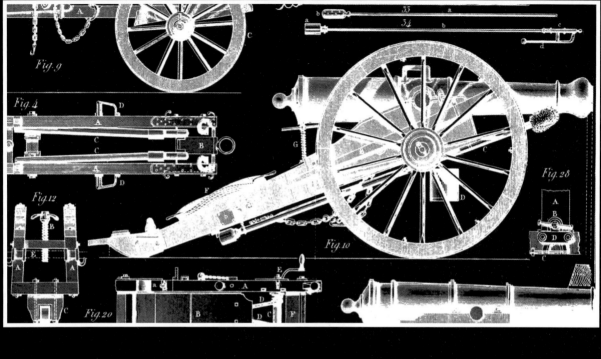

武器、防御和战舰

文 河村启之（Hiroyuki Kawamura）
菱沼和秀（Kazuhide Hishinuma）

中世纪战斗的焦点会放在骑士的互斗上。15世纪后半叶，他们为了抵挡刀枪，从头到脚都用盔甲包起来。而且不只骑士本人，连马也会穿上铠甲，达到重装化的巅峰。

不过到了16世纪，火器这种新武器开始大力发展且逐渐普及，以往的盔甲无法抵挡枪、炮射击，受到严重威胁。骑马战士即使牺牲机动力穿上更加厚重的铠甲，也有极限，终于认清身体无法与火器对抗的事实。因此，他们就卸除了头盔的面甲与膝盖以下的铠甲，同时舍弃马铠，开始轻装化，中世纪式的重装备很快就消失无踪了。

由于步兵自中世纪以来就没有穿像骑士那样的重装备，因此可以不受传统束缚顺利轻装化。他们的装备即使再重，也不过是戴上 morion 式轻型头盔，穿上臂甲、胸甲、背甲与肩甲，并于蓬松的裤子外侧围上裙甲（tassets）而已。这种装备在长枪兵

Outline of Uniforms
脱去铠甲的现代陆军

盛行于中世纪的铠甲，因为火器出现而逐渐消失等常备军制度出现之后，便完全为制服所取代

与戟兵身上很常见，而火枪兵则因为操作沉重的步枪，尽可能轻装上阵。

德国与瑞士的佣兵正是在此时大放异彩，他们很喜欢穿着具有蓬松衣袖的服饰，还会把外层切出长条开口，让内层布料展露。上衣和裤子常会做成左右不一样的颜色，袜子还是长条花纹的款式，以华丽的衣着争奇斗艳。由于装备都是自行添购，因此在服装之外还穿盔甲的人并不多。他们的模样，在今日梵蒂冈瑞士卫队身上依然可以看到。这种服装样式在当时的市民与贵族之间相当流行，可见军服与市民服装不管在哪个时代都会相互影响。

从16世纪末到17世纪，开始出现只穿戴头盔、胸甲与背甲的骑兵，甚至还有人仅穿柔软的皮制上衣、马靴与毛毡帽，可见骑兵也在持续轻装化。步兵中的长枪兵一般穿戴头盔、胸背甲与裙甲，火枪兵几乎不穿盔甲。由于常备军制在17世纪时陆续出现，日后穿着制服的现象在此时萌芽。在瑞典古斯塔夫军中，开始出现穿着黄、蓝、红等相同颜色外套的军团。在英国的清教徒革命里，克伦威尔（Cromwell）的新模范军（new model army）中也出现将外套颜色统一为猩红色的部队，据说这就是在之后持续使用200年以上的英军红色军服的起源。

17～18世纪，随着中央集权的日益加深，军装也开始制式化。由于中世纪以来，大部分士兵会穿着不同的军装，为了识别敌我，就会戴上十字架等识别章，或是在腰上缠一条同色饰带，有的挂上斜背带。在进入君主专制时代之后，转变为依据各自规定，由国家统一管理、供给，成为制式服装。法国在路易十四时代，每个军团穿着颜色相同的军服。就军队而言，可说是出现了正式的制服。

18世纪之后，轻骑兵几乎不再穿戴盔甲，而只穿戴布制制服与帽子。至于重骑兵，也有只穿胸甲的人，这种胸甲在拿破仑战争后依然留存下来。在18世纪，出现轻骑兵、龙骑兵、枪骑兵、胸甲骑兵等依据式各样的目的编组成的骑兵队，他们都穿着色彩鲜艳的布制制服。

因为刺刀的发明，此时长枪兵已经可与火枪兵整合。他们普遍的样貌，则是以前开式及膝外套为主，并于五分裤下方穿上紧身长裤式的绑腿，头戴三角帽。盔甲几乎消失无踪，转变为可依据袖口和衣领外翻处的颜色分辨部队、用色相当鲜艳的布制军服。

如果从今日迷彩服的角度来看，这种刻意穿着华丽军服的行为，令人觉得相当不对劲。对于生于20世纪末的我们来说，士兵应穿上很难被发现的服装才合常理。不过当时的前膛枪不仅有效射程很短，命中率也很低，因此就必须组成队列靠近敌人，然后一齐放枪射击才行。而且他们使用的火药还是黑色火药，发射时会产生很浓的白烟，使得射击者的位置一下就被看穿。因此，在这个时代想要掩人耳目根本徒劳无功，反而刻意让对方看到己方坚强华丽的阵容，借此产生威吓效果，所以军服才会如此艳丽。军服除了轻易识别敌我之外，同时象征着自军的骄傲。

这种华丽的制服，在法国大革命后的拿破仑战争时代到达了巅峰。作为军队主力的步兵会穿着几乎相同的军服，靠衣领与羽饰的颜色，以及军帽识

纳尔逊提督的简略军装。特拉法加海战时,他身上穿的就是与此相同的军服。胸前的勋章皆为刺绣仿制品。格林威治的英国国家海事博物馆所藏

别牌上的编号来区分所属单位。19世纪的军装基本上承袭自18世纪的制服,步兵则改以一种称为shako的筒型军帽为主流,外套长度缩短,胸前开襟也取消。跟只到膝盖的五分裤相比,与现代相同的长裤日渐普及。

接着,不仅是拿破仑麾下的法军,就连英国、奥地利、俄罗斯、普鲁士诸国皆以各自的风格制作出了步兵、骑兵、炮兵的军服,争奇斗艳。制服依据兵种有着各式各样的变化,这些充满个性且洗练的设计,在世界史上可说是独树一格。这些军服大多使用原色系,鲜艳夺目,其中近卫军等精锐部队或轻骑兵特别华丽。

这些制服最能展现风华的时机,就是着用正装、挂满配饰进行阅兵的时候了。而战场上因为风吹日晒、汗水硝烟的浸渍,服装很快就会褪色。

这种华丽的制服在拿破仑战争之后,一直使用到克里米亚战争与普法战争时期。不过到了19世纪后半叶无烟火药发明、射程较长的后膛枪普及之后,军服就陆续改为能够欺骗敌人耳目、较不显眼的颜色了。从19世纪末到20世纪,各国陆续让全军穿上相同颜色的军服,标示所属单位用的徽章也改成领章或镶边等较不显眼的设计。在这当中,以制服传统为荣的法国,一直到第一次世界大战初期,仍派出身穿深蓝色外套与大红色裤子的步兵,以及和拿破仑时代几乎没有两样的胸甲骑兵上战场打仗。此为华丽军装的最后一瞥,之后的战场便不再容许这种浪漫存在,而是变为靠着机械力量进行大规模杀戮的修罗场。

武器、防御和战舰 **051**

火枪的改良主要以加强射击稳定性、提高装填速度、提升命中率、增长射程为重点。装填速度可以靠改良点火方式来提升，命中率却要等到膛线（来福线）投入使用之后才获得解决。

火枪在经过14世纪末不具击发装置的手铳发展为火绳枪与轻短骑兵枪之后，正式投入使用。点火方式称为火绳式（matchlock），跟日本的火绳枪是一样的东西，射程约为短短的60码（约55米），性能上尚未完备。

最早有组织性使用火枪的案例，是在人称"火器实验场"的意大利战争中。这场战争特别给人们带来"火力时代到来"印象的，是1503年西班牙军以火枪兵驱逐法国军骑兵的切里尼奥拉（Cerignola）战役。当时的西班牙在火枪方面比其他国家先进，最先使用从火绳枪发展而来的滑膛步枪（musket），西班牙的火绳枪。但在经过改良之后，可靠性与日俱增，终于在17世纪后半叶普及化。

燧发枪麻烦的地方是要不断去打磨燧石，操作却很简便。最大的好处，就是每射击1发的速度提高了。1740年以后，腓特烈大帝的军队换用了铁制椿杆*，并提高士兵的熟练度，使得1分钟可以打上5发。发射间隔的缩短，使得火枪兵的战斗队形越来越扁平，最后变成3列横队的队形。结果，一直到1807年使用金属弹壳的雷管点火式（percussion lock）枪支登场之前，这种燧发点火装置都占据着主流地位。

线膛枪（来复枪）一直到18世纪末为止，都主要只用在狩猎上。军事上要等到美国独立战争时，才由殖民地军的民兵首次使用。英国在感受到其威力后，便把它引进军队中。虽然可以确定拿破仑的散兵也用过线膛枪，不过在此阶段，主流还是滑膛枪，真正开始采用线膛枪，要等到拿破仑战争之后了。

接着，让我们来谈谈大炮的变迁。

欧洲首次使用大炮，应该是在14世纪前半叶左右。早期的大炮是锻造铁质制品，不仅材质相当粗糙，炮口口径也无法统一，炮身甚至容易破裂，非常危险。它在运送上相当不便，射击时还要用木框或箱子来固定炮身。除了攻城战之外，几乎不会使用，即使推上战场，也无法期待它能发挥多大效用。

Outline of Guns
使战斗改头换面的新兵器

出现于14世纪的火器，随着性能提升，威力也崭露头角，成为近代军队最重要的元素

滑膛步枪虽然在构造上跟火绳枪相同，子弹却比较大，杀伤力与射程都比较优秀。不过这种火枪长达6英尺（约183厘米），既长又重，在射击时得靠杈杖来支撑，装填也相当费工。

1515年，德国人想出了一种利用弹簧与黄铁矿的点火机制，也就是簧轮式点火装置。这也很适合骑兵使用，因此德国就出现了手持簧轮式手枪的重装骑兵。不过因为它的构造复杂，导致维修困难，且价格相当昂贵，所以并未取代火绳枪。

1615年左右，出现了一种利用燧石、称为燧发式的点火装置，使得火枪进入革命性时代。在研发早期，因为常常出现点不着等故障，且点火时的冲击会使枪身震动，导致命中率差，所以并未立刻全面取代

从1450年左右开始，大炮的材质开始由铁变为青铜。铸造青铜炮在制造时能够统一炮身厚度与炮口口径，不仅炮身不易破裂，能量损失也比较小。最重要的一点，就是铸造炮比锻造炮

拿破仑军的12磅炮。展示于滑铁卢古战场的游客中心

* 椿杆：把子弹塞进枪管时所用的棒子，木制品有容易折断的缺点。

更能够轻易量产。作为原料的锡与铜在各地矿山都有丰富的出产，跟铁比起来，可以稳定、大量地取得。另外，炮弹也从以往的石弹改成铸铁弹，破坏力增为3倍之多。

就这样，大炮变成以青铜制作为主流，铁制大炮在1520年左右消失无踪。法国查理七世在1450~1453年使用这种青铜炮，把英军从欧洲大陆驱逐出境，结束了英法百年战争。之后的查理八世把这种火炮组织化，并且将大炮直接装在炮架车上射击，以此赋予其动力。他带着这种大炮参与意大利战争，把意大利各都市的城墙陆续轰破，除了使以往的中世纪城堡为之一变，也让火炮在战争中展现威力。在意大利战争结束之前，炮兵便因此成为能与骑、步兵并列的三种兵种之一，肩负起战斗部队不可或缺的一角，确立了之后三个半世纪内本质不变的炮兵形式。

大炮的实用性在意大利战争中得到认可，各国军队之后皆开始采用，不过直到17世纪前半叶为止，大炮大多使用手工作坊制造，规格杂乱无章。这种现象使得炮弹在供给上较为繁琐，有损战术效率。为了解决这个问题，在17世纪后半叶君主专制之下的军队中，火炮与炮弹就开始要求标准化。另外在技术方面，由于火药成分的比例有所改善，破坏力与飞行距离皆有若干延伸，而量取火药分量的方式也舍弃以勺子逐次量取，改采海军早已使用的药包，也就是预先将适量火药塞进纸袋当中，让装填得以简化。

18世纪前半叶也跟17世纪一样，就纯粹的技术观点来说，火炮发展极其有限。之前留下来的火炮标准化问题虽然逐渐得以解决，但是依旧不够充分。腓特烈大帝在七年战争中展现了普鲁士炮兵的优秀性，甚至可以就此断言军队主力即为炮兵，不过大炮不仅口径依旧相当繁杂，也是一种沉重、不利于机动的麻烦兵器。

从七年战争回国的法国格利包佛尔将军吸收了普鲁士炮兵的优点，开始对法军的炮种进行改革。他首先将大炮区分成野战炮、攻城炮、要塞炮、海岸炮四种类别，并减轻炮身重量、强化炮架、制造出可以交换零件的标准化炮架车与弹药车；还提高了火药的性能，将装药固定为炮弹重量的三分之一，射击的正确性也获得改善，发射速度则因采用了弹药包与药筒炮弹变得更为迅速。1784年又开发出了能在敌人头顶上炸开的榴霰弹（空炸炮弹），取代以往的跳弹射击。

就这样，在18世纪，火炮本身与操作环境确实达到渐进式的进步。特别是在法国，因为有格利包佛尔大加改革，奠定了法军炮兵的基础，撑起日后拿破仑的辉煌战术。

火器的变迁

年	主要战争	主要会战	跟火器相关的事项
1400	1339 百年战争	1315 摩加登战役 瑞士同盟获得承认	1300左右 前膛枪普及 1326 最早的加农炮图 1375左右 火器在欧洲普及
1500	1453 1494 意大利战争 1559	1453 攻陷君士坦丁堡 1503 切里尼奥拉战役 1525 帕维亚战役	1411 最早的简易火绳枪图 1450 使用青铜制、铁制、黄铜制的加农炮 1470左右 发明肩射火枪、速射火绳枪 1503 手持火器在切里尼奥拉首次创下战果 1540左右 手枪出现 1550左右 线膛枪（来复枪）慢慢普及
1600	1568 荷兰独立战争 1648 30年战争 1648 1642 英国市民战争 1648	1588 无敌舰队败北	1570左右 使用枪架的西班牙制重滑膛步枪普及 1610左右 燧发枪出现 1620 古斯塔夫·阿道夫使用轻量炮 1650左右 燧发枪普及 1700 欧洲舍弃火绳枪
1700	1700 第二次北方战争 1721 1756 七年战争 1763 1775 美国独立战争 1783 拿破仑战争 1815	1701 西班牙王位继承战争 1714 1792 法国大革命开始 1805 奥斯特里茨战役 1815 滑铁卢战役	1765 格利包佛尔改良大炮 1775~1783 线膛枪在美国独立战争中大显身手 1784 发明空炸式榴霰弹

在权力分散的欧洲中世纪封建制社会，领主独立治理他们的领地。因此战斗便是靠着以主从关系作为主轴的小规模集团进行，并且以重装骑兵相互冲突为主。但是等近代欧洲揭开序幕之后，状况则为之一变，以步兵为主的集团作战成了主流，因此古代希腊所使用的方阵再度复活。

这种战斗队形最早是在瑞士战斗团中出现的，至于瑞士为什么会使用密集队形则不得而知，可能因为该地属于不适合发展骑兵的山岳地带，以及在对抗骑兵时，根据经验必须密集使用长枪等复合原因所致。这支瑞士战斗团，在抵抗重装骑兵突击这种传统战法上能够发挥强大威力，而这种力量也为欧洲各地所认可，导致各国除了把这支强力的战斗集团雇为佣兵之外，也纷纷仿效其战斗队形，让集团决战逐渐成为主流。就这样，近代欧洲的集团式战斗便粉墨登场。

接着，等到意大利战争爆发之后，火器的重要性开始为人所知，而如何有效运用这种新兵器，便成了最优先的课题。最后出现的结果是西班牙大方阵。这是一种继承自瑞士战斗团系统、以步兵方阵为核心的战斗队形，并在其中加入了火力要素。大方阵一开始是在步兵方阵的四个边上配置火枪兵，后来因为考虑到运用上的合理性，就改为配置在方阵的四个角上，使整个大方阵得以小型化，这种阵式在当时可说是最完美的战斗队形。

不过，在此阶段，战斗队形的发展直接面临着一堵很大的障壁。由于当时的步枪在装填上很花时间，因此在射击完毕之后便会显露致命性弱点，而这个问题一直无法获得根本解决。至于突破这个问题，使时代进入下一个阶段，则要等到毛里茨的军制改革之后了。

为了明确解释这个问题，在此针对大方阵阶段的战斗队形缺点，做出以下整理：

①显著发展的火器在军队中置于何种地位？战斗队形要如何编组，才能让火力发挥最大效用？
②要如何让长枪兵、骑兵、火枪兵这些不同兵种密切协作，并且发挥各自的长处？
③如何把组成战斗队形所需的冗长时间缩短？

只要把这几点放在脑中，就比较容易能够理解此后战斗队形的变迁。

针对①，毛里茨想出了反转行进射击法。所谓反转行进射击，是让第1列火枪兵在射击之后便移动到最后，第2列火枪兵同时进行射击，以此进行循环操作。只要采用这种方法，火枪就能以不间断的方式进行射击。为了将这套系统活用至极限，经过各种尝试，火枪队列就被缩短成10列，同时防御火枪兵用的长枪兵部队也配合变更为10列。在毛里茨之后，战斗队形会依据火器在运用上的效率变得越来越扁平，古斯塔夫·阿道夫时代的6列，到腓特烈大帝时则已减少至3列。当然，前提跟枪械性能的提升是脱不了关系的。

接着，针对②又该如何是好？在枪械的性能（特别是装填时间）尚属低落的时代，火枪兵只能在战斗初期进行零散攻击，而打完枪之后则要靠长枪兵保护。就西班牙大方阵而言，火枪兵在射击完毕之后该如何移动，是必须解决的问题。再加上当时的决战主要依靠长枪兵所形成的人墙冲击，尚未达到集中火力的阶段。为了应对这种缺点，毛里茨想出了使用相同兵器来进行编组的方法，此即为联合兵种

Outline of Battle Formation
面对火力与机动力的各种挑战

近代欧洲的战斗队形始于复苏古代队形，并以火炮为核心，朝统合各兵种的目标发展

英国清教徒革命的一景，国王军与议会军在纳斯比（Naseby）对峙。双方以受到三十年战争影响的队形来作战

的起源。毛里茨建构出新的战斗队形之后，火枪兵与长枪兵形成独立部队，靠着相互组合的方式提高火枪兵的防护能力，并能以前述反转行进法来持续发扬火力。而进入古斯塔夫大帝时代之后，靠着步兵、骑兵、炮兵三种兵种的组合，就能形成统合发挥各自战力的三兵战术（参阅43页）。

至于③，要组成西班牙大方阵，必须花上一整天的时间。当初是由3000人所构成，而且人员训练程度又不怎么样，要让他们排出整齐的队列，其难度可想而知。如果在转变队形时花上许多时间，战力在变换队形的过程中就无法完全发挥。经过毛里茨的改革之后，到了古斯塔夫大帝的时代，已经发展出能够从行进队形迅速变换成战斗队形的阵形了。

如上所述，近代欧洲的战斗队形变迁，在毛里茨阶段是一个里程碑。特别是针对①②，当时相当重要，换句话说，就是要"把人的冲击力转换成以火力为核心的战斗队形"，这是对此段变迁的关键描述。

最后，借此议题探讨一下拿破仑战斗队形的意义。在腓特烈大帝时代，靠着横队战术姑且可以解决西班牙大方阵的固有缺点，不过它也说不上是完美无缺的战斗队形。具体来讲，它不仅欠缺冲击力，侧翼也是弱点，而且一旦将队形展开，就缺乏弹性。针对这几点，法军以混合战斗序列来解决，这是一种将横队与纵队组合而成的战斗队形。纵队在对峙阶段能够有效进行侧面防御，依据战况还能成为突击敌军用的决定性冲击力。而拿破仑还有另外一项不能不提的特点，就是活用散兵。散兵可以在变换战斗队形时进行防御，散兵射击还能与炮兵火力形成互补，让敌方出现弱点。散兵的火力让敌军现出弱点，便能制造机会让混合战斗序列中的纵队展开突击。

以上便是近代欧洲的战斗队形变迁概述，如果只局限于队形方面的话，这个程序可说是逐步将"古典"完成。也就是说，尽管过程迂回曲折，不过最后还是回归纵队与横队的组合形式，虽然还要加上火力发扬等问题，不过最后依然是大势所趋。

战斗队形的变迁

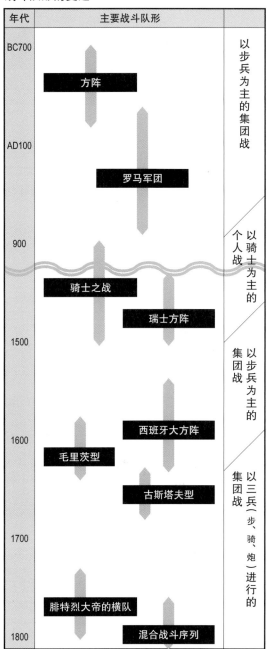

武器、防御和战舰　　**055**

城堡的变迁与历史概观

城堡原本就是一种以军事性防卫为目的的防御设施,在本质上依本能保护自己不受攻击。人类早在史前时代开始过群居生活时,就已经会构筑城寨来抵御外敌了。而筑城的基本原则,就是在攻方与守方之间设置障碍物。早期的城寨,只以沟渠和壁垒(土制的防护墙)作为障碍物。

随着时代的演进,各时代、地区为了因应不同的战略、战术性问题,发展出各自的城堡。影响城堡变迁与发展的因素,包括隐性和显性威胁、战争的频率、攻城技术与攻城兵器的发展、建筑技术与建筑样式的发展、交通及运输与都市发展、地质等。

攻城兵器则是对城堡变化造成最直接影响的因素,特别是出现于15世纪中叶的攻城炮,让中世纪的欧洲城堡出现很大的转变,使其急速进化为要

继承自古罗马的筑城技术

一般来讲,欧洲城郭从9世纪左右开始发展,不过其基础则来自于古代罗马帝国的筑城技术。罗马帝国在4世纪末分裂为东西两半,而西罗马帝国则于5世纪灭亡,但古罗马的筑城技术依旧为西方的蛮族与东方的拜占庭帝国所继承。

法国的诺曼人在10世纪初取得了诺曼底公国,并构筑起小山与围墙(motte and bailey)式的城郭,而这种城堡则与征服者威廉(William the Conqueror,1066~1087年在位)一起渡海到英格兰去。

至于东方世界,阿拉伯帝国在7~13世纪入侵中近东的旧罗马帝国,成为许多罗马城堡的新主人,除了吸收古罗马的筑城思想与建筑技术之外,还对其加以改良。他们靠着这种独特的强化筑城法,在要冲构筑起城堡。拜占庭帝国自7世纪以来便遭受阿拉伯帝国的强烈压力,不过查士丁尼大帝(Justinian,527~565年在位)所构筑的君士坦丁堡,却能以城墙抵挡住攻击。在一连串与阿拉伯的作战当中,拜占庭城堡不断靠着武装强化的新型防御设施保护自身安全。

在拜占庭与阿拉伯的激荡之间产生的武装防御设施与强化城堡,直到11世纪末十字军东征之前,西方世界都浑然无所知。不过当十字军把东方世界的筑城技术传回去之后,西方世界的城堡就开始学会使用武装防御设施与强化筑城法了。这对12~13世纪的欧洲筑城史来说,是一次大革命。

Outline of Fortifications
棱堡式筑城技术的发展与完备

出现于近代欧洲的棱堡式永久要塞,其建筑可说是集结了土木、科学等多项专业的成果

塞,这可说是筑城史上最大的一场革命。

在此之前,比起攻城军,守城军比较有利,而大炮出现之后情势则告逆转。但是很快又风水轮流转,此后的攻击方与防守方在优劣关系上都是围绕着兵器发展打转,并持续形成拉锯战。

以上要素也会与政治、经济等社会基础,以及社会制度、科学技术、地区特性、民族、宗教等大战略有着密切的关系。虽然在每个时代的影响会有程度上的差异,不过这些关系依然是无法切割的。

接着,如果要对筑城这件事下达定义,那么在攻方与守方之间设置障碍物的这项基本原则,即使会因为时代和地区的不同而造成障碍物在数量与内容上的差异,却仍能跨越弓、刀、矛等时代,在兵器发达的现代依旧管用。

Motte and Bailey
诺曼人的传统筑城法。后来成为英国城堡的原型
(插图/香川元太郎)

攻城炮所造成的筑城革命

直到 16 世纪左右，欧洲的城堡都为高耸的石砌城墙所包围。这种中世纪城堡出现一大转变，导因于攻城炮的发展。14 世纪左右开始应用于实战的大炮，随着制造技术的进步，威力持续增强，进而威胁到中世纪以来的城堡守备优势。中世纪城堡必须想办法提出对策，最后便发展成能够积极攻打备有大炮之敌的棱堡式城塞。

大炮的起源并不十分明确，不过它开始被投入

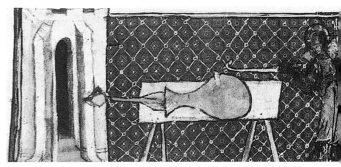

瓦尔特·德·米利梅特（Walter de Milemete）绘制的早期火炮

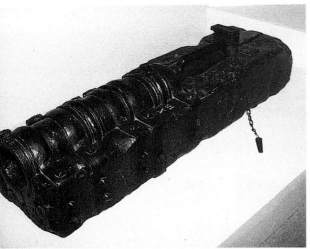

装在木框中固定的早期后装式火炮

为了提高炮身强度而箍上铁环的铁制火炮

攻城战的时间却不算晚。在欧洲各国，于 14 世纪左右开始都有在攻城战或野战中使用大炮的记录。如果要讨论大炮的起源，必须提到一幅绘制于 1326 年的图画。画中所绘制的这种火炮称为"vasi"或"pot de fer"，后者在法语中是铁壶的意思。

早期的火炮相当难以操作，除了攻城战之外，几乎不会使用，即使推出来，也无法期待有太大的效果。不过它的巨响与闪光会使人员和马匹产生恐惧感，因此早期的火炮就被称为"龙"，在诗歌中也被描述成很恐怖的东西。

虽然火炮的起源对于战史来说非常重要，但是它初次登场的时间却不明确。火炮的进步很缓慢，且火药的燃烧速度也很慢，射程又很短。

早期的火炮是铁制品，到了 1450 年左右则开始由青铜取代。青铜制的大炮与铁制大炮不同，不论是炮身厚度还是口径尺寸，都能按照一定规格来制造。而且铸造较为简易，所以还能大量生产。相对于此，铁材因为加热方式的问题，以当时的技术来说很难进行铸造，因而无法大量生产。因此铁制大炮在 1520 年左右便消失无踪。

臼炮不仅可以用来攻城，在要塞防御中也广泛使用，肩负起相当重要的角色。到了 17 世纪后半叶，这些臼炮还能发射大型炸裂炮弹。

另外，火药也经过改良，使大炮威力逐渐增大。

17 世纪古斯塔夫大帝的瑞典军所使用的青铜炮

武器、防御和战舰 057

中世纪的高耸城墙消失

中世纪的城堡因为攻城炮的出现而产生变革，始于法国国王查理八世（1483～1498年在位）进攻意大利的时候。当时的法军拥有相当发达的炮兵组织，发挥攻城炮的威力，逐次攻陷意大利半岛上的城邦国家。经过这场称为意大利战争的一连串动乱之后，欧洲的筑城技术便有了革命性进步。

在意大利战争中，守城军曾经靠着火力来对抗攻城军，不过沉重的大炮很难架上中世纪时代的高耸城墙与角塔。即使真的架上去，射击时的后坐力也会使炮往后退，让城墙受损。除此之外，高耸的城墙还正好成为攻城炮的最佳目标。

为了解决这些问题，城堡的样貌开始改变。首先，要把高耸的城墙与角塔改低，使其不会成为敌军的标靶。同时要把城墙改得更为厚实，能够承受攻城炮威力。而角塔为了搭载大炮，会设计成面积较宽的形式。

另外，由于攻城炮的出现，以往的石制城墙转换成土制的防御设施。这是因为石制城墙无法抵挡攻城炮直击，当它遭到破坏时，飞散的碎片会对守军造成很大伤害，而土制防御设施则会吸收当时非破裂性炮弹的冲击力道。

防御方为了挡住以攻城炮破坏城墙之后闯进来的敌兵，会另外在内侧构筑一道称为"二重壁垒"的土制壁垒和壕沟，这种城塞就称为"应急火炮要塞"。在二重壁垒的顶部可以进行小火器射击，壕沟里面则会设置一种称为侧防窖室（caponier）的小型土制掩蔽设施。大炮配置于此进行射击，给杀进壕沟与壁垒的敌兵以致命打击。

棱堡的诞生

在城塞防御中使用火炮的方法，在实际证明具备有效性之后，为了使射击更具效果，就会盖起从城墙突出去的土垒，并于该处设置火炮。这些集中于壕沟与周边地区、可以对敌人进行直射的土垒，因形状是半圆形，后来就被称作"棱堡"。由于棱堡的配置相当密集，因此即使城邦的城墙遭受炮击破坏，仍能以火力阻止敌兵入侵。

棱堡在一开始盖成半圆形，不过后来为了取得明确的射界，便陆续发展成箭头形与角形。角形的棱堡有着又长又直的壁垒，可以搭载许多门大炮，对城邦防御有着相当大的贡献。

除了发展棱堡之外，不仅壕沟进行了扩张，城墙也变成阶梯状。城墙大约会设定为3层，最低的一层配置长枪，中层配火枪，上层则配大炮。而在受保护的城市外围地区，还会把可供进攻者利用的各种东西通通摧毁，例如烧光建筑物等。

这些用以对抗攻城炮的各种手段，在经过实践并证明效果之后，过去以土构筑的要塞再度改回用石材，发展成永久火炮要塞。

斜堤的出现

这些要塞持续进行改良，在壕沟外的顶端会构筑起覆道，覆道上则设置凸角集合场与凹角集合场，并派驻担任防御与逆袭的步兵。为了保护这些容易遭受敌军炮火集中射击的前线防御设施，就会筑起斜堤（参照19页插图）。这种位于覆道前方、以土堆成的斜堤，除了能够遮蔽敌军视线，使他们看不见覆道与集合场之外，还能让守军监视攀登上来的敌兵，并从覆道上以火枪射击，或是自要塞本体的棱堡进行炮击，将他们击退。

德国筑城学派

另一方面，发展自德国的筑城学派，则以阿尔布雷特·丢勒（Albrecht Dürer，1471～1528）所提倡的方式最具代表性。这种方式是用一种称为炮郭（casemate）、可以搭载多门大炮的大型坚固圆塔当作独立堡，配置于壕沟的内、外两岸，使其能够直接对壕沟进行射击。曾经设计过德国多数城邦要塞的丹尼尔·施佩克勒（Daniel Speckle，1546～1589），在1587年写了《要塞建设》这本书，他于书中批评意大利的棱堡筑城法，并订出用以导正其缺陷的原则。而在要塞本体的角落配置箭头形"棱堡"的多角形外观，就是施佩克勒的基本考量。

施佩克勒提倡的强化系统如下。

第一，缩短相邻棱堡的间隔距离，使其能够进行掩护射击，间隔距离与现有火器的射程极限一致。第二，扩大棱堡面积。第三，为了增加火力，在棱堡内侧设置一种称为"封"的同形堡垒。从封上面可以越过棱堡的胸墙进行射击，而封的胸墙则比棱堡的高。第四，在外壕设置防御用的侧防窖室。第五，扩大三角堡（ravelin）。第六，强化覆道，让斜堤与外岸的顶部形成无法直射的锯齿状，并于覆道上的集合场配备火炮。第七，为了克服要塞本体的弱点，在要塞本体与壕沟之间设置外堡。之后荷兰所用的半月堡、王冠堡、角堡，都是外堡的一种（参照18页插图）。连接要塞本体相邻棱堡的中堤可以借此得到防护，防御纵深也能因此提高。第八，提倡棱堡的侧面必须与防线垂直。以上即为丢勒与施佩克勒的筑城原理，它于19世纪的要塞设计中应用，

17 世纪的维也纳城塞具备棱堡

并成为现代要塞的基础。

荷兰筑城学派的兴起与攻城术发展

领导荷兰独立战争,同时擅长筑城、攻城术的毛里茨,命西蒙·斯蒂文(Simon Stevin,1548~1620)为工兵总监,建立起独特的荷兰式筑城法。其代表作品中,最有名的就是靠近德国国境的库福尔登(Coevorden)要塞。

由于荷兰缺乏石材,而且仅比海平面高出一点点,因此不易应用斜堤那种利用高低落差的防御设施,而比较注重三角堡、半月堡、角堡、王冠堡等以纵深防御为主要着眼点的外堡。

这种荷兰筑城学派的理论,随着荷兰独立战争中观战的各国军事技术人员普及16~17世纪的欧洲。

另外,出现于意大利战争中的坑道作战与反壕沟作战,也获得改善。毛里茨不仅会封锁要塞,挡住对方救援部队与物资,进一步将围城部队组织性整合,形成环状包围壕与接近壕,以抵挡来自要塞的攻击。成为日后沃邦攻城术的先驱。

毛里茨还让士兵携带工兵铲,可以自行挖掘壕沟。

法国筑城学派

法国在历经三十年战争、投石党运动、西班牙王位继承战争等连年战争之后,在筑城这个领域,诞生了颇受好评的法国筑城学派。

法国筑城学派的理论全都来自意大利、荷兰、德国等国,虽不具有独创性,但是它把紊乱的筑城技术加以整理统合,并在选定筑城场所的条件中应用了科学理论。

根据布莱兹·弗朗索瓦·帕甘(Blaise François Pagan,1604~1665)的见解,棱堡是最重要的壁垒,因此攻城军当然会集中攻击,所以理想的棱堡应该盖大一点,而且位置必须正确才行。他也比照荷兰方式,想出了重视外墙的设计。

历经早期的意大利城筑学派之后,各国筑城学派各立山头,而将法国筑城学派推上欧洲首席的人,就是塞巴斯蒂安·沃邦(Sébastien Le Prestre de Vauban,1633~1707)。

沃邦在1655年被任命为王室侍从技术官,致力于构筑与改善法国境内的许多要塞。虽然沃邦在军事界也以攻击要塞用的平行壕与跳弹射击闻名,不过一般来讲,他还是在构筑要塞方面比较有名。沃邦的设计虽然不是什么独自创举,不过跟前人相比,完成度比较高,其筑城技术具有科学性与组织性。

名列法军元帅行列的沃邦

由于沃邦没有留下有关城池的著述，因此法国技师们只能从沃邦构筑的多座要塞中，试着推导出他的理论。以此确立的理论，就是以下叙述的沃邦3种方式。

沃邦的筑城系统

第1种方式与当时发展自意大利式与法国式的设计几乎无异。要塞采用多角形设计，相邻两棱堡的尖端间隔距离设定为360码（约329米）。包括棱堡的外向面、侧面、壕沟宽度、三角堡等，都明确标示，须以这个尺寸为基准。在设计的时候，要从要塞前方的防御设施着手，从必要之处开始测量，每个部分都必须算至正确比例。

形成于棱堡侧面根部凹陷处的"耳部"，是第1方式的特色。耳部原本由意大利人发明，沃邦把它拿来，当作从背面射击冲至壁垒之敌方部队的手段。

另外，在第1方式中还有用来保护棱堡与三角堡尖端的帽堡（bonnet）、保护三角堡侧面的眼镜堡，以及位于中堤前方的凹堡。

第2方式是沃邦根据许多实际的攻城战经验想出来的，在贝尔福（Belfort）与贝桑松（Besançon）两地首次应用。

沃邦得知攻城军一旦入侵至棱堡，要塞就很容易被攻陷。因此转变为将棱堡与要塞本体切离，将其置于壕沟当中的堡障方式。这是靠着设置于棱堡或三角堡前方的外堡，在棱堡外侧面形成两条平行的壁垒线，含用于防御火枪与防御大炮两种。

而要塞本体原本设置棱堡的地方，会建造一种设计独特的棱堡塔。这种塔为两层式多角形构造，在下层设置掩护壕沟用的炮郭，上层则是可控制分支棱堡与壁垒的炮台。

第2方式有几点与帕甘式共通。二者皆很重视外堡，而且相互以必须靠桥梁才能跨越的狭窄壕沟分离开，形成抵抗纵深。

第3方式只有在新布里萨什（Neuf-Brisach）要塞上应用。新布里萨什要塞设计于1698年，于沃邦临死之前的1706年完工。这是把第2方式精简之后的设计，具有相当大的防御纵深，属于一种留有棱堡塔、极为短小狭窄的棱堡。另外，在三角堡的凸角部位则围有堡障。

在外墙方面也进行了修正、改善，除了强化三角堡，还设置了眼镜堡当作控制斜堤的前哨所，不过这种小型防御设施与角堡或王冠堡相比较为逊色。

沃邦的围攻系统

沃邦终其一生总共建造了33座新的要塞，并且改建过100座以上法国边境线上的要塞。同时，他是一位成功指挥过53场围攻战的攻城好手。

沃邦式围攻法的特色，是使用平行壕或堆出土堤配置火炮的骑兵式胸壁等临时性防御设施来掩护攻城部队。沃邦之前的攻城法并未体系化，而这种具备秩序的围攻系统，能使效率显著提升。沃邦将围攻军接近、围攻要塞用的壕沟（平行壕）体系化。所谓平行壕，是为了躲避要塞发射的敌军炮火、掩护壕沟挖掘作业，以及阻止出击而来的敌军而挖掘的壕沟，与敌军防御线平行。这种方式不仅可以把过去必须付出大量牺牲的要塞攻略加以系统化，同时也能够减少围攻军的损失。

第1平行壕设定于敌棱堡大炮有效射程外约600码（约549米）处，担任攻击的士兵会在此集结，并设置囤积资材用的场所。对壕会从此处继续向前方挖掘，越接近要塞时，挖得越曲折，以回避敌方火力。

挖到距敌棱堡约400码（约366米）外，就要开始构筑第2平行壕。在此期间，围攻军的长程攻城炮会持续射击，设法破坏敌城胸壁。

从这里开始，继续向前方挖掘对壕，到达敌方要塞的斜堤底部附近时，便要于此构筑第3平行壕。对壕会从这里越过要塞的斜堤，一直挖至覆道与壕沟外岸附近。进入此阶段后，就会趁着夜色以人力运来24~33磅重炮，并架设至预先规划的位置。一边以这些重炮破坏城墙，一边用瓦砾回填壕

平行壕

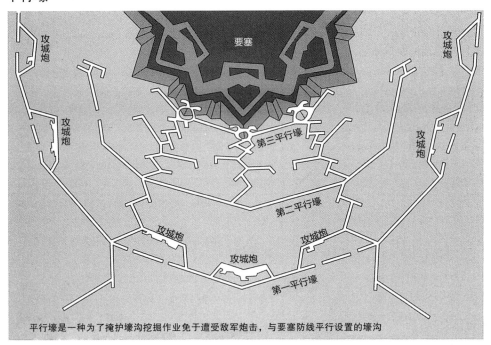

平行壕是一种为了掩护壕沟挖掘作业免于遭受敌军炮击，与要塞防线平行设置的壕沟

沟，将射程较短但是较为强大的火力朝要塞本体投射。

为了以有效方式挖掘平行壕，要使用坑道作战。且围攻方的步兵与工兵在登上斜堤时，会面临要塞敌军炮火的直接射击，就要从一种称为"骑兵式胸壁"的临时构造物后面进行掩护射击。由于这是为了以火力来压制躲藏在覆道等处的敌军守备部队，就必须构筑出能够监视敌军并且进行射击的高耸土堤。压制敌方守备部队时，会使用跳弹射击法。这是为了让命中目标的炮弹能到处弹跳，以杀伤附近的士兵并损坏建筑物，因而把装药减少的射击法。从骑兵式胸壁进行掩护射击，让部队冲入并占领敌方射击阵地之后，就要推进攻城炮，以炮击在敌军的主防线上开出破口。

沃邦的平行壕在1673年围攻马斯特里赫特（Maastricht）时首次投入实战运用，骑兵式胸壁则于1684年卢森堡攻城战时使用。关于沃邦的攻城方法，在1705年发行的《围城论》中有详细描述。

之后的棱堡式城塞

一如前述，棱堡式城塞是为了对抗攻城炮而发展出来的，不过跟永久要塞有关的环境，却在有别于要塞本身发展的地方逐渐产生变化。

当时的攻城炮为了破坏城墙，会接近距离要塞仅仅30～40米的地方，因此守军的火炮也能进行反制。而这些从要塞给敌军带来打击的手段，顶多只能限制在当时的火炮射程范围。

不过法国的拿破仑为了在野战中击败对手，深入推进敌区，而反法同盟军在展开进攻时也几乎无视沃邦所构筑的要塞地带。如此一来，棱堡式要塞就几乎失去了意义。

相对于沃邦成功进行了53次攻城战，拿破仑却只攻了2城。这是因为攻城很花时间，很难达到政治目的。

拿破仑的战略目的是在野战中迅速歼灭敌军，并紧接着为下次攻略做准备。为了实现这个目的而打下的基础，在完整性上并不是沃邦时代能够相提并论的。这必须编组高达数十万的兵力，以及能够独立作战的军、师，还得有可以支援这支大军的后勤。因此，在遂行作战时，于战略上就必须忽略没有必要拿下的要塞城邦才行。

依据这种要求，仅重视将火力集中于要塞本体周边的棱堡式城池，已经跟不上时代。就守军而言，为了对付像拿破仑这种近代部队的机动力，法国的蒙塔朗贝尔（Marc René marquis de Montalembert，1714～1800）所提倡的将长程火炮的威力尽量往要塞外侧进行最大程度发挥的要塞设计理论便受到瞩目，这种理论取代了棱堡方式，以德国为首，开始在欧洲各国扩展筑城技术改革。

另外，筑城地点的选择，也从战术观点转变成以战略考量为优先。如此一来，就会选择在对敌我双方政治、经济、军事上有着决定性影响的重要地区，构筑起拥有长射程火炮的坚固要塞。而攻城炮的性能也逐渐提升，射程与破坏力都增强，棱堡式要塞因此越来越跟不上时代。

就这样，到了19世纪之后，棱堡式城塞便告衰退，不过"在攻方与守方之间设置障碍物"这项筑城基本理念没有改变，直到20世纪，仍为马其诺防线与齐格菲防线所继承。

小史

根据古希腊传说，海军最早是由克里特岛的米诺斯王（Minos）所创，他致力于扫荡全希腊海域的海盗，让海上交易得以扩大，繁荣发展。依据考古学资料显示，克里特的全盛时期始于公元前1700年。

中世纪北欧的维京人，倾全国之力鼓励海盗活动，海外远征其实就是海盗行为。诸如法国等欧洲国家都被维京海盗蹂躏，而9世纪末的英国，则有阿尔弗雷德大帝（Alfred）征集所有可以动员的船舶设立海军，在海战中打败丹麦海盗。

从中世纪到近代，欧洲列强通常只会在必须从海上运送兵力或战斗时，临时从民间借用、征调商船或渔船来设置海军，因为维持常备海军的费用是陆军的两倍。而威尼斯（Venezia）与热那亚（Genova）等地则属例外，这些以海上通商为主要国策的意大利海洋城邦国家群，为了保护商船队，很早就已拥有常设海军。这几个国家为了地中海的制海权，常常发生海战。热那亚还曾经出过一支有名的海上佣兵：多利亚人（Dorians）。

16世纪前半叶，英国国王亨利八世创设了一支拥有包括亨利神恩号等54艘帆船军舰的近代海军。

开启大航海时代的西班牙，为了运回中南美洲的金银，便设立海军来保护运输船团，并投入莫大的军费使其日益强大。在当时的地中海，有一群巴巴里（Barbary）海盗相当猖獗，时常袭击基督教诸国的沿岸地区与船舶。1519年，海盗"红胡子"海雷丁（Hayreddin Barbarossa）臣服于奥斯曼帝国，成为阿尔及尔的大总督，巴巴里海盗被收编进帝国海军中。而他们的天敌则是医院骑士团（Knights Hospitaller），也就是专门抢劫伊斯兰船舰的海盗骑士团。

1571年的勒班陀海战，是一场地中海东西海上势力相互冲突的桨帆船大战，由西班牙担任盟主，在火力方面具备优势的欧洲联合舰队，大败奥斯曼的海盗海军。英国女王伊丽莎白为了节省国家开支，便把继承自父王的常设海军缩编。在1588年击垮西班牙无敌舰队来袭的197艘船舰当中，直属于女王的仅有34艘而已。前往迎击的舰队，大多属于像是由弗朗西斯·德雷克（Francis Drake）船长等"女王陛下的海盗"们所率领的私掠船（公认能够猎取敌性船舶的海盗船）。

在同一时期，欲从西班牙独立的荷兰，将私掠许可证授予有着"海上乞丐"之称的游击船队，让他们去抢劫从中南美返航的宗主国财宝船。1581年，荷兰事实上已宣布独立，并于1609年与西班牙达成休战，此后便迅速成长为海洋大国。在1639年的道恩斯海域（The Downs，多佛海峡的一部分）海战中，由特龙普（Tromp）提督率领的30艘荷兰舰队与70艘西班牙舰队开战，击毁敌舰高达8成。此后，西班牙再也无法在海上称霸了。

17世纪中叶以后，联手与西班牙作战的英国与荷兰在关系上产生了变化，为了争夺海上霸权不断爆发激烈海战，即三次英荷战争（1652~1654/1665~1667/1672~1678年）。结果荷兰被打败，失去了海上的既有权益，日渐衰落，取而代之挑战英国制海权的，是欲扩大交易与取得殖民地的法国。法国海军是由路易十三的宰相黎塞留（Richelieu）所创，并在路易十四的财政大臣柯尔贝尔（Jean-Baptiste Colbert，1619~1683）手下扩充。

自1690年的比奇角（Beachy Head）海战开始，一连串英法海上争霸可与同时进行的陆上战斗一起视为"第二次英法百年战争"：西班牙·奥地利继承战争（1701~1713/1740~1744年）、七年战争（1756~1763年）、美国独立战争（1775~1783年），最后是法国大革命·拿破仑战争（1793~1815年）。

爆发于海上的拿破仑战争，因为在1805年的特拉法加海战中，由纳尔逊提督打败法国·西班牙联合舰队而实质上告一段落。大英帝国在此后的一个世纪里称霸七海，进入高唱"Pax Britannica"（拉丁语，不列颠治下的和平）的时代。

帆船之间进行的最后一场大海战，是希腊独立战争时的纳瓦里诺海战（Battle of Navarino, 1827），英法俄27艘联合舰队击沉了90艘奥斯曼舰队的约三分之二。在四分之一世纪后的克里米亚战争中，敌我双方已改用蒸汽军舰交战。

Outline of Seiling Warship
帆船军舰的谱系与装备、战术

自桨帆船、加莱赛战船一路传承而下的帆船军舰，发展至盖伦帆船时，达到了最高境界

军舰

在中世纪的欧洲，并存南方船与北方船系统。配备三角帆的南方船，船身承袭古希腊的平接式（carvel）构造，北方船则使用四角横帆，船身为鱼鳞式拼接（clinker）构造。南北两方都依据形状与功能，分为帆桨并用的军用"长船"（long ship）与单靠风力的"圆船"（round ship）。

桨帆船 南方系的长船称为桨帆船（galley，或音译成加利船、加莱船）。在形体与构造上跟古代几乎没有两样，直接沿用下来。不过在中世纪以后，冲角的功能则从撞击用的武器转变为登上敌船用的跳板。

中世纪的桨帆船以桨划行时，每张板凳上并排坐着由 2 人或 3 人为 1 组的划桨手，采用每人各自操作 1

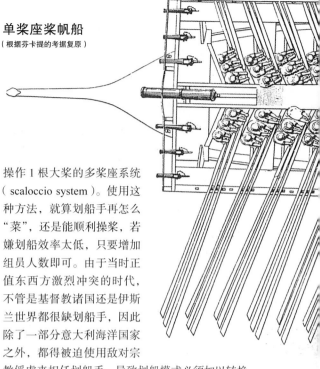

单桨座桨帆船
(根据芬卡提的考据复原)

操作 1 根大桨的多桨座系统（scaloccio system）。使用这种方法，就算划船手再怎么"菜"，还是能顺利操桨，若嫌划船效率太低，只要增加组员人数即可。由于当时正值东西方激烈冲突的时代，不管是基督教诸国还是伊斯兰世界都很缺划船手，因此除了一部分意大利海洋国家之外，都得被迫使用敌对宗教俘虏来担任划船手，导致划船模式必须加以转换。

桨帆船上开始装设大炮，推测应该是在 15 世纪初，在船艏楼的正面中央装有一门后膛装填的锻铁制火炮。

进入 16 世纪之后，标准装备改为在船艏楼中央装有 1 门加农炮当作主炮，其两侧各有中型火炮 1 门，更外侧又有小型炮或回转炮各 1 门，总共 5 门火炮。在 16 世纪后半期，还在船艏楼的屋顶与外凸平台上加装 14~18 门小型回转炮。对干舷（从吃水线到上甲板的高度）本来就很低、吃水很浅的桨帆船来说，这已经是酬载极限。在勒班陀海战中，敌我双方都是以装备这种炮的桨帆船来进行战斗。

决定海战大势的，则是用以掩护桨帆船、有"浮动炮台"之称的加莱赛战船。威尼斯在商用大型桨帆船上装设了 13 门加农炮与 18 门回转炮，于出击前让它们成为军舰。在划船方面，采用的是多桨座的形式。眼看在勒班陀海战中奏效，西班牙海军便跟着采用，并于 1588 年远征英国时派出 4 艘。

桨帆船与加莱赛战船各自的长宽比分别是 7.5 与 6。

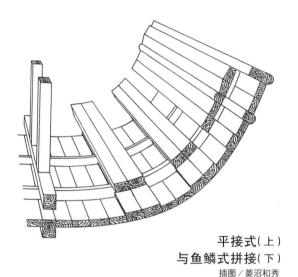

平接式（上）
与鱼鳞式拼接（下）
插图／菱沼和秀

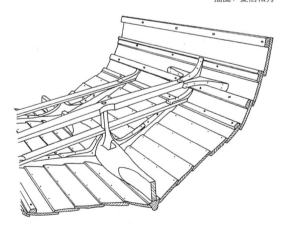

根单人用桨的单桨座系统（sensile system）来划船。使用这种系统，若要让整船 150 根左右的船桨整齐划一划动，必须具备大量熟练划桨手才行。

到了 16 世纪中叶，划船改为采用每组成员共同

帆船军舰 北方系的长船就是维京船（参阅 26 页图），圆船则是克纳尔船。后者持续增大，最后进化成在船艏艉都备有楼阁的柯克船，自北海、波罗的海一直到英法海峡的水域，广泛使用于军事、通商当中。到了 12 世纪后半叶，操舵性较佳的船艉舵取代了船侧舵，在船艏则装有系艏缆用的斜桅杆。

船艉舵很快就传到了地中海，卡拉维尔船是装有这种操舵装置、具备 2 根或 3 根桅杆、并使用三角帆

武器、防御和战舰 **063**

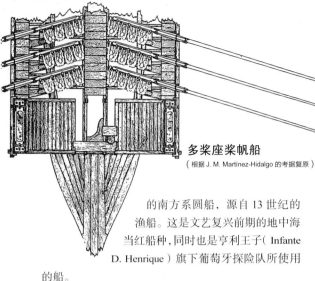

多桨座桨帆船
（根据 J. M. Martinez-Hidalgo 的考据复原）

的南方系圆船，源自 13 世纪的渔船。这是文艺复兴前期的地中海当红船种，同时也是亨利王子（Infante D. Henrique）旗下葡萄牙探险队所使用的船。

15 世纪中期，北方系的柯克船与南方系的卡拉维尔船相结合，产生出混血品种的克拉克船。这种船的船身是平接式构造，备有船艉舵，船艏艉楼则与船身一体化。船身的长宽比为 3，是名副其实的"圆船"。

帆具方面也是南北合体。若为 3 根桅杆，前 2 根会装上大横帆，后桅杆则扬起三角帆。如果有必要的话，在主桅杆上方还能挂出上帆，斜桅杆上也可以挂起小帆。哥伦布的圣玛利亚号（Santa María），就是这种具备全帆装的克拉克船。

克拉克船也提供给海军使用，为了搭载更多门大炮，便陆续大型化。

具备可以放置多门舰载炮的炮甲板，以及在舷侧开设"窗子"当作炮门的船，起源于亨利八世。他的主力舰亨利神恩号是艘 1500 吨的大型克拉克船，4 根桅杆上分别备有 3 层船帆，除了四角帆与三角帆之外，还装上了新式的最上帆。武装包括 18 门重炮在内的 180 门大小炮，虽然舷侧炮列能使船舰战力获得飞跃性提升，却也因为过度搭载大炮，增加了翻船的危险性。1545 年，王舰玛莉玫瑰号（Mary Rose）就是在侧倾的时候因炮门进水而沉没。

由于克拉克船的船身属于长宽比较小的"圆形"，而且多层式船艏艉楼也会导致船艏艉较重，使得它在装上重炮之后便缺乏敏捷性。基于这样的原因，它只在军用船舰史上存在了 100 年。

取而代之的是盖伦帆船，其始祖为 15 世纪威尼斯的宽型河川用桨帆船（盖伦帆船的意大利语"Galeone"是桨帆船"Galea"的扩大词），随着时代的演进，它在船形上保留了冲角状的"吻状船艏"，从桨帆船转变成全帆船。

纯帆型的盖伦帆船，除了废除多层式船艏艉楼，让船高得以降低，还将长宽比调整至 4 左右，外形比克拉克船纤细许多，船速当然也快不少。

一直到 16 世纪中期，欧洲列强的海军几乎全都开始改用盖伦帆船，等到舰队完全换成这种船之后，"盖伦"的称呼就被废除了。盖伦帆船的完成度非常高，可说是帆船军舰的极致，在之后的 300 年中，其基本构造都没有出现重大改变。

进入 17 世纪之后不久，各国军舰开始争奇斗艳。船艏艉与舷侧上半部在以往只漆上多色几何形花纹，此时有了金碧辉煌的雕刻，船艉的瞭望楼也施以豪华装饰。这种倾向直到英国在 1703 年提出过度装饰限制令后才告一段落。从 1796 年开始，除了船艏像之外，船身上已全面禁止雕刻装饰。

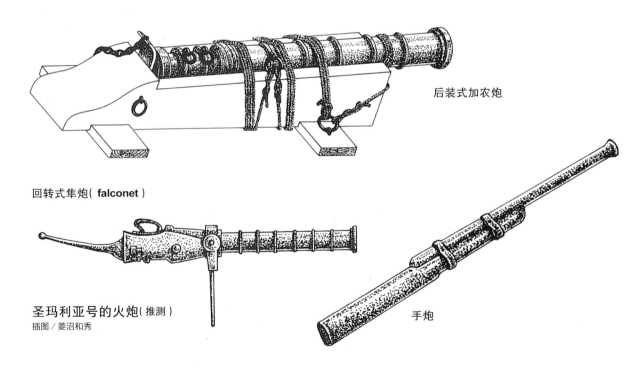

后装式加农炮

回转式隼炮（falconet）

圣玛利亚号的火炮（推测）
插图／菱沼和秀

手炮

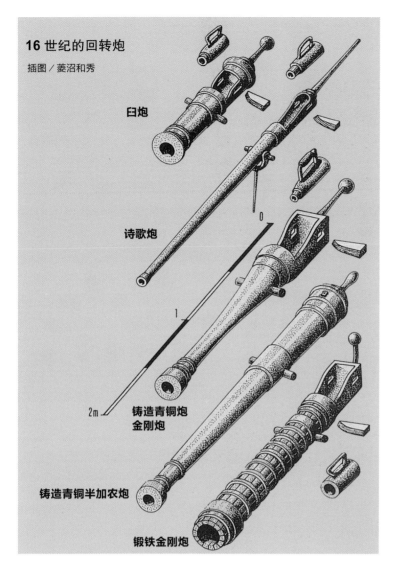

16世纪的回转炮
插图／菱沼和秀

臼炮
诗歌炮
铸造青铜炮
金刚炮
铸造青铜半加农炮
锻铁金刚炮

舰装最后定为3根桅杆制。标准方式为前2根桅杆张上3面横帆，后桅杆并用三角帆和四角帆。三角帆后来进化成斜头方形帆，张于各桅杆之间的支索帆则于17世纪60年代开始采用。必要时也会使用辅助帆。

船舰设计随着时代演进，变得越来越轻快和近代化。舷弧（舷侧线条的曲率）日趋和缓，船身逐渐改低，大大往上突出的吻状船艏也被短缩，改成优美的上翘造型。船艉的瞭望楼变得小巧，开放式的瞭望台改成较适合实战的封闭式船艉壁。17世纪60年代以后，船底全面铺上去除海蛎子用的铜板。18世纪初则发明了舵轮式操纵装置。这种机构在原理上跟现在的装置完全相同，与单靠人力掌控舵柄的旧式相比，不仅在操作上容易许多，操舵方面也较为优秀。拿破仑战争时期，英国军舰会把舷侧有炮门的这一列漆成黄色，其他部分则涂成黑色，这就是所谓的纳尔逊风格

（Nelson fashion）。在黑色当中夹有黄色色带，炮门内部与盖子内侧则漆上红色，用以强调炮列的存在感，使它相当醒目。不过其实涂上红色是为了让战斗时乘组员所流出的血不要太过显眼，才选用的保护色。

炮装与舰级

直到17世纪中叶，各国的舰队在舰只大小构成上天差地别，搭载火炮的样式与数量也五花八门，甚至连正式的战斗序列都没有。

50年代，创设出新模范陆军的英国，同时也对旧式的海军制度提出改革。首先，他们将基本战列规定为最利于舷侧火炮一齐射击的单纵列，接着依据备炮的数量制定船级，将排列在战列中的"战列舰"（Ship of the line）归类为3级舰以上。就早期的备炮与舰级关系而言，推算1级舰具有90门以上，2级不详（应为80门以上），3级为50门以上，4级为38门以上，5级为18门以上，6级为6门。其他国家大概也都依此制定等级。

之后，拿破仑战争时期的英国海军，也就是纳尔逊海军，只把具备2层以上炮甲板的船舰视为战列舰，不过纵使有4级舰是属于2层船，也同样被排除在战列之外。根据当时的制度，1级舰拥有100门以上，2级为80～98门，3级为64～78门，4级为50～60门，5级为30～48门，6级为20～28门，单桅侦防舰（sloop）、双桅炮舰（brig）、巡逻艇（cutter）、双桅纵帆快船（schooner）等船舰则排除在等级之外。

5级与6级属于伴随战列航行的巡防舰舰级，巡防舰的本务是侦察与充当舰队内的通信中继站，同时因为船速很快，也能在护卫运输船团与巡逻时派上用场。

海战战术

海战战术会为舰载炮的配置与炮口指向所左右。

桨帆船的战术 由于桨帆船的船艏炮都是指向舰船的前进方向，因此笔直朝向敌船进攻，是最适合桨帆船的战术。它的弱点在于舷侧与船艉，特别是后者几乎毫无防备，因此若尾巴被咬住就只能束手无策。配合这种特性而采用的阵形，包括攻击用的①一列横

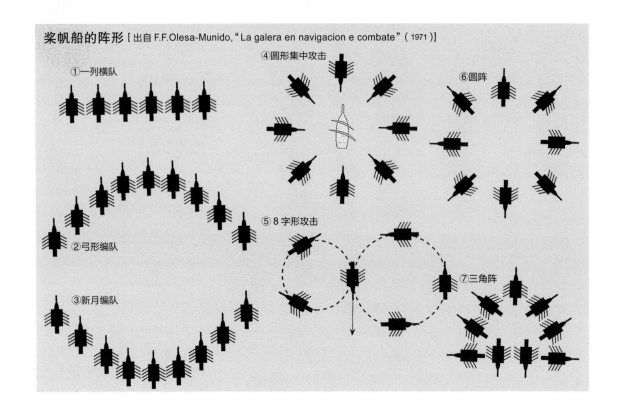

桨帆船的阵形 [出自 F.F.Olesa-Munido,"La galera en navigacion e combate"(1971)]

①一列横队 ②弓形编队 ③新月编队 ④圆形集中攻击 ⑤8字形攻击 ⑥圆阵 ⑦三角阵

队、②弓形编队、③新月编队,以及对付帆船用的④圆形集中攻击、⑤8字形攻击等。在防御方面,则有将各船船艉朝向中心点布阵的⑥圆阵以及⑦三角阵。

在桨帆船舰队互战的状况下,敌我双方当然以船艏炮相向的方式对阵。这就跟古代的方阵一样,是以右翼对敌左翼、中央互对、左翼对敌右翼的方式对峙。当两阵相互靠近后,就会改以回转炮、火枪、弓箭进行对战,最后则要靠长枪、刀剑的白刃战来定胜负。勒班陀大海战就是最典型的例子。

等到海战舞台转移至波涛汹涌的外海之后,低舷的桨帆船便失去了出场的机会。但是在风平浪静的地中海与波罗的海,它依然适得其所,一直到19世纪中叶都还存在。

帆船军舰的战术与桨帆船不同,盖伦帆船最强的地方是在舷侧,船艏艉则没有防备,或是只有一点点火力。无敌舰队之所以败退的其中一个原因,就是没有重视两种船的差异。欲重现勒班陀胜利的腓力二世,一直强调舰队要以密集的弓形、新月形阵式航行。如此一来,僚舰之间的舷侧炮列在前进时想当然就会对着自己人。不过在进入英法海峡之后,它们就不断被占据上风处的英国舰队追赶,使得欲让敌舰进入阵形内部再以两翼包抄、像食虫植物一样吞下敌军的新月战法无法施展。

除此之外,女王陛下的海盗们也不愧是操船老手,很快就将8字形攻击应用在新式的盖伦帆船上。他们在8字形的上圆航线中进行单舷齐射,并于下圆航线时执行装填,不断重复这样的流程,是非常巧妙的游击战法。

至于能将舷侧炮列活用至极限的阵形,如英国海军过去所判断的一样,果然是纵列队形。

在两支舰队都以纵列进行海战时,可以分成两舰队对向擦身通过并交战的对向战,以及敌我双方采并列航行方式交互进行单舷齐射的并列战这两种基本型。至于后者的典型案例之一,则为1782年的亨可马里海战。纵列战术有相当多变形,不管采用其中哪一种,在海战最后都会演变成1对1或2对1的接舷战,直到敌舰或自舰沉没、投降,抑或宣告平手。

在多种纵列战术当中,最重要的一种就是T字攻击,也就是从敌纵列的侧面突破,并绕至敌阵背面发起接舷战的战术。特拉法加海战中的"纳尔逊触击"(The Nelson Touch)则为它的变形,这是一种以2列纵队突破敌军侧面的Π字形攻击。他们使用这种战术将数量较多的敌舰队切成三段,避开了列对列的接战,改进入舷对舷的大混战,借此集中炮火射击。这种战术之所以能够实现,有赖于能以敌人两倍速度发射炮弹的英国水兵操炮能力。

近代战争史

文	今村伸哉（Nobuya Imamura）
	铃木　董（Tadashi Suzuki）
	白井雅高（Masataka Shirai）

16th Century
国家意识萌芽与宗教改革

16世纪是文艺复兴时期的罗盘、火药、印刷机等开花结果,并且跳脱中世纪世界观的时代。特别是在14世纪初,因为有航海用罗盘的发明,加上近代天文学相辅相成,使远洋航海术得以确立。1492年,从西班牙帕罗斯(Palos)港出发的哥伦布横越大西洋,抵达西印度群岛的圣萨尔瓦多岛(San Salvador Island),之后又向欧洲传回发现新大陆(中南美洲)的报告。

进入16世纪之后,除了满载印度香料的葡萄牙船只绕过非洲大陆的南端,航向安特卫普(Antwerpen)之外,西班牙也因为麦哲伦发现了一条绕经南美洲大陆南端通往安特卫普的西向航线,而扩大了势力。如此一来,行经印度洋航线的葡萄牙与横越太平洋的西班牙势力,就在东亚碰了头,使得世界被这两个国家分成两半。

话说回来,欧洲在1453年发生了两件重大历史事件。一为奥斯曼帝国进攻君士坦丁堡,另外一件是随着百年战争的结束,法国从英国手中夺回了波尔多(Bordeaux)。这两个事件成为16世纪欧洲史的分水岭。

首先要谈的是奥斯曼帝国的西进。奥斯曼帝国在15世纪之前一直占领着希腊与巴尔干地区,进入16世纪之后,英主苏莱曼一世(Suleiman I)登场,势力继续往非洲大陆北岸扩大。这对欧洲来说是种莫大的威胁,却也促进"基督教共同体"的觉醒,并成为地理大发现的背景。

另一方面,在中世纪处于朦胧状态的国家概念,也因为伊斯兰势力的威胁而明确形成。举例来说,西班牙通过与伊斯兰世界的斗争,也就是所谓的收复失地运动(Reconquista),成功建立超越中世纪城邦与地域范围的广大统治权。而实现这种状况,除了要有国王的军事力量,还要加上在背后支持的国民性觉醒,也就是国民国家意识的萌芽。同样,匈牙利成立匈雅提·亚诺什(Hunyadi János)王权、俄罗斯帝国打下基础、奥地利和哈布斯堡(Habsburg)的领土自觉等,都是由奥斯曼的压力而触发的。

法国因为百年战争的结束得以从英国的桎梏中脱离,遂挟其广大领土与欧洲的人力资源,着手对外扩张。其政策的第一步,就是查理八世在1494年入侵意大利。这种侵略破坏了意大利各城邦之间的势力平衡,并随后来介入的英国、奥斯曼势力一起让16世纪的欧洲国家体系现出身影。

15世纪末之前的西欧战争,呈现的是"家庭暴力"的样貌,但这场"意大利战争"不仅把列强都卷了进来,掌握西班牙王位的哈布斯堡家族与法国瓦罗亚(Valois)王朝二者之间的斗争,首次在欧洲史赤裸裸地展现。而且法国的弗朗索瓦一世还无视自十字军以来一直属于欧洲传统的护持"基督教共同体"理念,为打倒哈布斯堡家族,不惜与奥斯曼联手围攻维也纳。这种追求"国家利益"(raison d'État)的权力政治,可说是近代国际政治的始祖。不过,

地理大发现导致的交易变化

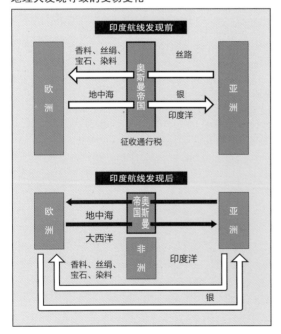

068　兵战事典6·欧洲近代篇

16 世纪的欧洲
- 神圣罗马帝国
- 哈布斯堡家族
- 奥斯曼帝国领域

地名标注：英格兰王国、伦敦、普鲁士公国、波兰王国、华沙、大西洋、巴黎、神圣罗马帝国、法兰西王国、维也纳、匈牙利王国、亚维农、热那亚、奥斯曼帝国、葡萄牙王国、里斯本、马德里、西班牙王国、教皇领亚维农、热那亚共和国、佛罗伦萨、教皇领、那不勒斯王国、那不勒斯、萨丁尼亚王国、地中海、巴勒摩、西西里王国

如果仅就 16 世纪来讨论的话，由于法国内乱的阻挠，结果就如 1559 年《卡托–康布雷齐和约》（Peace of Cateau-Cambrésis）所示，暂且由西班牙这边取得优势告终。

最后，将这场意大利战争带向结束的则是天主教西班牙。火药伴随火炮、火枪的发展，打下近代战术的基础，成为欧洲向世界扩张的威力根源，而西班牙除了挟其威力在意大利战争中占据优势，也在后来陆续将中南美洲与若干亚洲地区变成自己的殖民地。不过，欧洲北部在 16 世纪中叶以后，则有尼德兰（Netherlands，低地国之意）为了对抗天主教皇主国苛政而揭竿起义，其中荷兰（北部七省）的抗争越来越激烈。

一般来讲，要划分欧洲近代文化，可以文艺复兴与宗教改革作为区隔。而这两项文化运动中最重要的，就是在阿尔卑斯山以北的欧洲世界，反对天主教体制压迫的宗教改革。这项运动是从马丁·路德（Martin Luther）在 1517 年发表批评赎罪券贩售行为的 95 条论纲开始的，随着后续由日内瓦改革者加尔文（Chauvin）所发起的新教会，在转瞬之间就席卷了北欧世界。路德主义促进了 1527 年在瑞典、1536 年和 1539 年在丹麦与挪威的改革，英格兰则于 1534 年成立了采用路德与加尔文教义的英国国教会。另外，加尔文主义也从瑞士传到尼德兰，最后成为荷兰独立战争的口号，并产生了法国国内的胡格诺教派（Hugueno）、苏格兰的长老教会、英格兰的清教徒（Puritan）等支派。

另一方面，为了对抗路德派与加尔文派的宗教改革，旧教这边也开始推行内部改革，其代表则为以西班牙为大本营的耶稣会。耶稣会是一支以铁的纪律与严格的正统信仰所支撑的教团，除了建设多所神学校，还派出许多优秀的传教士进行传教活动，不仅在欧洲各国，就连日本，以及西班牙手里的新大陆都有所传播，近代天主教便因此而确立。这股热潮同时连带引出了对教皇独裁旧教体制的全面批判，最后在 1545 年召开了特伦托会议（The Council of Trent）。

不过，改革运动的前途没有想象中容易。改宗后的新教徒为了挺身对抗信奉旧教国王的苛政，引发了内战，后来又变成改宗新教的国王因为将新教当成国策，与旧教这边的国王产生了对立。这些争执之后则发展成为保护教徒与追求政治、经济目的的复杂权力斗争，引发一连串的宗教纷争。

在 17 世纪，这个问题依然无法解决，使得 16～17 世纪充斥着各种宗派，呈现各国内部皆出现宗教性内乱的时代样貌。当然，这些内乱也会跟国际事务扯上关系。最后算总账的事件，就是爆发于 17 世纪初的三十年战争。

近代战争史 **069**

16th Century

火炮的诞生 使部队运用 产生变革

16世纪拉开了宗教战争的序幕，
不过战斗本身依然得靠佣兵，
领主以拥有佣兵来展现政治实力。
不过就战场而言，战斗的样貌已经改变，
要跟中世纪诀别

16世纪的军事特色

16世纪时，在战略、战术上出现的急剧变化，首先在海战方面最为显著。海战的战略、战术经过约2000年都没有显著改变，制海权也只依靠发展于地中海周边的桨帆船舰队保护，并局限于海岸线附近的特定海域。

不过，在这个世纪即将结束时，欧洲主要海军强国，都以具备长射程舷侧炮的帆船战舰取代了桨帆船，导致制海权的概念也产生变化，使得海战中的战术、战略比陆军先一步发展。

因此，在这个世纪，将军的陆战能力虽然比前一个世纪高明，不过待解决的问题也不在少数。跟陆战将军相比，有名的海战统帅理所当然会比较多。

在16世纪的欧洲，依旧持续着始自前一个世纪、因传入火药而引起的战略、战术改革。等到"火药"完全支配战场之后，军人依据战斗时碰到的问题去改良、研发火炮和小火器，让它们适用于战斗。在意大利以及紧接而来的尼德兰战场上，则不断进行着战术性实验。

其结果使战术改革的内容，在16世纪末之前得以具体化。一般来讲，西班牙的军人比其他国军人更有先见之明，因此成为本世纪军事方面的领头羊。但是到了16世纪末，由拿骚的毛里茨率领的荷兰军逐渐从西班牙手中夺去了战术上的优越性。

16世纪，将军所要面临的战术性课题，是如何维持联合兵种（战斗中各种兵种或各类兵器的组合）的协调性，因为火绳枪与滑膛步枪等小火器在当时依然很脆弱。除了活用骑兵的冲击力之外，若想将一般步兵的小火器发挥最大作用，就得依靠重装骑兵攻击、炮兵射击、长枪兵突击，以及发展野战筑城等方法。

不过大大阻挠这些将军们进行战略发展的因素，包括自古以来基本上没什么变化的后勤系统、编组成一大团的军队与贫弱的指挥系统，成员是训练不足且唯利是图、纪律观念淡薄的佣兵等，这些都是军队构造上的问题。

另外，在这个世纪早期的战争中，除非具备相当充分的条件，否则就不会在野战中发起战斗。即使发起战斗，也不可能为了取得主作战、支作战等战略平衡，同时在多个地区作战，只能遂行在单一地区、单一战场上维系一条直线形战线的战斗。

另外以战略上来说，在变换队形时弱点会表露无遗。对于在行进时采用纵队、与战斗队形大不相同的大方阵而言，要组成战斗队形就得花上相当多的时间，包含配置支援用的轻骑兵、重装骑兵、炮兵在内，必须耗费一整天。且由于它在移动上既缓慢又麻烦，因此在配置的时候，就会选在预期敌我两军会爆发战斗的战场，或是靠近敌阵的地方来实施。此段时间可说是战力发挥的死节点，弱点完全暴露。在撤退的时候也会面临相同的状况，在处于脱离战场这种完全没有喘息余地的情况下，若要在敌人眼前转换成行进纵队，就会形成更大的弱点。

这些战略、战术层面的整备，就是16世纪所面临的课题。

军事思想、军事理论概要与其影响

16世纪，由于受到文艺复兴的影响，与其他古籍一样，经中世纪传下来的古希腊、古罗马、拜占庭古典军事教范，也都通过研究而复活。另外，除了因为火器出现而使战斗复杂化之外，经济、政治在战争中所占的重要性也与日俱增，军人开始被要求具备知识素养。为了探讨战略、战术、组织、炮术、射击术、筑城等军事理论，就必须对古籍进行调查研究。这个时代的显著军事理论以及军事思想代表者，有佛罗伦萨的政治哲学家尼可罗·马基亚维利（Niccolò Machiavelli1, 1469~1527），以及世纪末的政治哲学家，担任莱登大学（Universiteit Leiden）教授，也是后期人文主义者的尤斯图斯·利普修斯（Justus Lipsius, 1547~1606）。

在整个16世纪中，像胡格诺军的拉努上尉和科里尼伯爵等欧洲各国知识分子所关注的军事议题核心，在于军队的"纪律"与"服从"问题，马基亚维利理论在欧洲各国被广为引用。至于造成这种议论的背景，在于当时欧洲一般都是采用佣兵制度，而佣兵既不守纪律，又会造成君主等在经济上的过度负担。

马基亚维利的《战术论》共7册，在16世纪印刷了7版，并翻译成欧洲各国语言，广为普及。这本著作的核心在于第3册，大部分是战场上的战斗推想，充分显示作者丰富的想象力和洞察力。现代的作战参谋在制订作战计划的时候，会执行所谓的"作战评估"，第3册的内容，即与"作战评估"中"分析敌我行动方针"相匹配。

这个时代已经脱离中世纪分散的权力构造，权力掌握在国王手中。为了维护这种权力，在王权之下就会设置常备军，还必须具备在其背后支撑的经济力量与官僚体系，此时一些国家已经具备了这样的条件。另外，常备军因为这个时代的特征，成员并非"公民"，而是"佣兵"。

马基亚维利强调的就是排除佣兵，创设出"公民军"，不过这有些过于跳脱当时的政治、经济以及社会背景，有点好高骛远的倾向。

虽说如此，马基亚维利依然继续强调自己的理论。实际上，在他的现役时代中，其实也有常设的"公民军"，不过只是用来描述从中世纪时期一直传下来以赋役形式担负军务的民兵。他们的战斗能力与军事技术根本就比不上专业的佣兵，而且也没什么

尤斯图斯·利普修斯

尼可罗·马基亚维利

纪律，无法在野战中派上用场。针对这点，佣兵军制度在本质上可以随着王权的发展，而成为崭新且极为强大的力量。一直暧昧地批判佣兵军制度，而没有提倡常备军意义的马基亚维利，可说是犯下了一个很大的错误。

即便如此，就像他在著作中所写的一样，军事思想家、哲学家，抑或为政者，必须要知道古籍世界在政治、军事方面都比他们优秀。

另一方面，尤斯图斯·利普修斯提倡"新斯多葛哲学"，著有《恒心论》《政治学》。这些书籍对在18世纪达到巅峰的绝对主义来说，是引导时代朝该方向前进的指标性教科书。

最能够表达利普修斯军事思想的，是在《政治学》第5卷中提到的"军事性睿智"。他在这里要强调的，是设置"常备军"的思想，这也是他跟马基亚维利最大的不同点。"军事睿智"成为君主等人的军事思潮，并深深渗透欧洲。

他是一位教育家，因此影响力相当大。在担任莱登大学教授时，直接对学生毛里茨传授了在军制改革上所必须具备的军事性要求。这样的要求使得火绳枪出现在战场之后几乎过了100年，才终于创造出新型战术。这种战术随着腓特烈大帝的"横队战术"到达巅峰，而此思想也通过古斯塔夫大帝与蒙特库科利（Montecuccoli）普及至整个欧洲，造成广泛影响，最后为普鲁士的军事思想所吸收。

在其他方面，攻城炮在意大利战争中导致中世纪城堡产生巨大转变，促使其发展出"棱堡"式城池。意大利数学家尼科洛·塔尔塔利亚（Niccolò Tartaglia, ?~1557）出版了《炮兵与战争》《城邦要塞》以及其他有关射击理论的著作。另外，与马基亚维利同时代的知名德国建筑家阿尔布雷特·丢勒也写过关于筑城理论的书。

就这样，由于火炮、小火器的出现，在此世纪得以建构起近代西洋兵学的基础。而从这个世纪开始，方阵、大方阵等战斗队形，步、骑兵的运用，特别是针对古希腊、罗马古典战术队形等话题，在法国于1788年下令采用混合战斗序列之前一直被讨论着。

陆军的战争术与军事组织

在此,针对扮演意大利战争主角的两大国家,即法国与西班牙步兵相关战术和组织加以描述。

意大利战争中的战术和军事组织的特色

于 14 世纪前半叶左右出现于欧洲的火器,经过缓慢的发展,终于在 15 世纪中叶出现了攻城炮。在火枪方面,没有击发装置的手铳在 15 世纪末便告消失,火绳枪(arquebus)和轻短骑兵枪开始有组织地在意大利战争中使用。

由查理八世率领的意大利侵略军,包括华丽的近卫重装骑兵军团(由查理七世设立的"敕令骑兵连")、炮兵后勤*、瑞士战斗团三种兵种,虽然比其他欧洲军队先进,不过仍属于没有充分配备火枪的旧式军队。另外,由意大利佣兵队长所率领的众城邦国家军队所采用的西洋棋战术**,对阿尔卑斯山以北的军队来说是行不通的。

在意大利战争中值得注意的,是 1503 年 4 月的切里尼奥拉之役,这场战役让世人认识到火力在未来之重要性,1512 年 4 月的拉韦纳(Ravenna)之役也是一样。在切里尼奥拉之役中所使用的组合火枪与障碍物战术(这种战术与日本在 1575 年长篠之役中的火绳枪用法几乎相同),之后被西班牙军采用,成为惯用战术。西班牙军在拉韦纳也用了同样的战术,不过他们配备火绳枪的防御阵地却被 56 门法军火炮击碎,使得世人在拉韦纳之役中见识了火炮的威力。

除此之外,还有人主张作为近代战术要件之一的各兵种相互支援也在意大利战争中出现。但这种战术在百年战争时代已经存在,因此不会特别被视

瑞士军事博物馆中的瑞士佣兵:长枪兵与戟兵

* 炮兵后勤:指包含大炮、兵员、弹药、马车等,与炮兵有关的全部事物。
** 西洋棋战术:不执行决定性战斗的战术。就像下围际象棋时一步步移动棋子,以慢慢调动部队的方式制造出有利状况,借此结束战斗。

意大利战争

意大利战争是指从 1494 年查理八世远征意大利开始,直到 1559 年签订《卡托-康布雷齐和约》为止,列强围绕着意大利统治权所进行的战役总称。这场战争的起因,是法国的瓦卢瓦王朝与以中世纪型罗马教皇权力实行"超越国家"统治的哈布斯堡家族之间的对决。以 1519 年的皇帝选举为界,战争前后的意义并不相同,因此一般会把它区分为 1519 年前的第一阶段意大利战争和从 1519 年开始的第二阶段意大利战争。

第一阶段意大利战争(1494~1519)

首先要谈的是意大利招致列强介入的背景,也就是小规模的市民自治共同体(comune)的意大利城邦国家间的权力抗争,以及教皇与神圣罗马帝国皇帝之间的对立。在佛罗伦萨的洛伦佐·德·美第奇(Lorenzo de' Medici,1449~1492)时代,基于《洛迪和约》(Pace di Lodi,1454 年 4 月签订)的约束,各方势力保持均衡。不过洛伦佐于 1492 年去世之后,势力平衡便被打破。再加上同年 8 月,罗德里哥·波吉亚(Rodrigo Borgia)继位成为教皇亚历山大六世,而亚历山大六世与其子凯撒·波吉亚(Cesare Borgia)意图以武力扩大教会的势力。因为这样,意大利国内产生了很多纷争,外国势力的干涉更导致矛盾日趋复杂,促进纷争加剧。

颇具野心与冒险心,正值 24 岁、年轻气盛的查理八世,对于阿拉贡(Aragón)王朝下的那不勒斯王国,为了安茹家族(Anjou,在 1435 年之前统治那不勒斯)的继承权想先行占领那不勒斯,遂于 1494 年秋季从法国出发。据说也因为与那不勒斯的阿方索二世(Alfonso II)敌对的米兰公爵和教皇亚历山大六世对查理八世提出干涉所致。拥有丰厚财政家底的法国国

王，靠着卓越的炮兵与精实的瑞士佣兵军，在一开战就获得了闪电式的压倒性胜利，于1495年2月便迅速控制那不勒斯，逼迫阿方索二世逃亡。

不过法国国王迅速占领那不勒斯的举动却使教皇提高警戒，与神圣罗马帝国皇帝马克西米利安一世（Maximilian Ⅰ）、威尼斯共和国、西班牙国王斐迪南五世与伊莎贝拉（Isabel）女王、米兰公国缔结了"反法大同盟"，最后连英国也参与进来。查理八世感觉后方联络线有被切断的威胁，因此只将不到一半的战力留在那不勒斯，自己撤退，却于1495年7月6日在福尔诺沃（Fornovo）被意大利城邦联军所捉。法军力抗联军，查理八世得以逃出虎口，终于回到法国。阿方索二世随后复位为那不勒斯国王，西班牙和威尼斯在意大利半岛南部的势力也在此后日益强化。

等查理八世于1498年辞世之后，继承王位的路易十二则于1499年进攻米兰。他想要重新取得那不勒斯，跟西班牙再度爆发了冲突。1501年，法国虽然暂时掌控了那不勒斯，不过1504年此地再度回到了西班牙手中。

另一方面，法国在北意大利也进行了势力扩张。1508年，他们和神圣罗马帝国皇帝、教皇以及西班牙国王缔结了康布雷（Cambrai）同盟，开始蚕食威尼斯的领土。不过，对法国称霸北意大利抱持戒心的教皇却突然与威尼斯形成和睦的关系，并于1511年缔结神圣同盟，还把西班牙、英国、佛罗伦萨都拉进来，使得法国相当不利。此时就连瑞士佣兵都偏向教皇，导致法国毫无选择，只有撤退。

1513年，法军想再度夺回米兰，入侵了北意大利，在6月6日的诺瓦拉（Novara）战役中被瑞士佣兵军击垮，占领米兰的行动受挫。同年8月，不仅入侵法国北部的英国国王亨利八世军队在吉纳盖特（Guinegate）取得了胜利，东边瑞士军正在包围第戎（Dijon），因此路易十二终究放弃了征服意大利的念头，就此与世长辞。

路易十二的后继者弗朗索瓦一世（1515～1547年在位）想为路易十二报仇，亲自率领军队在马里尼亚诺（Marignano）之役中战胜了瑞士。这场战役促使瑞士从意大利北部抽手，允许法国在瑞士境内招募佣兵，并从西欧国家体系中脱离。

查理八世

路易十二

弗朗索瓦一世

第二阶段意大利战争（1519～1559）

1519年查理五世即位，成为神圣罗马帝国皇帝，败选的弗朗索瓦一世则展开激烈抵抗。不过他在1525年的帕维亚战役中吃了败仗，不仅自己成了俘虏，还于1526年被迫签订了《马德里条约》。法国因此放弃对意大利的野心，使查理五世完全掌控意大利。

不过，奥斯曼帝国在此时对神圣罗马帝国形成压迫。奥斯曼帝国在1526年对匈牙利的摩哈赤（Mohács）战役中取得胜利，并于1529年威胁至维也纳。同时，德国也出现路德教派日渐扩大的问题，被逼入绝境的查理五世遂与法国签订《康布雷条约》，寻求妥协。弗朗索瓦一世却依然没有放弃对查理五世挑战，他于1535年和奥斯曼的苏莱曼大帝缔结协定，共同对抗查理五世。

翌年，德国与法国再度开战，不断重复着一进一退的攻防战。不过德国有奥斯曼与国内的新教问题，法国的内政也发生混乱，继续打仗就会造成负担。1538年，进入亨利二世的时代之后，二者便缔结了尼斯（Nice）休战条约。查理五世也于1555年在奥格斯堡（Augsburg）的议和中解决了宗教问题，并于翌年和亨利二世签署沃瑟莱（Vaucelles）休战条约，并于该年因病让位引退。

即使签了停战协定，战争还是继续开打。这次连英国也插进一脚，状况变得更为混乱。因为交战国都已相当疲惫，在1559年签署了《卡托-康布雷齐和约》，结束长年的意大利战争。结果是法国撤回所有对意大利的领土要求，西班牙则保住半岛地区，之后的半个世纪都是西班牙具有优势地位的时代。

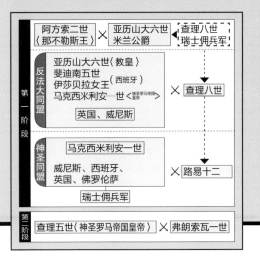

近代战争史 **073**

1368年的欧赖（Auray）战役（百年战争）

瑞士佣兵的戟兵

为近代战术。的确，那个时候已经派出轻骑兵去扰乱第一线，等成功之后再派步兵前去突击，或是让轻骑兵引诱敌人前来攻击，再让步兵在一旁埋伏等，以此决定胜负。另外，在各场战斗里，也可以看到依靠中世纪以来的传统重装骑兵或是瑞士长枪队等兵种取得决定性胜利的战术、战法，不过这也只是各兵种其中一种依据个别状况而采取有效战术，并且成功罢了。

德国军事史家汉斯·戴布流克（Hans Delbrück，1848～1929）观察到，步兵、轻骑兵、重装骑兵在当时都是独立作战的。炮兵以攻城炮为主体，没有区分出野战炮。要在野战中以火力支援具敏捷机动性的步兵、骑兵，就当时的技术来说是不可能的。另外，即使查理八世的隼炮*再怎么具有机动性，仍无法像现代火炮轻易跟随步兵、骑兵机动。而且万一敌人发动攻击，火炮就会直接被俘虏；或者一方成功完成攻击，火炮也会被掳获。即使没有弹药，也会被拿去当作防御阵地的掩蔽物。

归纳上述几件事之后，就可以得知意大利战争虽然是一场堪称火器实验场的重要战争，不过就战术等级而言，仍然没有提升到兵种相互支援的程度，也欠缺机动性。

步兵战术与组织

虽然法国、西班牙的军队组织都以重装骑兵为核心，不过伴随着小火器的发展，步兵的战术改革以及组织化必然有所进展。

以法国而言，虽然路易十一设立了1.6万人的国民步兵，但因纪律松散相当脆弱。在1479年的吉纳盖特之役中吃了大败仗后便告废止，之后则改为依靠瑞士战斗团，而若与瑞士敌对的话，就改用德国的国土佣仆（landsknecht）等佣兵。查理八世也拥8000名瑞士长枪兵，靠他们去侵略意大利。

1523年的法军，在每个连里仅拥有6挺火绳枪，而在帕维亚战役中，他们深深认识到意大利军（皇帝军）小火器的威力，在之后便开始有组织地采用火绳枪。不过当时的火枪在遭到敌方骑兵袭击时，还得依靠长枪兵保护，所以长枪兵和火枪兵之间就必须相互协调。不过这对法国士兵来说已很困难，更何况瑞士长枪兵或国土佣仆这些外国佣兵了。

1531年，弗朗索瓦一世仿效西班牙军的步兵组织，首创由4个"Legion"**组成的国民步兵军。以火枪队与长枪队构成的"Legion"编制，是由6个1000人组成的"Band"（火枪300、长枪600、戟100）所构成。不过这种军队组织仅仅持续了45个月，最后因为素质不良，于《卡托-康布雷齐和约》之后便告消失。

另一方面，西班牙则是依据1494年瓦拉多利德（Valladolid）的律令，规定20～45岁的男性中，每12人就要派出1人在国内或海外担任从军义务，这种做法模仿法国以职业步兵来补充重装骑兵。一如前述，法国在设置步兵方面不断失败，西班牙军在此世纪后半叶，即使军队由义勇兵构成，却依然可以维持下来。这是因为西班牙的荒田并不适合饲养马匹，西班牙贵族在传统上就不像法国那样特别重视骑士，而比较容易接受步兵。

1495年发生于卡拉布里亚（Calabria）半岛的塞米娜拉（Seminara）战役中，西班牙军曾经被法军重装骑兵与瑞士长枪兵蹂躏至体无完肤，因此在切里尼奥拉之役中就采用了与掩蔽物并用的火绳枪新战术，在看到其效果之后，斐迪南王（Fernando）便基于科尔多瓦将军的做法，在1505年设立了20个称为混合大队（Coronelia）的部队。混合大队由1000～1250人构成，以长枪、戟、火绳枪及圆盾兵混合编组。1个混合大队由5个中队编成，是一种比瑞士战斗团还要进步的战斗队形。

在此世纪的西班牙军中，小火器的比例相对于长枪确实有所增加。而在与小火器相关的项目中较

德国的国土佣仆

---

* 隼炮：将攻城炮减轻之后的产物，但尚未达到野战炮的阶段。
** Legion：在法文中代表部队单位的词汇，与罗马时代的Legion（军团）不同。

圆盾兵

值得注意的，则是西班牙军于1521年在米兰攻城战中最早使用了滑膛步枪。这种枪比火绳枪更具杀伤力，不过因为很重，要靠架子支撑。虽然滑膛步枪从这个时期就已开始慢慢换装，不过一直到16世纪结束之前，都没能完全取代火绳枪。

在小火器方面，西班牙军领先其他国家一步。比克卡（Bicocca）会战中，他们在法军面前展现出优越的小火器威力。这场战役是首次将步兵小火器进行大规模运用的例子，不过使用的小火器数量则无法判明。这个时期的西班牙军在运用火绳枪时，会在壕沟的胸壁后方展开4列横队，并在后面配置国土佣仆的长枪队。

火枪兵在法军进入有效射程之后便开始射击，前面2列射击完毕后，会采高跪姿进行装填，以免妨碍后面2列射击，并以此交互射击。在意大利战争中，这种射击方法成为惯用法，不过在库特拉（Coutras）的战斗中，率领胡格诺军的亨利四世采用5列火枪队，最前列以跪姿射击，第2、3列使用立射，最后2列则进行交互射击，以此增加战斗队形的利用率与加强火力。

比克卡会战后过了约10年，在1534年左右，西班牙创设了一种称为"大方阵"的战斗组织。最早是由数个混合大队所构成，最后形成以3个混合大队、总共3000余人的集合体作为标准。

这种"大方阵"在16世纪60年代被定为西班牙军的标准之前，经过改善与统一，变成由1200～1500人编组而成，整体规模缩小。理由是当初的"大方阵"实在太过巨大，机动性很差，在运用时不够灵活，圆盾兵与戟兵也被废除。之后，到16世纪50年代为止，全中队都换装了滑膛步枪。在70年代时，实战中的每个"大方阵"至少会编组出两个中队的独立射击队。

这个世纪的西班牙军队，与法国军队并列为欧洲最有实力的陆军。其背景是虽然并非采用严谨意义的征兵制，不过步兵的骨干都是从城市壮丁中募集而来的，再加上西班牙因地理环境的关系，步兵较为发达，并且采用其他国家没有的"大方阵"战术，靠着持续遂行战争，使士兵没有闲暇解散，因而能够具备丰富的经验，指挥官也相当优秀。

另外，16世纪不只是意大利，像尼德兰等欧洲北部地区也成为战场，需要大量佣兵。所以西班牙陆军成员除了本国人之外，还有来自意大利（包括那不勒斯、西西里、伦巴第）、德国、弗朗什-孔泰（Franche-Comté）、瓦隆（Wallonie）等地的人。为了让这种混合部队在素质方面进一步提升，在西班牙军内部，士兵组成一种以相互扶持为目的、称为"Camarada"（意为同志）的小团体。这种传统习惯除了可以培养团结心之外，老兵也能借此教导新兵作战的要领。

于尼德兰登场的西班牙军队属于一支新锐部队，不过从本国到尼德兰实在是太过遥远，路程长达1000公里左右，补给相当困难，再加上经济恶化，兵员常常领不到薪水，或是很晚才拿到。如此一来，跟佣兵一样，西班牙士兵出于生活上的需要，会发动叛乱与进行掠夺。掠夺对于领不到钱的士兵来说，实属必要之恶。有时候也会向在战场或是在位于通往战场路线的都市索求军税（城市只要支付军税就能维持治安与受到保护，反之则会遭到抢劫）。

西班牙军队发动叛乱时，为了跟国王或执政者交涉，会选出一个称为"elite"的代理人兼人质。他必须是中尉以上，且若仍持有服从国王的信念，就必须被监视以防背叛。等到发出薪水之后，叛乱就告结束，"elite"也会被释放，回到原本的部队去。这显示出西班牙军队内部约束与纪律的底线，如果是其他军队，一旦发动叛乱，就代表军开始抢劫，根本没有进行这种交涉的余地。不过这也是因为西班牙士兵的军务时间实在太长了，其佣兵体制上的缺陷与特性会以制度化的方式显现，但就本质而言，他们与16世纪的一般佣兵没什么两样。

西班牙军队能靠着勇气与忍耐遂行战斗，却缺乏可靠性，他们的精神与注意力全部投注在追求自己的利益上。即使在纯由西班牙本国士兵构成的部队当中也是大同小异，一旦在远离祖国的尼德兰待久了，对祖国的忠诚就会越来越淡薄。他们虽然是一支会为薪水而轻易发挥出击败敌人力量的军队，但同时会因为领不到钱而转头攻打西班牙国王。

骑兵的战术与组织

16世纪一开始，法国的重装骑兵（1445年4月，查理七世下令重新编组骑兵而创建的"敕令骑兵连")是欧洲仅有的优秀骑兵。不过由于帕维亚战役的惨败，法国也陆续废除继承自中世纪骑士的重装骑兵。因此，和欧洲其他军队一样，法国骑兵也开始采用更多轻骑兵，并且实验性地展开配合小火器使用方法的研究。

黑骑兵

在这个实验性的时代，德国发展出一种装备新式簧轮手枪的新型重装骑兵。这种新型重装骑兵由佣兵部队组织而成，士兵通常会穿戴黑色铠甲，因此就用德文 Schwarze Reiter（黑色骑士）的简写"Reiter"来称呼他们。"黑骑兵"的名声与著名的国土佣仆并驾齐驱，可说是骑在马上的国土佣仆。"黑骑兵"会以窄小的横列排成纵队，以快马接近敌人，并施展"半回旋枪击"战术。

这个世纪后半叶，法国骑兵再度登上宝座。经过改良的骑兵以2～3列的纵列组成一长条横队，装备手枪与军刀，骑快马奔驰。他们采取先发射手枪，然后拔出军刀袭击敌人的战术行动。也许是受到毛里茨军制改革的影响，法军此时已完全废除长枪。到了16世纪末，除了西班牙和波兰，欧洲的骑兵都已改成装备手枪，或是手枪与军刀并用了。

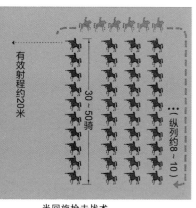

半回旋枪击战术

炮兵的发展

这个时代的法国炮兵，就传统而言凌驾于他国之上。这是因为在15世纪中叶，查理七世的军事顾问让·比罗（Jean Bureau）与加斯帕德·比罗（Gaspard Bureau）兄弟，以及里奇蒙（Arthur de Richemont），在1450～1453年领先他国，以重视技术与组织的方式建构起一支极为优秀的炮兵部队。查理八世则继承这个组织，在意大利战争初期捣毁了意大利城邦的城墙与军队。

这个世纪，大炮从缺点较多的铁制品转变为青铜制品，以充分发挥所长。炮弹也从石头改成金属，因此必须配合火药的燃烧速度来提高炮身强度。

另外，这个时代的大炮在制造与运用上都要依赖手工作坊与公会，因此大炮种类相当繁杂。这种现象造成必须准备好几种弹药，导致补给上出现问题，发生到手的弹药无法跟大炮契合、无法在实战中使用的状况，这些都是造成战术失效的原因。为了解决这种问题，让·比罗把炮种加以标准化，分成2、4、8、16、32、64磅等级。

大炮在运用上最大的问题就是运输，查理八世在大炮的炮身上加装了炮耳。如此一来，炮身就可轻易上下移动，也能保持装载在炮架上的位置进行射击。另外，查理八世的大炮用训练过的马匹来牵引，而意大利各城邦则依然靠牛牵引，且必须将大炮拆成好几部分运抵阵地后，再装在框架中使用。跟这种方式相比，法军进步良多。

另外，法军所使用的是铁弹，他们发射1小时的炮弹量，几乎相当于使用石弹的意大利炮兵射击1天的量。以效果来说，1发炮弹可以撂倒30余人马。

就这样，到16世纪为止，炮兵虽然在性能与技术方面留下了许多问题，不过还是成为能与骑兵、步兵并列的第三种兵种，在战斗部队中不可或缺。不过攻城炮与野战炮的分开，要等到16世纪末荷兰的毛里茨军制改革之后才开始进行。

大炮与石弹。在16世纪，炮身是以铁制品为主流。

荷兰独立战争与毛里茨的军制改革

毛里茨的军制改革

被逼到绝境的荷兰面对的课题，是如何创造出在野战中赢过比当时"瑞士战斗团"更优秀的"大方阵"的战斗队形。毛里茨开始在军人、人文学者、语言学者、数学与土木工程学者、艺术家等的协助下，展开军、学界的共同研究。这样的理论研究，加上军人们的战斗经验和战史研究，为荷兰创造革新性战斗队形打下了基础。

1568年，奥兰治亲王（Prins van Oranje）举兵失败之后，他的军官们就加入胡格诺军参战，推测他们应该是在此时学会了火绳枪的运用。实际而言，胡格诺军为了达到增强火力的效果，在研究让火枪队的第1列进行跪射，第2列采立射的齐射方法，且在与天主教军交战的库特拉战役中证实了这种方法的有效性。另外，改革者们也从坎尼（Cannae）会战等古战史，以及在当时属于近代战史的意大利战争中，学到了火力所扮演的角色，以及各兵种协同的重要性，这些都成为军事改革的基础。

就这样，从1589年开始，荷兰为了增强野战军，菲士兰（Friesland）与格罗宁根（Groningen）两省的总督，同时也是毛里茨堂兄的洛德韦克（Lodewijk）依据毛里茨的指示，着手进行新战斗队形的研究与实验。

改革者们首先从探讨当时号称欧洲最强的"大方阵"问题下手。"大方阵"在此时虽然已经缩小，却依然有十几排纵列，行动相当迟缓。正因为它呈很大的块状，所以主要靠人员来形成冲击力，而且也可应付来自四面八方的攻击，防御性相当强。

其战斗技术完全是靠士兵的经验，不仅部队没有接受过彻底的正规训练，就连军官也只能凭自己的经验，而没有接受知识上的训练。其实"大方阵"

毛里茨

洛德韦克

在草创时，也只是模仿瑞士长枪队，再根据意大利战争时所用的射击方法加上射击队而已。

在一个"大方阵"中会另外加上两个连的射击队，因此要进行持续性射击应该不太困难。不过为了流畅地保护火枪队，火枪队与长枪队到底该如何协同？这个问题并没有获得解决。

因此，洛德韦克等人集中精力去解决如何让火枪队连续射击，以及火枪队与长枪队要怎么协同操作才能保护好火枪队这两个问题。首先，如何让火绳枪与滑膛步枪连续发挥火力，从2世纪住在罗马的希腊军事作家艾利安那里得到了启示，采用了"反转行进"这种新型射击方式。这种方法是以5排横列构成50人的排，在长枪队两侧各配置3个排，然后依据以下要领进行射击：首先，最前列的士兵射击完毕之后，就掉转方向，并从纵列的间隔处通过，走到最后面去重新装填。后一列则不断重复与最前列同样的动作，以此实施连续射击。

此时如果遭遇敌方长枪队或骑兵的突击，紧邻射击队的长枪队就会赶来阻挡敌方的突击部队，保护火枪队。如在"大方阵"中，只能退后躲避，不过新战斗队形可不用躲藏，而是能在长枪队的协同之下继续射击。就这样，在1595年，拥有滑膛

荷兰步兵操典中所画的火枪发射教范

长枪兵身上所穿的铠甲

荷兰独立战争的主要战斗

荷兰独立战争

奥兰治亲王威廉

神圣罗马帝国皇帝马克西米利安一世的孙子查理五世在1519年继承皇位，并于1543年把尼德兰各国的全部领土都纳入旗下。在此时期，路德、加尔文所掀起的宗教改革浪潮，正席卷北欧、荷兰、法国、英格兰等地，而查理五世特别在尼德兰对新教徒与加尔文教派进行了严厉的宗教镇压。

继承他的西班牙国王腓力二世并没有在镇压上松手。为了支撑西班牙/哈布斯堡家族的扩张战争，必须取得丰饶的尼德兰来当作经济基础。他们在该地的横夺榨取，苛刻到现代人无法想象的地步。也就是说，尼德兰在经济与宗教两方面，一直承受着严重的压迫。

1567年，为了压制日益剧烈的天主教会破坏活动，西班牙便将阿尔瓦（Alba）将军指挥的1万大军送进尼德兰，展开了恐怖政治。

历代担任哈布斯堡政府在尼德兰的官员，深得查理五世信赖，出身德国拿骚的奥兰治亲王威廉（1533～1584），挺身反对这种反动政治。在加尔文、丐军（Geuzen）起义时，他因同情名门、下级贵族们的叛乱，便从天主教改宗为路德教派，并担任叛军指挥官，于1568年举兵。以此为契机，独立战争正式展开。1572年也有叛乱，不过两场都以失败告终。

造成失败的主要原因，是相对于当时堪称欧洲实力最强的西班牙陆军，尼德兰军队以劣势的临时佣兵组成，所以根本无法期待能有什么军事成果。

西班牙军的攻势依然持续，但是阿尔瓦将军却失势了，由雷克森斯（Requesens）继任。1574年5月，雷克森斯对莱登市展开包围攻击，奥兰治亲王持续抵抗。后来，由于雷克森斯猝死，薪水又发不出来，西班牙军队就在安特卫普市大肆劫掠。

这个事件不仅对欧洲经济造成重大打击，也恶名远播，使得原本因为某些原因对立的尼德兰北部与南部，于1576年在此危机之下成立了以统一17省为标榜的《根特协定》（Pacification of Ghent），执政者唐·胡安也同意并签名。

不过1577年1月，唐·胡安却再度引入西班牙军，击垮了议会军队。而继任唐·胡安的帕尔马（Parma）亲王凡尼斯（Farnese）将军组成了"阿拉斯加联盟"（Unie van Atrecht），对南部10省采取怀柔政策，使他们分离。相对于此，北部7省则组成"乌得勒支同盟"（Unie van Utrecht）与南部对抗，并于1583年以后遭到西班牙军逐次压迫。1584年7月10日，威廉遭到暗杀。到了1588年，同盟仅剩下荷兰省、泽兰省（Zeeland）、乌得勒支省，刚成立的低地联邦共和国宛若风中残烛。

威廉死后，继承衣钵的毛里茨利用薪水迟发所造成的混乱，在1600年进攻海上战略要冲纽波特，瓦解了西班牙军。纽波特遭到放弃，成功削减了西班牙的影响力，这是毛里茨推行军制改革的成果。

另外，挽救此事态的是隔壁法国由非天主教徒亨利四世继承王位这件事。西班牙军对法国立刻进行军事介入，便从尼德兰撤退。事态就此急转直下，1609年，尼德兰与西班牙达成停战12年的协议，虽然在1621年战争有重启的迹象，却没有扩大。在1648年基于《威斯特伐利亚和约》（Peace of Westphalia），新生"荷兰"被国际承认为独立国家。

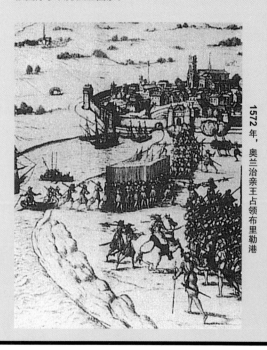

1572年，奥兰治亲王占领布里勒港

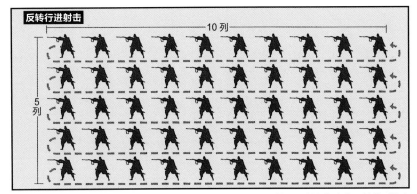

毛里茨很早就看出火力对战局产生的影响，便想出了"反转行进射击"方案。最前列的火枪兵在射击完毕之后，会从兵与兵的间隔中往回走，到达队列的最尾端，开始为下一发射击做准备，这种射击法就是不断重复此流程。以战斗正面来说，这种射击法是以正面5列、纵深10列的队形操作的。此射击法必须经过训练，因此毛里茨在军制改革中还定出训练细则，依此加以训练后，就能让火力获得革命性增强

步枪兵100人、火绳枪兵200人、长枪兵200人、军官22人，总共520人的步兵营完成了编组。这种用来当作战术基本单位部队的革命性步兵营，在火绳枪出现在战场约100年之后，终于实现了16世纪指挥官们所渴望的火绳枪与长枪的联合兵种。

另外，它还能以行进纵队的队形直走展开战斗，解决了以往让指挥官的战略思考受到限制、花长时间进行战斗展开的问题。这样使得机动更为容易、单位部队增加、部队运用的弹性也提高，并能维持充分的预备队。

1600年，荷兰军把火绳枪全面换为滑膛步枪，在火力方面也变得比"大方阵"强。举例来说，以1500人编成的"大方阵"，可以编组出3个新的营，火力则比"大方阵"增加了数倍之多。

不过指挥单位数量的增加，也就代表需要更多的基层指挥官，且他们的指挥能力必须加以提升。另外，比起"大方阵"，士兵必须熟悉更为复杂的自体运动（前进运动、方向转换行进、回转、开闭行进、反转行进等），继续使用以前的临时佣兵，是不可能实行这种新战术的。就新营而言，军官、士兵在平时必须接受持续训练。针对这点，就得把以前的限时约聘佣兵转变为常备军。那么，荷兰又如何解决这个问题呢？

毛里茨的老师利普修斯，以贯彻"命令与服从"的古罗马纪律为典范，提出有纪律的国民军构想，不过这并未成立。当时的荷兰联邦共和国人口仅有100万人左右，而且是个海运商业国家，人手相当吃紧，要招募陆军可说是强人所难。除此之外，最根本的原因则是毛里茨的堂兄——军人学者约翰·冯·拿骚（Johan van Nassau），在联邦议会中主张若作战的对手是外国佣兵的话，就没有必要让荷兰国民流血，因而议会放弃国民征兵。因此，虽然采用了志愿制度，不过成员几乎都是外国佣兵。当然，虽然只是少数，但荷兰甚至贵族阶层中也有志愿当兵的人。他们的薪水相当高，几乎与工坊的技术人员相同。

骑兵方面也和步兵一起进行改革。1597年左右，两个装备军刀与手枪的龙骑兵连被设立。他们不采以往半回旋枪击战法，而是以袭击作为主要任务。1594年，军制改革全盛时期的荷兰骑兵，以4~6个连组成军团。战斗队形由7纵列与35~60横列构成，不过之后纵列则改成5列。

骑兵在野战中虽然根据需要会配置在步兵之间，不过通常位于部队的侧翼。胸甲骑兵会在步兵与敌方步兵战斗时，对其发动突击。他们只有在打败敌骑兵的时候，才会进一步攻击敌步兵，以支援己方步兵。实际的例子可以在蒂伦豪特（Turnhout）战役中看到，他们将西班牙骑兵各个击破，又歼灭了敌步兵。

至于荷兰炮兵，毛里茨也和法国炮兵一样，着手进行火炮的规格化，并整备炮兵后勤部队。另外，他还在1600年左右暗地里秘密制造3磅炮、6磅炮这些之后成为古斯塔夫大帝野战炮原型的野战炮。毛里茨率领着这支经过改革、强化的军队，自1590年开始发起攻击。他首先夺取了布雷达（Breda），并驱逐入侵菲士兰、格罗宁根、上艾瑟尔（Overijssel）、吉德兰（Gelderland）境内的西班牙军队，收复了领土。

另外，他也在布拉班特（Brabant）的蒂伦豪特战役，以及之后的尼乌波尔特（Nieuwpoort）战役大获全胜，证明了军制改革的有效性。1609年，西班牙停战，使得荷兰名副其实地获得了独立。

17th Century
宗教与经济摩擦导致的国际战争

在16世纪初期，欧洲的存在在世界视野中的地理、历史上都很渺小。不过等到17世纪即将结束时，虽然只是表面，不过欧洲的势力已几乎席卷了全世界。而主导这种西方东渐现象的主要推手，正是成立于16世纪的强大西班牙王国。尽管此王国曾经盛极一时，进入17世纪之后却急速解体，领土也被蚕食。导致这种状况的，就是16世纪以来的宗教改革引发的三十年战争。

战争初期，以神圣罗马帝国皇帝为中心的天主教军，首先对普法尔茨（Pfalz）下手，接着又排除了丹麦的介入，一度即将控制整个德国。不过因为古斯塔夫·阿道夫率领瑞典参战，情势产生逆转，而由宰相黎塞留所率领的法国加入之后，天主教军马上处于劣势。

结果是于1648年缔结了《威斯特伐利亚和约》。根据这份和约，荷兰获得独立，而帝国则失去了佛兰德斯（Flanders）这个经济中枢，步上衰退一途。

三十年战争是欧洲近代初期最大的国际战争。这场战争为社会、政治、外交、国际关系、经济、军事等方面带来了很大的影响。其中在经济上，成为战场的德国受损最为严重，甚至可说是第二次世界大战之前德国史上最为严重的一次。有些地方的人口与民宅丧失大半，被细切之后各自分立的领邦国家，也是造成日后近代德国悲剧性命运的远因。不过位于德国北方边境的勃兰登堡（Brandenburg）则逃过一劫，为接下来普鲁士的兴盛打下基础。

成为17世纪欧洲荣光的国家，已从西班牙王国变成反抗该王国的荷兰，以及后来的英格兰、法国等，速度之快令人眼花缭乱。

首先，荷兰（尼德兰）在宗主国西班牙／哈布斯堡家族的苛政统治、经济榨取和宗教镇压之下，由奥兰治亲王威廉带头点燃反抗的烽火，1581年，北部7省结成乌得勒支同盟，宣告独立。在1584年威廉遭到暗杀之后，继承衣钵的毛里茨开启了他的时代，以经济实力为背景进行战术、军制改革，确保优势。英格兰于1600年设立东印度公司之后，荷兰紧接着于1602年成立东印度公司，并且还在美洲大陆设置西印度公司，靠着其他国家无法望其项背的船只数量，让商港阿姆斯特丹成为了世界金融中心。

英格兰在伊丽莎白一世（1558～1603年在位）治理下，1588年，打败了西班牙无敌舰队，掌握海上霸权，开始推动航海殖民事业。之后，詹姆斯一世和查理一世虽然想实现世袭国王的绝对专制，不过却招致议会、国民的反感，他们借由清教徒革命成立了共和政体。革命领导人克伦威尔在进行军制改革并打败国王军之后，为了扩张国势，便以依靠商业兴盛的荷兰为目标，在1651年发布航海条例并准备打仗。最后，英国取代了荷兰，获得印度与美洲等多数殖民地，君临世界。不过克伦威尔的武断政治再次招致国民的反感，在他死后的1660年，王政再度复辟，查理二世即位。

另一方面，法国对古斯塔夫·阿道夫进行资金援助，通过他来介入三十年战争。而黎塞留宰相是在古斯塔夫死后的1635年，亲自带领法国参与

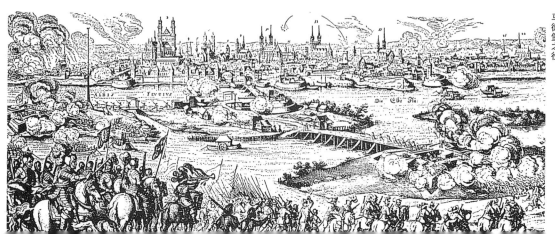

马德堡之役

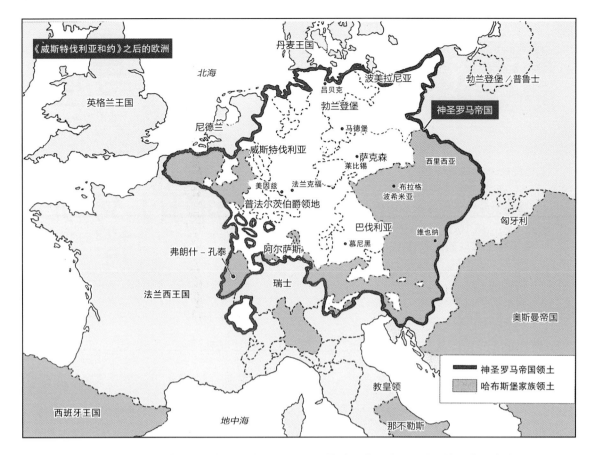

三十年战争,给哈布斯堡家族最后一击。黎塞留致力于制定对内和对外政策,确立路易王朝绝对专制的基础,继承他的马萨林(Mazarin,1602~1661)继续执行政策,国力日益兴盛。路易十四(1643~1715年在位)的时代,在内政方面除了任用柯尔贝尔为财务大臣,推行重商主义政策之外,国务大臣则由米歇尔·勒·泰利耶(Michel le Tellier,1603~1685)与他儿子卢福瓦侯爵(François Michel le Tellier,1641~1691)担任,致力于军制的整备与改革。这种重商主义政策引起了与荷兰、英国之间的矛盾,成为17世纪绵延不绝对外战争的主要原因。在路易十四亲政的54年中,有32年都处于战斗状态。

正当西洋重商主义浪潮席卷世界之时,俄国因大范围地区歉收,导致进入17世纪政局极不稳定。在此时期,波兰的大贵族认为这是一雪利沃尼亚(Livonian)战争耻辱的大好时机,便拥立伪帝德米特里(Dmitri),攻入莫斯科。最后是在俄国民兵的奋战之下,波兰士兵才被驱逐出境,1612年莫斯科解放。朝代由留里克(Rurik)王朝变成罗曼诺夫(Romanov)王朝,而罗曼诺夫王朝的米哈伊尔(Michael)则排除了外国军队的干涉,同时扫荡潜伏于各地的农民游击队,收复土地与农民,并强化、稳定贵族阶级,尽快恢复国内秩序。以此为契机,交棒给后来的彼得一世时俄国获得大力发展。

1689年,彼得亲政,不过在上任之前,国内外已堆积了许多问题。他在1695年设立海军,并于翌年攻下亚速(Azov)要塞,终于能够挺进亚速海。彼得大帝是位积极进取的开明君主,从1697年3月开始,他花了一年半的时间隐姓埋名展开旅行,学习西洋世界的最新知识。他整治内政与军制,最后与瑞典爆发了第二次北方战争(1700~1721)。

最后,提一下本世纪的奥斯曼帝国。奥斯曼帝国延续前一个世纪,持续采取扩大、膨胀主义,于1663年入侵匈牙利。虽然在这场战争最后,哈布斯堡将军蒙特库科利在圣哥达(Saint Gotthard)将之击退,不过到了穆罕默德四世(1649~1687年在位)时代,1683年,哈布斯堡王朝的大首都维也纳再度被包围。欧洲各国在此危机之际一致达成团结,由奥地利、萨克森(Sachsen)、弗兰肯(Franconia)、波兰等组成大联军,击败了奥斯曼军。战败的奥斯曼帝国走上了衰退的道路。

那么,基于以上所述,欧洲文明造成世界性膨胀的原动力到底是什么?也许是因为位于欧亚大陆边陲的"欧洲"与奥斯曼帝国这个异质文明相互交错,产生了新的活力以及发展上的可能性。当来自东方的压力达到极点时,欧洲便完成了一种质的变化。

17th Century

以三兵统合与火力发挥为焦点的战术革命

17世纪是一个将前一世纪的宗教纷争、基于国家之间的利益，转为大规模国际战争的时代。除此之外，这个时代也推行军制改革，精华在于军队组织整体上的改变

17世纪的军事特色

17世纪是个欧洲主要国家进行永无止境战争的时代。一开始只是导因于跟宗教或国家体制相关的内部问题，后来却已慢慢转变成国际战争。而奥斯曼与哈布斯堡在欧洲南部接连不断的斗争，虽然整体而言宗教因素占很大比例，不过随着时代的演进，因为国家、经济、殖民地意识等而在国境问题上引起斗争，不再是单纯的宗教问题。

伴随着战争规模的扩大，此时战术、军制的改革也有所进展，其与官僚制度的发展以及为追求经济发展而竞相取得殖民地等也日益相关。这个世纪可说是标榜着绝对主义的时代，并且是军事发展的起点，是名副其实的"军事革命"时代。

这个世纪在军事史上最显著的特色，就是古斯塔夫大帝承袭毛里茨战术改革发展而来的军制改革。他在本世纪结束之前，创造出军事组织、构造皆与现代相近的专业常备军。

三十年战争中的德国战场则成为三兵、横队战术等新战术的实验场，证明了新战术、战法的有效性。

另外，曾风靡欧洲的"大方阵"，在此则随着西班牙的衰退而消失。特别不能遗漏的，就是曾在三十年战争中两度与瑞典军在布莱登菲尔德（Breitenfeld）交手，也在圣哥达之役大败奥斯曼军的哈布斯堡陆军蒙特库科利元帅，他比照近代初期的政治、社会组织，首次在战争中投入科学运用。

他是一位在克劳塞维茨之前写下《战争论》的军人学者，给欧洲后一个世纪的军事思想界带来极大影响。

后勤

后勤是个承接自前一世纪并持续到下一个世纪，对军队统帅的战略性思考产生极大限制的问题。继中世纪之后，这种后勤概念比古代还要退化。英文的"Logistics"（后勤）来意为"计算性方法"的希腊文"Logistikos"，在古代罗马和拜占庭帝国则有一种称为"Logista"的军事行政官。从中世纪以后直到18世纪为止，"Logistics"却没有在军事用语中出现。

这种后勤问题，跟此时代的佣兵制度，以及攻城战增加、重视步兵等有关。在对近代的棱堡式要塞进行围攻作战时，攻城军为了避免守城军射击造成的损害，会一边挖掘对壕或接近壕，一边接近要塞。等到在战场上扮演火力支配角色的野战筑城技术普及之后，这些土木工事就需要更多的人手。这些原本是让工人去做的，不过后来则逐渐变成士兵自己去挖壕沟。因火枪的发展使步兵火力获得重视，也是兵员数量增加的理由之一。

在三十年战争期间，光是一方的军队规模就达到10万~12万人。西班牙王位继承战争中的对阵双方势力，更是高达45万~50万人。当然，这也不是说在单一战场上投入这么多的军力来作战，而是会分成几个阵营进行独立战斗。三十年战争的时代，在决战等级的大型战斗中，双方参战军力通常在3万~4万人。西班牙王位继承战争时，参战人数则变成6万~8万人，有时甚至会增加到10万人。这还只是直接参与战斗的士兵而已，如果把跟在他们旁边的妇女、帮佣、从军商人等都加进去的话，数字还有可能增加15%~50%。

为了维持这样的军队，不只是人的粮食，用来搬运包含炮弹在内的炮兵后勤物资和野营道具等物

品的马匹以及骑兵用马的数量也不少，维持这些马匹必须具有充足的饲料才行。一般来讲，这个时代的军队通常会把能够供应4~5天战斗所需的粮食、弹药等补给品统合在一起，用多辆马车搬运。不仅没有补给仓库的概念，粮食、弹药等物品的运送也不成系统，再加上道路状况恶劣，直接从策源地运输几乎是不可能的事情。

因此，与其攻击单纯的作战目标，不如去打战斗物资集中的都市，也就是用攻击都市的方式来取代补给仓库。由于聚积有财富、汇集经济、产业的热闹重要都市，通常都构筑成要塞，就必须进行攻城战。围攻军为了攻城，就得在特定地区停下脚步，而对于当时的军队统率者来说，让军队到处移动比较轻松。因为如果军队在一个地方待久了，粮食一旦吃光，就很难维持。特别是当守军若进行让都市周围全部荒废的焦土作战，将攻城军可以拿来利用的物品在事前全部破坏的话，围城战就会难上加难。

根据1823年俄罗斯军事委员会成员之一的康克林的研究，对军队来说，若1平方公里的人口密度为35人，则若无补给仓库即无法作战。基于此研究，17世纪末适合作战的地点包括法国、比利时、威斯特伐利亚、伦巴第等地，仗很难打的则有奥地利、英格兰的威尔士。克劳塞维茨也有过相同论述，根据他的理论，若军队的兵力能比作战地区的人口数多3~4倍，就有办法进行数天作战；若军队只前进、移动，那么在约115平方英里（约298平方公里）的地区就能对3万名兵力进行补给。

军税制度

这个时代的补给，沿袭前一世纪依赖从军商人的习惯，他们会依照契约而行，费用则是从士兵的薪水中扣缴。不管怎么说，军队需要金钱。就连盛极一时的西班牙，在16世纪末也因为战争使白银的出入平衡被打破，至少宣告三次破产。可以按时发出薪水的，只有荷兰。

由于当时的佣兵军队在穿越都市时都会打劫，因此指挥官就跟都市当局以不穿过都市作为交换条件，让他们提供金钱。另外，对于自己人来说，也会以维持治安与担当防卫为条件，向城镇或村庄要求钱财，这就是所谓的军税制度。

不过若他们付出的金钱太少，或是拒绝出钱的话，就没有薪水付给佣兵，那么军队便会对佣兵打家劫舍睁一只眼闭一只眼。但若默许掠夺，士兵就有机会脱队或逃走，使得军队势力减弱，因此指挥官并不喜欢这么做。可如果资金实在太少的话，除了让他们去抢也别无他法了。

古斯塔夫的宿敌华伦斯坦

因为有这种状况，几乎所有的欧洲军队都是采用军税制度。而将这种制度善加利用的人，则有佣兵队长华伦斯坦。他和富裕的寡妇结婚，在波希米亚叛乱时站在皇帝这边镇压叛乱，并买下叛乱诸侯的领地，占有波希米亚广大的领地。由于他自己拥有资金，还用苛刻的方式征收军税，便能掌握众多佣兵。而他并未直接把现金交给部队或士兵，而是让管理军队的主计官去负责财务。

靠着这个方法，士兵就能循规蹈矩拿到薪水，防止掠夺发生。

这样的做法，也为华伦斯坦的军队在三十年战争中与精锐的瑞典军奋战不懈打下了基础。而这种军税制度，至少持续到18世纪的腓特烈大帝时代。

以官僚管理军队

因三十年战争而荒废的中欧，越来越难维持规模变大的军队。军队在17世纪之前全都是由军人自己管理，中央无力控制。为了解决这个问题，法国官员黎塞留、米歇尔·勒·泰利耶、弗朗索瓦·米歇尔·勒·泰利耶（即卢福瓦侯爵），以及沃邦陆续登场，经过整个17世纪，建立起了文官管理的基础。其意义是能靠着维持集权军事力量、支撑的税制、官僚制度三根砥柱，来强化绝对专制的根基。

在黎塞留死后，1643年4月设置了陆军大臣，而担任此要职的米歇尔·勒·泰利耶则确立了常备后勤制度。在此之后，正确决定军队的必需品、敲定军需品的补给仓库，并利用以前从军商人把军需品从补给仓库运送至军队的制度便建立了。而泰利耶的儿子卢福瓦侯爵则决定常设补给仓库,自此进入了常备军时代。

古斯塔夫王的军制改革

瑞典的古斯塔夫·阿道夫从13岁开始就为了学习王道被赋予统治实务,并在即将满17岁时登上了王位。担任国王导师的乌普萨拉(Uppsala)大学校长约翰·斯凯特(Johan Skytte)招聘曾在人文主义大本营罗斯托克(Rostock)大学受过教育的弗莱恩斯海姆(Freinsheim),担任演辩学与政治学教授。另外,在1604年的国王教育计划中,据说主要是以利普修斯的《政治学》作为基础,受到"新斯多葛主义"思想的影响相当大。古斯塔夫还熟读古书,特别是波利比乌斯(Polybius)、修昔底德(Thucydides)、埃利亚努斯(Aelianus)、韦格蒂乌斯(Vegetius)等的历史与军事典籍。

他继承王位的时候,军队尚为一支训练不足、纪律不佳,组织既差劲又弱小的军队。瑞典军在与丹麦、波兰、俄罗斯连绵不断的战争中日益衰退。

身为荷兰军官,同时也是毛里茨堂兄的拿骚,1605年于利沃尼亚担任瑞典将军时,对弱小的瑞典军深感失望,便开始传授他们荷兰的战术与军制。

他于1620年在海德堡与古斯塔夫王面谈,进行了长时间的战术讨论,古斯塔夫王曾与毛里茨的弟弟亨德里克(Hendrik)会面,之后成为德国锡根(Siegen)军官学校教官的瑞典贵族雅各布·德·拉加尔迪(Jacob De la Gardie),也在1608年直接教导古斯塔夫荷兰的战术与军制。

当时意图使用外交和军事力量解决与波兰、丹麦、俄罗斯纷争的古斯塔夫王,认识到三十年战争对瑞典来说是个好机会,同时也是威胁。他对陆军施以重大变革,并预计可能会在不久的将来于欧洲战场上打仗,考虑创造攻势战术。古斯塔夫王跟荷兰毛里茨的差别在于他手上同时握有政治、经济权力,因此能够将古斯塔夫一世时已打下基础的产业、矿业扩大,设置官营的兵器工厂,改善兵器、装备等。另外,他把骑兵的主力交给龙骑兵,打造出能够伴随步兵、骑兵行动,为其提供密接火力支援的3磅轻炮,以确立三兵战术的基础。

兵器的改善与发展

16世纪末毛里茨的军制改革开始,欧洲的战术与军事组织已经完全从中世纪转变至近代。在这个世纪的后半叶出现了刺刀,使得长枪队被火枪队取代,步兵火力大幅增强。另外,骑士(重装甲骑兵)与轻骑兵已经落后,法国的龙骑兵则成为主力。"大方阵"这种战斗队形发展成横队战斗队形。炮兵也因为野战炮的出现,作为对步兵、骑兵进行支援的兵种使用。

滑膛步枪

在本世纪中,小火器出现若干变化。重达15~20磅的火绳式滑膛步枪,必须有权杖支撑才能射击,是种难以操作的步枪。古斯塔夫·阿道夫把这种枪减轻至11磅左右,并废除了权杖。另外,为了维持弹道,采用了装入经过正确测量之火药的纸药夹,与弹头合为一体。一直到本世纪中叶为止,滑膛步枪的标准长度都是4英尺,到英格兰革命战争时则缩短至约3英尺。因重量减轻,操作更为容易,1分钟发射速度倍增,成为一种强大的火器。1615年,法国的枪炮锻冶师傅布

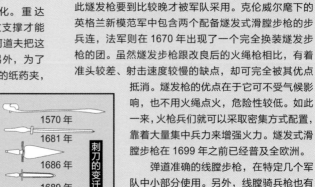

尔乔亚(Marin le Bourgeoys)发明了燧发式滑膛步枪,在1630年左右成功应用于狩猎用枪上。这种枪的制造成本较高,且保守的军方高层仅满足于火绳枪,因此燧发枪要到比较晚才被军队采用。克伦威尔麾下的英格兰新模范军中包含两个配备燧发式滑膛步枪的步兵连,法军则在1670年出现了一个完全换装燧发枪的团。虽然燧发枪跟改良后的火绳枪相比,有着准头较差、射击速度较慢的缺点,却可完全被其优点抵消。燧发枪的优点在于它可不受气候影响,也不用火绳点火,危险性较低。如此一来,火枪兵们就可以采取密集方式配置,靠着大量集中兵力来增强火力。燧发式滑膛步枪在1699年之前已经普及全欧洲。

弹道准确的线膛步枪,在特定几个军队中小部分使用。另外,线膛骑兵枪也有

刺刀的变迁
1570年
1681年
1686年
1689年
1717年
1768年

功能陆续提升,并普及各国军队的刺刀

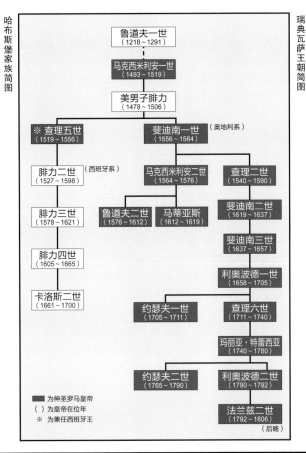

哈布斯堡家族简图

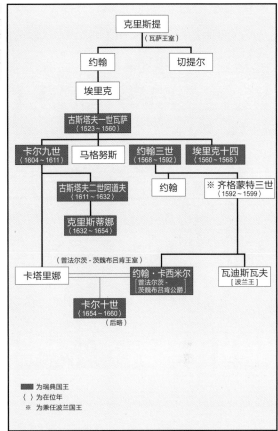

瑞典瓦萨王朝简图

少量运用,不过因为线膛兵器的制造成本高昂,尚无法大规模采用。

刺刀

插在滑膛步枪枪口上的刺刀,在17世纪中叶为了取代长枪而少部分使用。不过这种刺刀一旦装上,枪管就没法射击,因此在进行连续射击时,火枪兵还得靠长枪兵掩护。不过到了1680年左右,有人(推测应该是沃邦)发明了带有环套的刺刀,步枪在装上这种刺刀之后依旧可以射击。这个发明很快就被套筒式取代,这种套筒可以靠着设在枪管上的凸点来拆装固定。这个世纪即将结束时,欧洲全部军队皆已采用刺刀,长枪兵消失无踪。

大炮

在火炮方面,17世纪前半叶在本质上跟16世纪并无区别。绝对专制时代的炮兵改革重点,在于火炮与炮弹的标准化。法国与西班牙虽然没有把中口径火炮完全标准化,却把攻城炮分成各种标准。荷兰则把火炮设定为48、24、12、8磅炮,执行标准化。至于野战炮,把毛里茨的野战炮进一步发展的古斯塔夫,不仅制造出3磅军团炮(重量600磅),也让炮兵与步兵、骑兵进行密切的火力协同,这也是布莱登菲尔德会战胜利的原因之一。这种3磅炮可以靠4名士兵或是2匹马进行阵地变换。

迫击炮在攻城战中扮演着相当重要的角色。荷兰有着沃邦这位名技师,路易十四入侵荷兰之后,以围城战闻名的柯霍恩(Menno van Coehoorn,1641~1704)便于1674年的攻城战中采用了口径112毫米的小型迫击炮。之后,这种称为"柯霍恩迫击炮"的武器就被广泛应用于要塞防御和围城战中。在17世纪后半叶,这类迫击炮的总发射弹量已可达1000磅,甚至能够投射量级更大的破裂炮弹。此时,佛兰德斯地区的战斗中还出现了榴弹炮。

最重要的进步,就是在火药成分以及增进燃烧速度的混合比上获得改善。其比例为硝石75%、硫黄12.5%、木炭12.5%,破坏力与射程有些微增加。另外,海军在这个世纪依然使用石弹,这是因为石弹对船只木甲板的破坏力比铁弹更强。

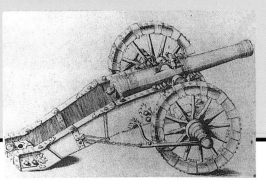

机动性较高,可依人力进行阵地变换的军团炮

步兵

古斯塔夫王首先进行的是步兵改革。其模式不仅参考荷兰的毛里茨,还加入他从17岁就开始亲身体验、在与波兰和俄罗斯的交战中所得到的教训,编制出比荷兰式更具攻击性、火力增加数倍的战斗队形。另外,他靠着改良过的轻型滑膛枪,以及发明在日本称为"早合"的纸药夹,改善了射击速度,还采用连续齐射。

射击在数分钟内就会结束,重新装填时则会出现火力空隙,因此长枪队就要在此时挺身保护射击队,而长枪队的攻击也就是最大的防御。就这样,火枪齐射成为长枪队攻击与骑兵攻击的前奏,用以扰乱敌军,而上前给以最后一击的长枪队则是步兵攻势力量的主体。虽然其他国家的军队一度废止长枪,不过古斯塔夫王却让它跟火炮组合在一起重出江湖。这种长枪从16英尺缩短到11英尺,重量有所减轻。

在兵役制度方面,设立马基亚维利提倡的国民军,以及利普修斯强调的常备军。古斯塔夫·阿道夫的祖父古斯塔夫一世(1523~1560年在位)为了以强化中央集权的方式确保国内长治久安,创设出屯田兵式的志愿制步兵队。古斯塔夫·阿道夫把这个制度改掉,想让20岁的男子全部去从军,后来则采用选拔征兵制,通常从10人中召集1人,若有家庭或职业等理由,还能免役。

这应是欧洲最早创设的国民常备军,数量达到4万人。一开始依照征兵地区划分,组织出以省为单位的省兵团。之后发现要让这些兵团组成战斗队形很不适切,于是从1621年左右开始研拟能够随时应付实战的野战兵团。接着,省兵团便于1628年前消失,仿效荷兰编制出新的战斗队形(详情参阅42~43页)。另外,他们在国内的勤务是不领取薪水的,步兵可分得土地。

骑兵

瑞典骑兵原本是骑士。大约在17世纪20年代早期,只有一支附加载货用牛马、仅125骑的骑兵。古斯塔夫王决定要在1623年之前,比照步兵方式在各地招募骑兵。在创设骑兵时,不同于困难重重的北部省兵团,在最南端的瑞典与芬兰8省中,分别于各省组成了1个战队(squadron)。这种战队是由3个连编成,各连有125骑。为了期望它们将来都会升格为兵团,因此有几个战队的指挥官从一开始就设定为上校。但以实际来讲,直到与波兰的战争告一段落为止,一般的管理编制都停留在原本的连上。在战场移至德国后,骑兵的需求有所增加,从大约1626年开始,战队通常由4个或5个连编成。

以8个连或2个战队编成的兵团设计,此时开始形成。骑兵团是在1630年,由芬兰出身之外的8000骑瑞典本国骑兵编组而成。

炮兵

古斯塔夫王以前的大炮,通常由雇用自民间的人来操作。由于这些人轻视军事纪律,古斯塔夫王深刻感觉到必须把炮兵编组成一支能够严格遵守规则的正规军。

经过行政、管理上的改革,他创设了一支具有固定编制的炮兵。虽然瑞典炮兵在瓦萨王朝的始祖古斯塔夫一世时就已经存在,不过并没有固定编制,这恐怕是受到了里加(Riga)攻城战时看到他们的炮兵发威所留下的深刻印象影响。

古斯塔夫王从1623年开始整备军事基础设备,首先,D. F. 冯·吉克罗斯在这一年当上了新设炮兵连的指挥官。这个连是瑞典陆军最早的常备炮兵队。翌年,炮兵开始进行扩充,到1629年时已编制6个连。同时,炮兵团也编组而成,指挥官是27岁的伦纳特·托尔斯滕森(Lennart Torstenson, 1603~1651),他是位知名的伟大炮兵将官。炮兵团下有6个连,其中4个连是原本的炮兵队,另外2个连有一队是工兵,另一队是配合工兵行动、管理特殊火药以及操作特种爆破装置的士兵(推测为专门进行坑道作战的部队)。

至于炮兵的运用,3磅炮用来直接支援步、骑兵,

骑兵用手枪，发射完还可以当成殴打对手的棒子

持火绳式火枪战斗的骑兵

24磅炮则用于全方位支援。

训练与纪律

瑞典的装备与组织改革以荷兰的军制改革为实施基础，在训练上更是超过荷兰。新兵的基本训练设定为2周，训练内容包括配合鼓声行进、滑膛枪或长枪的操作法等，并时常进行大小部队的演习。纪律相当严格，团长必须每个月向兵士宣读一次战争法规与军法。违反军法的惩罚相当严厉，古斯塔夫王的士兵在这个时代来说，是一支恪守军纪的部队。

战术队形

瑞典军的战术队形是将部队大约两等分，并配置成2线。各线在中央配置6个步兵旅，两翼有6个骑兵战队。第1列的各翼中有以200名士兵构成的5个奇袭火枪队，而在骑兵的各战队之间则配备有散兵。这样的阵形比华伦斯坦的部队还要强大，最重要的是，在前列的骑兵各翼中，还配属了10门军团炮，并分别配给麾下10个火枪队，每队能分到2门军团炮。第1列的后面是步兵预备队，第2列的后面配置骑兵预备队。皇帝军的两翼配置有2个重炮队，由4个连编组而成，各连有5门火炮，跟现代炮兵部队的编制极为相似。

清教徒革命与克伦威尔的军制改革

17世纪初期，英国都铎王朝告终，由斯图亚

骑兵战术

骑兵废除了以往的半回旋枪击战法，一开始编成6列纵列，后来改为3列。在攻击时，只有最前面那列会发射手枪。他们必须挺进到能够看见敌人眼白的距离才允许射击，而且一双人马只能有一支手枪射击。第2、3列虽然也配备手枪，不过主战兵器却是军刀，等第1列射击之后，就会靠近敌人加以袭击。

同时，处于骑兵战队之间的火枪队展开火力支援，使敌军第1线产生动摇。首先，他们会对敌方战列展开齐射，为骑兵打开突击破口，让骑兵逼近敌军。火枪会趁这个空当进行重新装填，在骑兵队突袭归来之前完成下一轮齐射准备。接着，他们就会进行第二轮齐射，攻击其他目标。在吕岑会战中，还加入了军团炮的射击。

三兵战术也有缺点。其中最关键的，就是除了最后50码之外，若骑兵想要获得步兵的火力支援，就必须配合步兵的步调才行。就实际而言，古斯塔夫·阿道夫的骑兵战术，分别在两个不同的领域成功改革。他不仅吸收了波兰流派的突击骑兵战术优点，也致力于当时在指挥官之间获得很高评价的机动射击。虽然最后的结果只是"半吊子"，却也在德国证明这比皇帝军的半回旋枪击战法有效，各国军队争相仿效。皇帝军的骑兵也因此产生改变，并在吕岑之役施展了相同的战术。

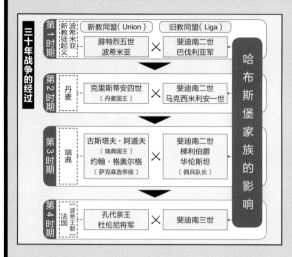

系，跟宗教上的对立产生微妙交错，有愈演愈烈的倾向。

另外，莱茵普法尔茨的领土问题，也牵涉到国际上的利害关系。西班牙国王腓力三世在1617年，因为承认斐迪南二世在奥地利的继承权，从前任皇帝马蒂亚斯（Matthias）那里获得了接收阿尔萨斯地区领土作为报酬。这个地区是军队从北意大利经由弗朗什－孔泰进入尼德兰的重要战略路径。

这个地区的问题，也直接影响到法国的利害关系。因此，尽管法国也是旧教同盟的一员，在1624年进入黎塞留政权之后，就转而采行反对哈布斯堡的政策，改去援助新教国家。而最早将矛头直接指向皇帝的，则是丹麦国王克里斯蒂安四世。他与德国的新教徒联手，于1625年亲自率军对抗皇帝军队。不过他并没有获得原本寄望来自法国的支援，并于1626年8月在卢特（Lutter）之役被皇帝军的梯利（Tilly）将军彻底击败。另外，旧教同盟军又加入了波希米亚的大佣兵队长华伦斯坦，他们入侵丹麦，将克里斯蒂安驱逐出荷斯坦（Holstein），征服了日德兰（Jutland）。最后，在1629年缔结了《吕贝克和约》，丹麦势力完全撤出德国。而在同年，皇帝发布了归还教产敕令，使得广大的主教领地与修道院领地皆成功回归天主教手中。

三十年战争

前一个世纪的宗教改革运动在进入17世纪后，演变为以巴伐利亚（Bayern）为中心的旧教同盟（Katholische Liga）与普法尔茨为盟主的新教同盟（Protestantische Union）之间的对立，压力升级至政治权力的层次。以1618年在波希米亚发生的新教徒叛乱为导火线，战火陆续扩大。

这场战争可由主导战争的国家划分为4个时期：第1时期为波希米亚·普法尔茨时代，第2时期为丹麦时代，第3时期为瑞典时代，最后的第4时期为法国·瑞典时代。

第1时期 1618～1624年（波希米亚·普法尔茨时代）

1619年，波希米亚的新教徒选出了身为加尔文主义者的普法尔茨选帝侯腓特烈五世为波希米亚国王，神圣罗马帝国皇帝斐迪南二世因此率领巴伐利亚军队入侵波希米亚。新教同盟内部分成加尔文派和路德派，因而无法通力合作，而皇帝与天主教势力的联系相当紧密，再加上教皇的援助资金、西班牙援军，使得旧教同盟能够充实兵力并取得优势，胜负已见分晓。1620年11月8日，波希米亚军在白山战役中遭到毁灭性打击，其首都布拉格不经抵抗便打开城门，腓特烈五世退至布雷斯劳（Breslau），新教徒诸侯的土地被没收，新教同盟势力完全屈服。

第2时期 1625～1629年（丹麦时代）

皇帝为了制裁腓特烈，剥夺了莱茵普法尔茨与上法尔兹的领地，以及他选帝侯的地位，并把立下战功的巴伐利亚公爵马克西米安一世加入选帝侯。在皇权威势之下，情势趋于紧迫，皇帝与诸侯的这种政治对立关

第3时期 1630～1635年（瑞典时代）

1630年7月，瑞典国王古斯塔夫·阿道夫认识到皇帝军往波罗的海发展的威胁，同时也是个挺进大陆的机会。他首先标榜拥护新教徒，从法国宰相黎塞留那里得到了军事经费援助，然后率领28艘战舰与搭乘运输舰的16支骑兵部队、配属强大炮兵的92个步兵连，总共1.3万人，从德国北边的乌瑟多姆岛（Usedom）登陆。另一方面，这一年的8月24日，在雷根斯堡（Regensburg）的选帝侯会议中，皇帝并未获得旧教诸侯的支援，遂将华伦斯坦与其佣兵部队解雇，使他们无法编入梯利的旧教军队。

古斯塔夫首先欲将波美拉尼亚（Pommern）地区要塞化，当作进出欧陆的桥头堡，陆续设置补给后勤基地，不过勃兰登堡选帝侯以及新教诸侯拒绝合作，使得这项计划迟滞。

当时唯独马德堡市对皇帝的统治发起叛乱，梯利的小部队正在围攻该市。为了救援马德堡市，古斯塔夫施展佯攻法兰克福的伎俩，意图诱使梯利军上当。梯利不愧是战场老手，不断重复一进一退的机动策略。结果法兰克福与马德堡各自落入两方手中，古斯塔夫救援马德堡的作战宣告失败。

瑞典军此后暂时进入守势。1631年7～8月，他们陷入缺乏补给的危险状态，在威尔本形成守势。梯利两度对此展开攻击，该城屡遭击破。

眼看状况至此，德国北部的新教阵营两大巨头勃兰登堡与萨克森选帝侯军终于出面。9月11日，萨克森选帝侯约翰·格奥尔格一世（Johann Georg I）将自己的军队纳入古斯塔夫·阿道夫的指挥之下。另

一方面，梯利军则于 9 月 15 日进入莱比锡市，军力增强至 3.6 万人。瑞典军的 2.6 万人与萨克森军的 1.6 万人等各路军队，于北方约 25 英里（约 40 公里）的杜本（Düben）会师。

1631 年 9 月 17 日，皇帝军的名将海因里希·帕本海姆（Heinrich Pappenheim, 1594~1632）骑兵将军巧妙诱出瑞典军，将古斯塔夫王导向莱比锡北方约 4 英里（约 6.4 公里）的布莱登菲尔德，使其与梯利军进行决战。不过古斯塔夫王之前才让自己的军队改采适用于新战术的战斗队形，而其威力则毫无保留地在此役中发挥出来。采用传统大方阵的梯利军注定要败北。此役之后，势力关系便一改前貌，除了迫使皇帝改采守势之外，布莱登菲尔德会战也成为古斯塔夫王继承荷兰式战术并加以发展后，实际证明横队、三兵战术优秀性的战役。

由马匹牵引的轻炮

布莱登菲尔德获胜之后，古斯塔夫王几乎在没有遭遇抵抗之下，控制了位于美因河（Main）与莱茵兰（Rheinland）的帝国各城市，并于 12 月 22 日占领美因兹（Mainz），在这里度过冬天。古斯塔夫于翌年春天进攻德国南部，虽然他构想以瑞典主导的德国新教徒诸侯大同盟并没有实现，但还是一路南下至慕尼黑。1632 年 4 月 15~16 日，他在莱希河（Lech）的战斗中奇袭梯利野营阵地，梯利身负重伤。古斯塔夫王占领了南部德国。

此时，斐迪南皇帝为了应付瑞典军的威胁，决定重新任用当时在波希米亚领地等待重出江湖的华伦斯坦。华伦斯坦受命后迅速组织新军，1632 年 7 月 11 日，他在欧伯斯巴赫（Oberasbach）与巴伐利亚公爵马克西米利安军会师。相对于古斯塔夫王的 2 万兵力，他们拥有 4.5 万兵马，并进入阿尔特维斯（Alte Veste）野营。古斯塔夫王虽然于 8 月 31 日到 9 月 4 日对野营中的华伦斯坦军进行奇袭，却没有成功，结果华伦斯坦退至波希米亚，古斯塔夫则往西北退去。

9 月与 10 月间，华伦斯坦率领 3 万兵力进攻萨克森。古斯塔夫王认为后方联络线有被切断的危险，便立刻北上。他从 11 月 9 日开始到 15 日于瑙姆堡（Naumburg）野营，不过当古斯塔夫王得知华伦斯坦这边又加入了帕本海姆与大量增援部队的情报之后，便赶着出发进行奇袭。

11 月 16 日，双方终于在位于莱比锡西南方的吕岑展开决战。经过激烈战斗，虽然瑞典军取得胜利，不过古斯塔夫王不幸中弹，倒地阵亡。败北的华伦斯坦之后也遭到皇帝与旧教徒诸侯的猜疑，于 1634 年 1 月 24 日被暗杀。

古斯塔夫王死后，瑞典军由萨克逊–魏玛侯伯纳（Bernard of Saxe-Weimar）与古斯塔夫·霍恩（Gustav Horn）继续指挥。1634 年 9 月 6 日，他们率领 1.6 万步兵、9000 骑兵，在纳德林根（Nördlingen）对皇帝斐迪南三世与西班牙枢机卿皇子斐迪南的 3.5 万大军进行攻击。不过西班牙军看准了瑞典军齐射之后进行重新装填的弱点，趁隙而入，造成瑞典军战死 1.7 万人、负伤 4000 人的损失。翌年 5 月 30 日，双方于有利皇帝这方的状况下于布拉格缔结和约，多数新教徒诸侯决定讲和。

第 4 时期 1635~1648 年（法国·瑞典时代）

作为瑞典与德国新教徒诸侯后盾的法国，眼看瑞典军在古斯塔夫王死后在宰相奥逊史尔纳（Oxenstierna）的指导下，在纳德林根吃了败仗，而且西、南德国新教诸侯的"海尔布隆同盟"（Heilbronn League）也宣告瓦解，瑞典陷入孤立，终于决定亲自站上战争的舞台。法国于 1635 年 5 月 21 日对西班牙宣战，波旁王朝正式与哈布斯堡王朝展开对决。至于战况，一开始的几年对法国来说较为不利，不过在 1640 年左右哈布斯堡军被逼入守势，法军大元帅蒂雷纳子爵亨利·德·拉图尔·奥弗涅（即杜伦尼）与孔代亲王（Prince de Condé）也大显身手，特别是在 1643 年 5 月 19 日的罗克鲁瓦（Rocroi）战役中，法军不仅大败西班牙军，还使西班牙的军事力量自此崩坏。接着，瑞典军也打败了入侵波希米亚的皇帝军，三十年战争随着缔结于 1648 年的《威斯特伐利亚和约》落下了帷幕。

特家族的詹姆斯一世继承王位。此时，经营以毛织物为核心的手工作坊的新社会阶层，开始主张他们在政治上的权利。倡导"君权神授学说"的国王对新教进行镇压，特别是在查理一世（1625～1649年在位）时代，即使有着通货膨胀的问题，他依然跳过议会课征"建舰税"这项沉重的直接税，而且宗教问题也使情况愈演愈烈。

1641年，被强制加入国教的苏格兰发生了暴动，英格兰因此分成保皇党与议会党两派势力，从1642年开始进行了为期约8年的革命内乱。革命战争一开始的2年，不论是查理一世的国王军还是艾赛克斯的议会军，在领导统御上都很差劲，皆未占有决定性优势。与其说是国家规模的战争，还不如说是地方上在打仗。战火于英格兰、苏格兰、爱尔兰持续扩大。

1642年，国王军越来越有优势，直逼议会派的根据地伦敦。议会军本身拙劣的战斗指挥雪上加霜，使他们逐步后退，其中只有奥利弗·克伦威尔（Oliver Cromwell,1599～1658）编组的骑兵队扬眉吐气。

1643年，在北部、中部、西部的多场战役与攻围战中，国王军均较具优势。不过议会派得到了苏格兰的支援，并趁此机会逆转战局，克伦威尔获得议会授权，组织了一支纪律严明且训练完备的铁骑队，于马斯顿荒原（Marston Moor）战役中击败了国王军。

不过议会军并没有振作，优势又被国王军夺了回去，结果战斗便在国王军略具优势之下告终。到底议会军为什么无法提振呢？

第一，议会军内部分成长老派与独立派，在战争中形成对立的局面。议会内占优势的长老派并不想激进革命，在遂行战争的同时意图与国王妥协。第二，议会军本身有问题，士兵是由未经训练的各郡民兵、佣兵组成，且指挥也欠缺统一。

因此，独立派的领导者亨利·范恩（Henry Vane）与克伦威尔，在1645年4月获得议会认可，将长老派的将军解除军职，议会任命托马斯·费尔法克斯（Thomas Fairfax,1612～1671）将军担任司令官，克伦威尔任副司令官，军事统率权落入独立派手中。

克伦威尔废除民兵，创立了相当于国民军的新模范军。军官的任用与晋升也舍弃以往的出身制，而是以能力来决定，军官的薪水则由议会支付。新模范军在1645年增加至2.2万人，以步兵12团、骑兵11团、龙骑兵1团编组而成。克伦威尔率领着这支部队，在纳斯比之役中击溃国王军。

奥利弗·克伦威尔

1649年1月30日，查理一世遭到处刑，共和国宣告成立。克伦威尔与民众缔结同盟，以军队作为权力基础，意图贯彻清教徒革命。不过当与民众缔结的同盟成为贯彻革命的阻碍时，他不顾议会设置下议院，毅然决然切割了同盟，改成统治与服从的关系，遂行独裁政治。

之后，克伦威尔以军事力量解决了跟苏格兰及爱尔兰有关的内部纷争，并将目光投向国外，于1651年10月发布航海条例。以此条例为导火线，爆发了英荷战争。荷兰海军由特龙普与勒伊特（Ruyter）等知名提督统率，虽然骁勇善战，但最后还是被击败。英格兰还向西班牙宣战，夺取了牙买加岛，开启了称霸海洋的时代。

克伦威尔的战术改革

步兵团由1200人组成，其组织与装备皆属欧陆型。基本战斗队形与战术队形采用中央有6纵列长枪队，并于两翼配置火枪队的瑞典型。在射击方法上比较特别，采取连续射击以及一边前进一边进行"反转行进射击"的方式。也就是说，第1列在射击完毕后会留在原地，第2列则会前进至第1列前方并实施射击。只要重复这样的动作，就可以一边向前方推进一边射击。另外，他们会像古斯塔夫型一样实施齐射。

至于步兵在面对骑兵攻击时，首先要以长枪队形成密集方阵队形，并于该方阵的各面配置2列横队的火枪队，等到敌方骑兵接近到20码时，瞄准马腿进行齐射或是连续射击。

如果敌方骑兵继续突击，长枪队就会刺出16支长枪以保护火枪队。若敌军冲进来使方阵崩毁，各兵则会靠火枪的枪托或所持的兵器应战。

在革命战争初期，新模范军的骑兵可分为火绳枪骑兵与龙骑兵两种类型。前者会配备2.5英尺骑枪，发射重1盎司的弹丸。火绳枪手携带手枪与剑，通常穿着轻装甲，或戴上帽檐较大的帽型头盔。随着战事推演，骑枪被废止，改成只用手枪与剑。龙骑兵只是骑在马上的步兵，携带滑膛步枪和其他火器或剑。至于在用途上，则是被赋予侦察，确保桥梁或道路通畅或构成路障，或是管制、包围、封锁。新模范军骑兵的战术也采用瑞典型，形成3列，急速奔驰并进行射击，然后拔刀展开突击。克伦威尔经常制敌先机，发挥战场主导权。

共和国军队的武器运用极为有效，在改善了其中两点之后，便持续发展成为马尔博罗（Marlborough）与威灵顿公爵（Wellington）的军队。这两点就是从火绳枪改成燧石枪，以及长枪变成刺刀。在17世纪即将结束时，这种变化已开始出现。

路易十四的扩张战争与机动战的高手们

法国绝对专制的基础建立于亨利四世的时代，到了三十年战争以后，路易十四则开始进行领土扩大的事业。虽然在17世纪后半叶，诚如"朕即国家"这四个字所形容的绝对专制宣告完成，不过从1661年开始的路易十四亲政时代，却在连绵不绝的对外战争中倾覆。

就这样，由于欧洲大陆的势力平衡往法国倾斜，以英格兰为首的诸国势必以反法联盟的形式集结。

在佛兰德斯战争中是荷兰、英格兰以及瑞典，荷兰战争中是荷兰、神圣罗马帝国／西班牙以及英格兰，奥格斯堡同盟战争则为神圣罗马帝国／西班牙、瑞典、荷兰以及英格兰，这几个国家皆联合起来对抗法国。在下个世纪的西班牙王位继承战争中，英格兰、奥地利与荷兰的联合，对抗法国、西班牙联合。不过在以上对抗中，法国对东北边境地带的军事活动收得了不少成果。

法国靠着这些战争，在尼德兰地区的战场上占领了大量要塞，在其他地区则偏好进行机动战。执行机动战的高手，则以蒂雷纳子爵亨利·德·拉图尔·奥弗涅（杜伦尼）、马尔博罗公爵约翰·丘吉尔（John Churchill,1650～1722）、欧根亲王冯·萨伏伊（François-Eugène, Prince of Savoy-Carignan, 1663～1736）较为著名。

在法军主力于尼德兰遂行主要作战期间，杜伦尼元帅负责莱茵地区的第二战线，担负阿尔萨斯的防卫。虽然杜伦尼的势力比联军要少，状况相当严峻，不过却成功挡住了入侵阿尔萨斯的布农维尔公爵（Bournonville），并将之击败。他的战略是采用迅速机动的方式，在对手无法预期时发动奇袭，让他们陷入混乱。成功案例则为安茨海姆（Entzheim）之役及其后一连串作战行动。

这种机动战成功的基础，是自军能摆脱要塞补给仓库的束缚而确保自身安全，并努力结合奇袭与迅速机动。另外，让敌军陷入混乱，进而控制局面，取得胜利。像这种一连串的作战、战斗，可说是杜伦尼的典型领导统御法。

经过一连串战争所获得的成果，实际证明了机动战的关键性，这也可以说是杜伦尼在不断累积经验之后才修得的成果。另一方面，要打败以壕沟构成防线的军队并非易事，碰到这种状况，战斗容易陷入胶着状态。

不论如何，机动战的有效性在此后的战争中也都被验证，成为作战要点，由下一个世纪的众将帅传承。

在西班牙王位继承战争中，英国马尔博罗公爵的一连串作战行动也可以视为大规模机动战的典型。1705年，指挥联军的马尔博罗公爵计划从荷兰进攻法国本土，法国以构筑于布拉班特的绵长防线进行迎击。从杜伦尼的经验得知，在对具有充分准备的防线进行攻击时，防守方可以适切地判断出攻击方主力的攻击地点，并对其进行防御，该次攻击就会失败。

因此，马尔博罗公爵靠着完美的佯攻欺敌以及彻夜急速机动，迫使敌方放弃布拉班特防线撤退。他原本想与后退的敌方主力进行决战，不过在1705年的艾利克森（Elixheim）战役中却没有成功。从此以后，机动战取代了必须蒙受损失的防卫突破作战，成为作战时的普遍选择。

不为人知的军事先进国 奥斯曼帝国的实力

让欧洲各国备感震撼的『伊斯兰冲击』

当奥斯曼帝国急速进化成为世界级帝国时，欧洲各国皆对其军事力量感到恐惧。15~16世纪奥斯曼以强大军队席卷西欧，此时也是战斗形态从『个别』转变为『集团』的时代

对伊斯兰世界军事重新评价的必要性

在世界的军事史中，没有获得充分评价的是伊斯兰世界的军事传统。而且，若想修正近代以西欧为中心的军事史，更接近实际样貌的话，最需要做的，就是讨论伊斯兰世界在军事史上的意义。

在近代西欧形成时期，带给西欧世界重大冲击、以往不怎么为人知晓的伊斯兰世界超级大国奥斯曼帝国在军事史上的意义，不论再怎么强调都不为过。

其实伊斯兰世界自从7世纪中叶开始形成以来，对西欧世界来说，就已经成为数次"伊斯兰冲击"的发源点了。

第一波冲击，是7世纪中叶开始到8世纪中叶的"阿拉伯大征服"。身穿锁子甲、巧妙驱使着骆驼和马的阿拉伯战士，从阿拉伯半岛出发，东至中亚，西至马格里布（Maghreb）、伊比利半岛，不断将伊斯兰世界向外扩展。

这也是过去希腊化世界分化成拜占庭世界、伊斯兰世界，以及西欧世界三种类别的最大要因，对于西欧世界的形成来说，更是决定性因素之一。

第二波"伊斯兰冲击"是11世纪末到13世纪，伴随着西欧世界首次对伊斯兰世界进行正规进攻的十字军东征所发生的。最后结果是擅长集团战法的轻装穆斯林军队赢了执着于单枪匹马传统作战的西欧重装骑士军。

除此之外，对于当时属于后进地区的西欧世界来说，与文明上较先进的伊斯兰世界接触之后，在文化、经济上也都受到了相当大的影响。

接着，从15世纪后半叶一直到16世纪末，西欧世界逐渐从"中世纪"转移至"近代"，而奥斯曼帝国此时是他

奥斯曼帝国的最大版图

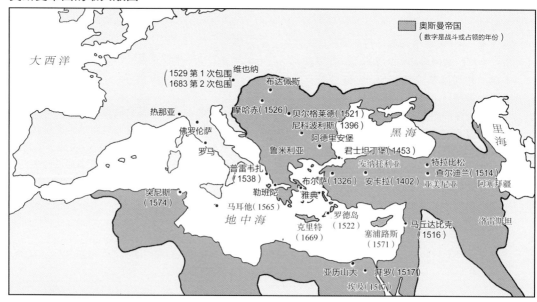

们最大的军事威胁,就西欧世界而言,这是第三波"伊斯兰冲击"。

土耳其民族进入安纳托利亚

奥斯曼帝国的发源地为安纳托利亚(小亚细亚),而安纳托利亚也是跟西欧世界引发十字军运动有着最直接关联的地域。

安纳托利亚长期以来与巴尔干半岛作为拜占庭世界的东西两翼,不过穆斯林/土耳其系的乌古斯人(Oghuz)自中亚南下,在 11 世纪前半叶于伊朗高原成立了塞尔柱帝国。他们在 1071 年大举入侵安纳托利亚,于曼齐克特(Manzikert)战役中大破拜占庭军,此后该地便成为伊斯兰世界的新疆域。兴起于 1077 年,同属于穆斯林/土耳其系的罗姆苏丹国(Sultanate of Rum),曾经席卷了安纳托利亚,并以尼西亚(Nicaea)为国都,直接威胁拜占庭帝国帝都君士坦丁堡。

西欧世界在面对安纳托利亚这种大变化后的反应,即为从 1096 年开始展开的一连串十字军运动。十字军的矛头指向后来变成圣地的巴勒斯坦(Palestine),并几乎于 13 世纪末走向完结。而在安纳托利亚,罗姆苏丹国则撑过了十字军的进攻,在 13 世纪前半叶进入鼎盛时期,进一步土耳其化与伊斯兰化。

不过,于 1243 年突然入侵安纳托利亚的蒙古军打败了罗姆苏丹国,使其成为蒙古属国而走向衰败。安纳托利亚此时成为一个被穆斯林/土耳其系中拥有贝伊(Bey)称号的君侯们统治的诸君侯国(Beyliks),以及加齐(Ghazi)们割据的地方。在这之后,安纳托利亚地区便陷入了长期的混沌时代。

到了 13 世纪末,位于伊斯兰世界西北边境的安纳托利亚的最西北端,又有一个势力出现。这是一个名为奥斯曼(Osman)的领导人所率领的穆斯林/土耳其系战士集团,也就是后来奥斯曼帝国的起源。

帝国的发展与常备军之形成

奥斯曼所率领的战士擅长于骑马集团战法,有时也会徒步作战。这是一种以同质性较高的战士所形成的集团,主要武器则为刀枪弓矢。集团的指挥由领导者奥斯曼及其家族,以及有力战士们所担任。

奥斯曼集团到了第 2 代的奥尔汗(Orhan)时,征服了拜占庭都市布尔萨(Bursa),并将该处当成新的根据地,同时从战士集团转变为君侯国。到了第 3 代的穆拉德一世时,他们大举进出巴尔干半岛,取得阿德里安堡(Hadrianopolis)当作西方的根据地,演变成盘踞于安纳托利亚西部与巴尔干东部的地方性帝国。另外,在 1389 年的科索沃战役中,他们大破以塞尔维亚为中心的巴尔干各方势力联军,确立对巴尔干的统治。

在此期间,他们从战士集团发展成地方性帝国,奥斯曼集团的形态也由同质性战士集团转变为君主集权,并逐渐形成了新的统治组织。

他们采用宰相(维齐尔,Vizier)制度来辅佐君主,起用外来的伊斯兰法学者(乌理玛,Ulama)担任。宰相负责的领域相当广泛,从行政到军事都包括在内,而且不止一位,首席称为大宰相(Veziriazam)。

他们是君主的绝对代理人、行政与军事的中心,其下形成君主专制、中央集权性的统治组织。

另一方面,军制上也产生很大的变化。虽然骑兵相当精壮,却仍保留有穆斯林/土耳其系战士们早先留下来的独行性格,因此必须组织一支直属于君主的常备军。

在奥尔汗时代,虽然曾经招募穆斯林/土耳其系的自由人成为常备军,创立了步兵"Yaya"与骑兵"Müsellems",却没大收获。为了取而代之,改从隶属于君主、出身异教徒的异族奴隶中挑选,组成直属于君主的常备军"Kapikulu"(王门奴隶)军团。

奴隶军团首先从步兵"Janissary"(新军)开始形成。人员一开始来自战争俘虏,到了 14 世纪末,则成立一种称为"少年征召制"(Devshirme)的方法。

所谓的少年征召制,是一种强制征召帝国境内基督教臣民的 10 岁世代少年,让他们成为君主奴隶的制度。被征集的少年们改宗为穆斯林之后,一部分会被宫廷任用为随扈,并培养成将来支撑帝国的干部,大多数会加入军团中。他们除了彻底接受土耳其语教育,还会历经严酷的训练,成为能一骑当千的干部成员。

成立精强的新军步兵军团,除了将其当作君主专制集权的最有力手段之外,还能在既有骑兵的协同下,发展出组合骑兵与步兵的新战术。通过这种方式,就有办法进行大规模的攻城战。新军的服装是以白色四方形毛毡帽配上罗纱长袍,轻装而敏捷活动。其武器最早配备刀、斧、石弓等。

14 世纪后半叶,火器经由西欧传入巴尔干半岛,据说在这个世纪末时奥斯曼军就已经使用火器了。从 14 世纪末到 15 世纪,奥斯曼军开始配备火器并加以发展,组织了轻装且守纪律的新军步兵。其在军事上的意义,在此更上一层楼。

在 14 世纪初,新军的规模已发展至 1 万人,在常备奴隶军团当中,还有骑兵(Altı Bölük),以及后来的炮兵(Topçu),兼任工兵角色的炮车兵(Top Arabacıları),制作、修理、搬运武器的铠师(Cebeci)等各种军团。

常备军在穆拉德一世时代正式成形,到了第 4 代巴耶塞特一世时,已经有显著的成果,以新军为核心的常备军团,与既有的骑兵一起成为奥斯曼军的支柱。

形成世界帝国与火炮之威力

1389 年,穆拉德一世在科索沃战役当中遭到暗杀,巴耶塞特一世继位成为君主。

这名君主是位外号"闪电"的军事天才,他上任之

奥斯曼帝国的军事组织

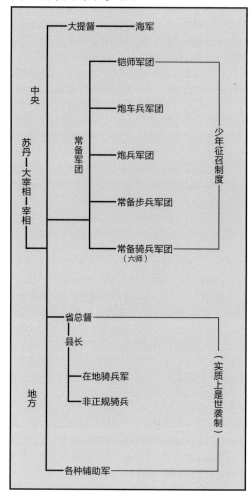

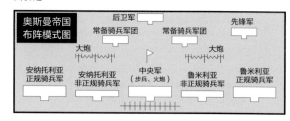

奥斯曼军把大炮和骑兵配置在左右两翼，他们重视机动力、火力，这在战术思想上比同时代的欧洲诸国优越

后，奥斯曼帝国便开始迅速发展。他首先征服了大半安纳托利亚与巴尔干，并且数度包围拜庭皇城君士坦丁堡。

奥斯曼的集团战法，靠骑兵与步兵巧妙组合，这种战法尤其在1396年尼科波利斯（Nicopolis）战役中与十字军对战时大放光彩。

特别是面对当时主要靠重装骑兵单骑冲锋的西欧骑士军，其威力可说是毫无保留地发挥。不过，在火器正式被采纳为武器之前，在双方都主要使用刀枪的战斗中，只能仰赖个人的战斗能力。

让奥斯曼军团暴露最大缺陷的战役，则是1402年的安卡拉（Angora）之役。在这场战役中，与奥斯曼军一样擅长集团战法、更彻底继承游牧民族传统的中亚蒙古／土耳其混合精锐骑兵，让所向无敌的奥斯曼帝国吃了大败仗。巴耶塞特在幽禁中死去。成长过于迅速的帝国，面临分崩离析的危机。

拯救这场大危机的，就是强大的新军常备军团。新军在几乎无损的状态下脱离战场，之后继续集体行动，克服了巴耶塞特皇子之间的皇位继承内战。避开分裂危机之后，第5代的穆罕默德一世于1413年再度完成统一。

在此之后，第6代的穆拉德二世便致力于收复失土。与此同时，新军军团也开始正式配备火炮，使得大炮的使用普及化，并开始使用火枪。

如实展现奥斯曼帝国重建国力的成果和吸收军事新技术能力的事件，就是第7代的穆罕默德二世在1453年征服了君士坦丁堡。

虽然拜占庭此时已极度衰弱，但其千年皇城依旧固若金汤，不仅三面临海，西边还有三层大城墙保护。要想攻下这座城，除了仰赖奥斯曼帝国的巨大军事力量与经济力量之外，还要加上匈牙利人乌尔班（Urban）以巨额报酬为代价提供的巨炮，让他们能大量运用火炮进行攻城。

在穆罕默德二世时代，除了大炮之外，火枪的装备也在快速进行，奥斯曼帝国拥有一支装备火枪的先进大军。

奥斯曼军训练充足，且配备大量火枪，其强大之处首先在1473年对战白羊王朝土库曼族游牧部落的骑马军时获得证明。进入16世纪之后，第9代的塞利姆一世与新成立于伊朗的什叶派萨非王朝引以为傲的土库曼族游牧部落的骑马军交手，并于1514年的查尔迪兰（Chaldiran）战役中发挥出实力。除此之外，他们在1516～1517年，与过去在平地都能打败蒙古军的埃及马穆鲁克王朝奴隶精锐骑兵时，也能取得一连串胜利，再三证明其实力强大。

打下这些胜仗之后，塞利姆一世接收了统治埃及与叙利亚这些当时伊斯兰世界核心地带的马穆鲁克王朝版图，甚至还将势力延伸至伊斯兰的两大圣城麦加与麦地那，奥斯曼帝国这个位处伊斯兰世界边境的新兴帝国，自此已经转变为逊尼派最后的伊斯兰系世界帝国。

苏莱曼大帝与"奥斯曼冲击"

苏莱曼一世（1520～1566年在位）于1520年成为奥斯曼王朝的第10代苏丹，号称"大帝"，其治世也是已成为伊斯兰系世界帝国的奥斯曼帝国之顶峰时期。帝国的巨大版图东起伊拉克，西至阿尔及利亚，北及匈牙利、克里米亚，南达也门、苏丹。国土分为各省，各省在中央集权体制下由中央派任总督（Beylerbey）。在以安纳托利亚与巴尔干（鲁米利亚）为核心的帝国中枢领域，在省之下设有县，并派任县长。土地原则上都属于国有，大部分的国有地则会将个别土地的征税权基于一种称为"timar"的军事分封制度赋予骑兵。这些骑兵包括许多早期穆斯林／土耳其系战士的后裔，称为"timarli sipahi"（分封制骑兵），他们居住在握有征税权的分封土地上，并依照年收金额来整备武装。他们属于地方骑兵部队，在战争时会获得一定数量的辅助兵力（cebelu），并一起应召上战场。

这种正规骑兵以刀枪弓矢为武装，若加上辅助兵力则可达到十几万人，是帝国最大的军事力量，与常备军团同为帝国军队的两大主干。

帝国的另一军事主干，是直属于君主的奴隶军人常备军团，由步兵、骑兵、炮兵、炮车兵、铠师军团构成，总数在1527年时有18689人。其中7886人是正规新军，是常备军团的真正核心。

新军的强项就在于纪律，以及对火器的巧妙运用。新军在15世纪后半叶就已经广泛使用火器，进入16世纪之后，几乎全员持有火器。新军使用前膛装填式的火绳枪，还具有枪炮锻冶能力，并于各自的射击训练场实施训练。

如果16世纪后半叶的泥金装饰手抄本所画的图是正确的话，1526年的摩哈赤战役时，他们就已经在实战中施行两段式射击。持用火绳枪的新军进行集中射击，再加上专职炮兵使用大量火炮配合齐射，面对没有充分配备火炮的游牧部落骑马军时，就能带给他们毁灭性打击，展现压倒性威力。

14世纪后半叶以来，西欧诸国便慢慢开始使用火器，到了16世纪，他们已经拥有相当先进的火器与娴熟的运用方法。相对于此，奥斯曼帝国的火器虽在个别枪炮性能上未必先进，不过他们除了大量使用火器之外，还拥有庞大且守纪律的常备军团，遂能以量取胜，对于西欧各方势力来说是种压倒性的威胁。

而且奥斯曼帝国为了发展交通与通信，有完整的驿递制度，远征时，这些设施成为宿营与物资补给的据点。

当时的奥斯曼是以高度中央集权化的方式来统治的，在远征之际就能活用这种驿递制度，迅速从伊斯坦布尔发出征调各地物资与兵力动员的命令，并沿远征军进军路线补给物资，构成让兵员能够顺利会合的系统。另外，在补给大量物资上也会用海军，经由海路运送的物资，时常能在行军过程中抵达适切的补给地点。

奥斯曼帝国之所以能在军事方面拥有这样完整系统，且数量上具有压倒性优势，理由一如前述，是靠着中央集权的统治组织，以及东西交易的利益，再加上苏丹基于一元课税权从广大领土课征税收而形成的巨大财力所致。

放眼地中海霸权

对于西欧来说，16世纪奥斯曼帝国的军事力量不仅在陆地上，就连在海上也占有优势。

虽然以往人们都不太注意这点，不过奥斯曼帝国

正规骑兵 sipahi。他们拥有辅助兵力，跟常备军一样，是帝国军事力量的一翼

由奴隶军人构成的亲卫步兵军团（新军），是常备军的核心

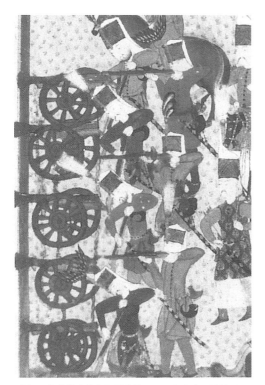

进行两段式射击的奥斯曼火枪队。系在大炮上的锁链可以发挥拒马的功能

并不只是个陆上帝国，也是海上帝国，这在16世纪时更为明显。

以往的认知都只停留在奥斯曼帝国于16世纪获得地中海最大、最强的海上势力，即归顺而来的阿尔及尔巴里海盗，不过其称霸地中海的历史则必须回溯至15世纪。

奥斯曼国家起源自以内陆骑兵，最早并没有海上势力。不过当其疆域从马摩拉海扩展到爱琴海沿岸后，合并了一些早先已经存在于沿岸地区的君侯诸国海军兵力，最终发展成小规模的海军。

1453年征服君士坦丁堡时，他们以连接马摩拉海与爱琴海的达达尼尔海峡欧陆侧沿岸的海军战略要冲加里波利为据点，拥有可以动员超过300艘小船的海军兵力。征服君士坦丁堡之后，"征服者"穆罕默德二世便把奥斯曼舰队的第一据点从加里波利转移至伊斯坦布尔，并且开设船坞，培养海军。

就这样，奥斯曼舰队在16世纪初以前，便具备了能够战胜威尼斯海军的实力。他们又在1521年驱逐罗德岛（Rhodes）上的医院骑士团，把该岛纳入手中，自此东地中海的霸权便稳操在手。

其中最令西欧人惧怕的阿尔及利亚水军头目"红胡子"胡兹尔·雷斯（Khizr Reis），他于1519年归顺奥斯曼，马上被任命为奥斯曼帝国舰队的大提督，当他以大提督红胡子海雷丁之名开始活动后，除了掌握东地中海的制海权，甚至与哈布斯堡争夺西地中海的霸权。

奥斯曼海军基本上属于内海式的地中海型海军，由适合风力较小之内海的手划式桨帆船构成，虽然在船艏与船艉备有大炮，不过在战斗中主要依靠登船白刃战，而不是炮击战。

席卷欧洲的奥斯曼军力

拥有庞大陆海军实力的奥斯曼帝国，在征服君士坦丁堡之后，于15世纪后半叶开始对西欧世界形成威胁。

进入16世纪，在苏莱曼大帝的统治下，奥斯曼开始积极往西方扩展，对于正在从中世纪转移至近代的西欧世界来说，"奥斯曼冲击"具有举足轻重的意义。

苏莱曼首先在1521年展开其生涯中第1次亲征，征服了从巴尔干北上匈牙利时最大的关口：贝尔格莱德（Belgrade）。接着他在1526年的摩哈赤战役中大破匈牙利军，拿下了匈牙利。到了1529年，他又对当时西欧世界最强大的势力，也就是身兼神圣罗马皇帝与西班牙国王的查理五世统治下之哈布斯堡帝国的首都维也纳进行第1次包围。

虽然这场包围最后因为冬季到来没有成功，不过这一连串的动作，除了从东南压迫到查理欲建立西欧最后的基督教系世界帝国之野心，也间接协助了在宗教改革中与查理对立、当时仍属弱小的新教势力。

16世纪的奥斯曼帝国，除了是"旧世界"西半边最强大的势力之外，同时为西欧世界带来第三波"伊斯兰冲击"。

改变面貌的奥斯曼帝国

在16世纪，奥斯曼帝国形成的"伊斯兰冲击"威胁着西欧世界，不过此时也是西方于军事上进行技术革新的时代。就陆地而言，火炮的重要性日益提高，军事力量的核心也从骑兵转移至步兵。

奥斯曼帝国拥有新军是步兵军团，并且持续引领潮流，在整个16世纪，更加往操作火炮的步兵那方倾斜。因此，当初作为军力核心的地方骑兵遂陆续缩减，供养他们的领地也随之回收至国家手中，改为拿去当作包括新军在内日益扩大的常备军团之俸禄。常备军团在1609年已有新军37627人、骑兵20869人、炮兵1552人、炮车兵684人。

由于常备军的扩大太过迅速，压迫到财政收支，为了获取财源，征税请负制与卖官制日渐扩大，引起地方上的不满与混乱。除此之外，他们也没有像近代西欧那样在农业方面产生技术革新；在对外方面，自东方至地中海沿岸的东西交易在整个16世纪的重要性越来越差，使得支撑奥斯曼帝国兴盛的经济基础越来越薄弱。

另外，从这个时期开始，奥斯曼内在的军事技术革新已经停滞。为了重编军制而重编的税制又在各地引发内乱，造成国力疲敝。除此之外，为了对抗帝国东邻的伊朗什叶派萨非王朝威胁，逊尼派正统主义成为国家核心价值，也就是说，他们越来越强调伊斯兰正统主义的价值观，因此变得更僵化，在应对变化时越显迟钝。

基于这些原因，他们对外界，特别是在异教徒的西欧世界日渐进展的技术革新反应越来越迟钝。

就这样，相对于从16世纪末到17世纪急速展开技术革新，往近代化之路迈步前进的西欧世界，奥斯曼帝国陷入技术停滞，往西方的发展开始迟滞，角力关系也慢慢从东方优势转移成西方优势。

同时，奥斯曼对东方的发展也出现停滞。最大的原因，就是在伊斯兰世界保有军事技术压倒性优势的奥斯曼帝国最大的仇敌，也就是东边的邻居萨非王朝，除了依旧保有土库曼族的游牧骑马军之外，其英主阿巴斯一世也仿效奥斯曼模式进行军制改革，开始建立包含操作火炮之步兵在内的常备军。

欧洲的兴起

象征奥斯曼帝国与西欧世界在军事力量上关系逆转的决定性事件，就是1683年失败的第2次维也纳包围，以及在绵延不绝战事中的各场败仗。最后的结果，是在1699年的《卡尔洛夫奇条约》（Treaty of Karlowitz）中，奥斯曼失去西方最前线基地匈牙利的一大半。

在此之后，奥斯曼帝国便逐渐从"奥斯曼冲击"的主体，转变为急速崛起的西欧世界所带来之"西洋冲击"的客体了。来自近代西欧的外在压力，也因为军事力量差异悬殊的关系而显露。

18世纪中叶以后，奥斯曼帝国的一部分先觉者发现必须面对危机，承认必须引入近代西欧的军事技术来进行改革。就实际而言，有一部分人已经采取"西洋化"的方式试着进行军事改革。这种改革于整个18世纪，在开明派与守旧派的激烈对抗里一进一退地展开。

不过，一旦开始尝试，也就代表着奥斯曼帝国已经不再是过去的军事超级大国了。

这个事实的具体呈现，则是在1798年拿破仑攻入埃及的时候。异教徒侵入埃及这个帝国最丰饶的省，象征着奥斯曼帝国对西欧保有的优势地位已经完全丧失。

奥斯曼帝国简易相关年表

1299左右	奥斯曼君侯国成立
14世纪前半叶	设立步兵Yaya与骑兵Müsellems
1339～1453	百年战争
1338	**足利尊氏创立室町幕府**
1368	朱元璋建立明朝
14世纪末	施行征兵制度。传入火炮
1389	科索沃战役
1396	打败尼科波利斯十字军
1402	安卡拉战役
1413	穆罕默德一世再度统一
1453	征服君士坦丁堡
15世纪后半叶	常备步兵换装火枪
1467	**应仁之乱**
1473	穆罕默德二世战胜白羊王朝
1492	哥伦布抵达西印度群岛
1502	萨非王朝成立
1514	查尔迪兰之役
1516	马丘达比克之役
1517	征服开罗，马穆鲁克王朝灭亡
	路德发表95条论纲，与教会辩论
1519	查理五世成为神圣罗马帝国皇帝
1520	苏莱曼大帝即位
1521	征服贝尔格莱德
1526	摩哈赤之役，压制匈牙利
1529～1532	第1次维也纳包围
1538	普雷韦扎海战
1543	**火枪传入种子岛**
1565	**长筱之战**
1566	苏莱曼大帝死去
1571	压制塞浦路斯，勒班陀海战败北
1574	征服突尼斯
1585	英国击败西班牙无敌舰队
1600	**关原之战**
1618～1648	三十年战争
1683	第2次维也纳包围，以失败告终
1699	《卡尔洛夫奇条约》，丧失大半匈牙利

灰字中的宋体字为欧洲与中国历史事件，黑体字为日本历史事件

18th Century

军事强国普鲁士的崛起

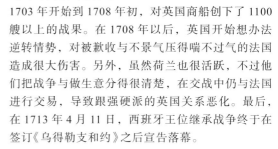

　　欧洲靠着军事、技术、组织基础持续膨胀,从16世纪开始,经过18世纪到达19世纪时,已经扩大至世界规模。具有压倒性优势的西洋,对其他地区不仅带来强烈冲击,也造成莫大影响。这个世界走向一体化的过程,就是从18世纪以后的欧洲开始的。

　　18世纪的欧洲国际政治,是由紧接上个世纪末路易十四引发的战争之后,爆发的西班牙王位继承战争揭开序幕的。这场战争的起因是死于1700年的西班牙王卡洛斯二世的后继问题,以及路易十四在确立绝对专制之后意图兼并西班牙的野心。1701年9月7日,唯恐国际关系失去平衡的神圣罗马帝国、英国、荷兰,缔结了第2次反法同盟,向法国施加压力。而路易十四对此采取了反抗,导致奥地利、英国、荷兰终于向法国、西班牙宣战,最后连德国各邦也加入了反法同盟阵营。

　　这场战争比大同盟战争(1688~1697)还要激烈,由于参战国众多以及战争起因性质的关系,最后演变成一场大规模战争,战场包括西班牙、意大利、莱茵河上游、南德意志、尼德兰、北海、英吉利海峡,从地中海一直扩大到远洋去。这场战争也被称作商业战,经济因素的影响特别强烈,西班牙的市场性是主要原因。

　　另外,法国还进行了由柯尔贝尔和沃邦提出的通商破坏战,从1703年开始到1708年初,对英国商船创下了1100艘以上的战果。在1708年以后,英国开始想办法逆转情势,对被歉收与不景气压得喘不过气的法国造成很大伤害。另外,虽然荷兰也很活跃,不过他们把战争与做生意分得很清楚,在交战中仍与法国进行交易,导致跟强硬派的英国关系恶化。最后,在1713年4月11日,西班牙王位继承战争终于在签订《乌得勒支和约》之后宣告落幕。

　　这项和约构筑起新的欧洲格局。从17世纪后半叶开始为期约100年的英法抗争,使得英国确立海上霸权,而伴随着荷兰、西班牙、瑞典等上个世纪列强的凋落,加上奥斯曼帝国对欧洲大陆丧失影响力,普鲁士、俄罗斯有机会崛起。

　　三十年战争后,最显著的就是勃兰登堡－普鲁士崛起,与奥地利哈布斯堡王朝共同在德国史上扮演着重要的角色。普鲁士发展的基础,是由选帝侯腓特烈·威廉(1640~1688年在位)构筑的。之后,经过腓特烈·威廉一世(1713~1740年在位)确立起腓特烈大帝的绝对专制。大帝以因王位继承纠纷而爆发的奥地利战争为契机,在1740年12月入侵奥地利的西里西亚并夺取之。

　　另一方面,继承奥地利王位的玛丽亚·特蕾西亚(Maria Theresia)与过去的宿敌法国建立起防御同盟,以强化对普鲁士的包围,着手战争准备。大帝知道这件事后,就在1756年8月底闪电入侵萨克森,普鲁士与奥地利的七年战争终于爆发。普鲁士在该年底与俄罗斯成立对奥地利的防御同盟,但德国诸侯与瑞典却在翌年加入奥地利阵营,把它们逼入绝境。而且法国也和奥地利缔结防御同盟与攻击同盟,使得普鲁士在战争中陷入四面被围的状态,就连柏林也出现被攻陷的隐忧。但是当英国伸出援手之后,情势便逐渐逆转,普鲁士终于得以保住具有丰沛资源的西里西亚,七年战争也以普鲁士的胜利告终。

　　七年战争中很重要的一点,就是它具有影响国

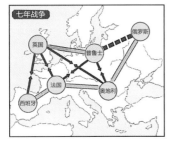

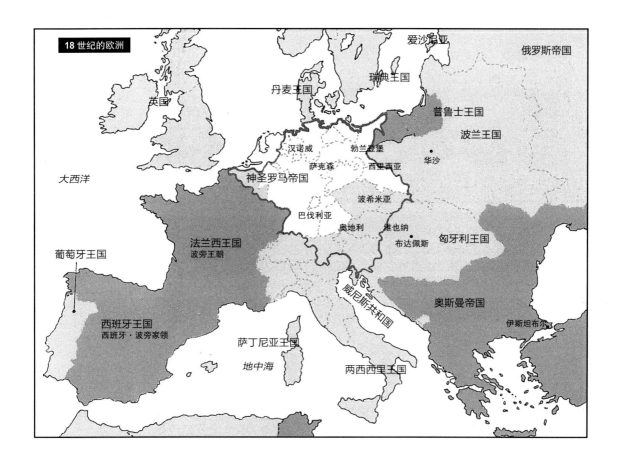

际经济的一面，表现在英法针对海外殖民地的斗争中。英国与法国在奥地利王位继承战争时就已经将斗争扩大至印度殖民地，在七年战争中，两国则在所有殖民地上展开战斗。结果是英国在印度击碎了"法兰西帝国之梦"，在北美控制了整个加拿大。

接着来看看俄罗斯。力图西欧化的彼得大帝，为了寻求南方出口而向奥斯曼帝国挑起战端，接着为求取波罗的海霸权而对瑞典发动第二次北方战争。前半段是由瑞典卡尔十二握有主导权，在爱沙尼亚的纳尔瓦（Narva）之役中，俄军遭到毁灭性的打击。不过，彼得大帝再度重建、强化军事力量，在波尔塔瓦（Poltava）会战中歼灭了卡尔十二，成功取得波罗的海及其周边地区。

彼得的后继者叶卡捷琳娜对内镇压普加乔夫起义（Pugachev's Rebellion），强化了农奴制，对外压迫奥斯曼土耳其，将势力扩张至黑海沿岸。这些政策对奥地利与普鲁士的利害关系也造成了影响，波兰被3次瓜分。1795年的第3次分割时，波兰全土都被瓜分，波兰从地图上消失。

英国在七年战争之后，将北美与印度的大部分殖民地都纳入掌中，他们为了重振财政，意图对殖民地进行课税。为反对这项苛政，北美的反英斗争日趋激烈，并于1775年在莱克星顿（Lexington）爆发武力冲突。当初以民兵为主体的独立军陷入苦战，不过在获得反英的法国支援与北欧诸国对英国海军进行妨害之后，便陆续取得优势。1777年10月17日，独立军在萨拉托加（Saratoga）的战斗中取得决定性胜利，并于1781年占领约克镇（Yorktown），革命战争在事实上完结。

另一方面，法国从路易十四的时代开始就不断进行战争，弊端日益累积，而路易十六在政策上的失败又使财政陷入困境。1787年2月，由财务总监卡洛讷（Calonne）召开的名士会议陆续对政府提出批判，同时舆论开始沸腾，法国革命由此展开。1789年7月14日，革命之火从巴士底狱（Bastille）蔓延至全国，这场成分复杂、以行动为主体的革命，伴随着各种激烈行为急速进展。为了消弭在热月政变之后对绝对专制复辟的不安，以及克服激烈的党派对立以稳定政权，拿破仑于1799年11月9日发动雾月政变平息一切。

革命波及德国各地与中、东欧，虽然招致政治上的骚动，不过列强对于因法国在政治上的弱化而造成的欧洲势力变化还比较有兴趣，同时反映在各国的动向上。也就是说，诸国都害怕革命会波及自己的国家，因而使用军事力量去镇压革命，而这场战争则一直持续到拿破仑于1815年失势为止。

18th Century

趋于完备的战术与迈向新型军队的探索

三十年战争所带来的严重损失，
增加了国王与诸侯的恐惧心理。
知识分子提出了所谓的限制战争理论，
但是当经济规模扩大时，
不免还是会种下新的战争火种

18世纪的战争与军事特色

战争的抑制——限制战争

从17世纪后半叶开始到18世纪的战争特色，就是著名的限制战争。所谓限制战争，是指以政治为目的，将战斗地区局限在特定地域，抑制无限使用暴力的战争。这个世纪之所以被称为限制战争的时代，是因为三十年战争时的中欧尤其是德国，不论在人员、物资上都遭受莫大损失，整个国家变成废墟。

国际法之父胡果·格劳秀斯（Hugo Grotius，1583～1645）在三十年战争期间写下了《战争与和平之法》，期望禁止在战争中无限行使暴力。虽然身为基督徒的欧洲人对于因基督教而引起的战争的妥当性也很烦恼，不过他们通过区别正义之战与非正义之战的方式，认可了具正当性的战争。包括17～18世纪的法学者在内，格劳秀斯等人为了建设乌托邦，不主张禁止战争，而是认为应该通过正当的方式进行战争，缓和战争的暴力性与破坏性，以迈向中庸之道。

另外，受到法国启蒙主义思想影响，这个世纪也被称为理性时代，理性和秩序相当受重视。基于这种观点，对战争暴力性的怀疑便更加沸腾。

战争与经济

17～18世纪也是从封建经济转至中产阶级资本主义经济的时代。特别是进入18世纪之后，欧洲各国人口增加，经济活动呈现活跃的盛况。在这种政治、经济、社会各条件兼备之下，以英国为首展开了工业革命。为了强化以军事实力和官僚制度为基础的绝对专制王权，维持国家的经济实力日渐显得更为重要。

当时劳动力都被持续发展的工商业、农业等吸收。特别是随着军队火力的增强，兵器产业与制造硫黄的厂商特别受重视，需要大量劳动者、技术人员和物资。

因此军队就变成由社会上不从事生产的人构成，军官是有产阶级与贵族，而士兵是由出身卑微、贫贱的社会底层担任。军队组成几乎都是常备性外国佣兵，而令这种士兵能独当一面，也需花上2～3年的时间。若他们阵亡，还必须支付高额的慰问金，且训练接替的士兵又得额外花时间。实际上，一旦敌我军队进入战斗，就会以密集横队的阵形于间隔数十米的距离相互对峙并进行射击。就算靠此赢得大胜，却必然会造成几乎让为政者无法恢复的重大损失。

这种昂贵的外国佣兵，以及配备前装式步枪、刺刀、大炮与炮弹的军队，是君主的贵重资产。而增加的兵力、制服、粮食、兵舍也需花钱，战费变得相当庞大。因此，从前一个世纪中期左右开始，机动战就越来越盛行。优良指挥官的条件，就是能将损失减至最低，尽量在避开战斗的状况达成目的。之所以会进行决定性战斗，若不是因为指挥官特别优秀，就是指挥官非常差劲。另外，这大多也由为政者的心态与政治、外交状况左右。

腓特烈大帝的宫殿无忧宫（Schloss Sanssouci）

18世纪的军事特色

这个世纪也和17世纪一样，战斗是以机动战为主流。虽然一提到机动战，很多人会认为那是拿破仑的专利，不过拿破仑的机动战略却也是在继承了这个时代的潮流之后才完成的。机动战的先驱者除了在前一个世纪介绍过的杜伦尼之外，还有在爆发于18世纪的西班牙王位继承战争中展现其手腕的马尔博罗公爵、欧根亲王、腓特烈大帝等。特别是马尔博罗公爵的大规模机动行进技巧，在1704年所指挥的一连串作战当中，已经可以视为典型，甚至让西班牙王位继承战争整体出现变化。另外，腓特烈大帝在七年战争中仅耗费12天就走完从罗斯巴赫（Rossbach）到洛伊滕（Leuthen）170英里的例子，也是机动战的绝佳范例。

就军事特色来说，可以看到世纪前半叶与后半叶分成两种潮流。前半叶是始于16、17世纪的军事发展累积至顶峰的时代，表现则是为普鲁士的崛起做出贡献的军事领袖腓特烈大帝完成他的横队战术。至于世纪的后半叶，于本世纪初达到顶点的法国势力，到了世纪后半叶便开始衰退，在这样的低迷当中，又经历了七年战争的痛苦，加上受法国启蒙主义思想影响，导致法国重视启蒙军事思想的成果，这为拿破仑的军事战略与战术奠定了基础。

前面已经提过，18世纪的战术与军事组织变化，是大部分军队都改采燧石枪（前膛装填式）与刺刀。由于燧石枪的装填很花时间，而且比较不准，因此必须尽快装填并进行一齐射击。为了整齐划一地射击，并且迅速装填，士兵能配合鼓声的演练具有必要性。

马尔博罗公爵

欧根亲王

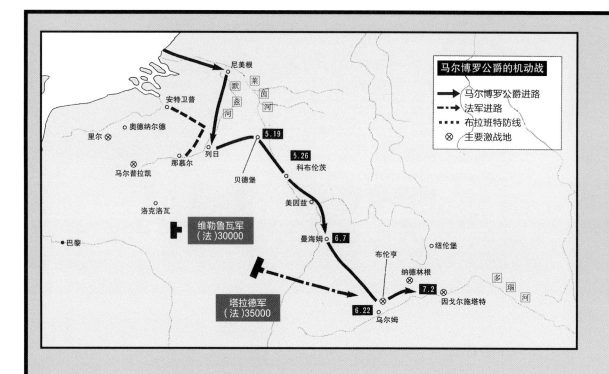

西班牙王位继承战争

为了西班牙国王卡洛斯二世死后的继承问题，法国国王与奥地利皇帝产生争执，结果让法国国王路易十四的孙子腓力继承，成为西班牙国王腓力五世。不过路易十四无视卡洛斯二世在遗言中提到不可兼任西班牙王位与法国王位这一点，同时推举腓力五世继承法国王位，企图统合法国与西班牙。这让担心路易十四扩大势力的英国、荷兰、奥地利缔结反法大同盟，并于1702年5月对法国和西班牙宣战，德国几乎所有领邦与葡萄牙在不久也都参加了反法同盟。

首先，奥地利（神圣罗马帝国）皇帝利奥波德一世开始向西班牙领有的米兰进击，揭开战争序幕。英国的安妮女王将约4万大军送上欧洲大陆，与荷兰军一起入侵佛兰德斯，另外也在美洲展开英法殖民地战争（安妮女王战争）。利奥波德一世又从北意大利转向法国，开始进行大规模作战。

几乎孤立无援的路易十四，只得到巴伐利亚与萨伏伊的协助，首先在1701年由布夫莱（Boufflers）将军率领6万兵马进军尼德兰，并于翌年进至尼美根（Nijmegen）附近的克雷夫（Kleve）。1702年7月2日，马尔博罗公爵率领的英军进驻尼美根，由于荷兰军讨厌采取攻势，因此两军在战略上无法达成一致，使马尔博罗公爵很烦恼。但是他仍渡过了默兹河（Meuse），并机动至过去由沃邦构筑的布拉班特防线，占领了里尔（Lille）。对此，布夫莱则暂时撤出布拉班特防线。法军在后退途中从马尔博罗公爵军的前面横切而过，使得侧翼露出遭受冲击的危险，不过代表荷兰政府的文官制止了马尔博罗公爵的攻击，使法军脱离险境。

路易十四对于布夫莱轻易放弃默兹河流域平原地带大为震怒，督促他再度展开攻击，于是两军再度对峙。不过并未展开决定性战斗，布夫莱军甚至还在夜间消失无踪。于是马尔博罗公爵便于10月23日夺下了列日（Liège），平定默兹河的平原地带。

马尔博罗公爵与奥地利军的欧根亲王对法军进行有效打击，达成了两军必须加以统合的共识，马尔博罗公爵则在1794年5月19日从德国的贝德堡（Bedburg）出发前往多瑙河。此时马尔博罗公爵为了掩饰，让部队看起来像是要从科布伦茨（Koblenz）沿着默兹河往巴黎机动，使得法国军事高层无法判断真正的目标，最后误以为他们要去阿尔萨斯。

马尔博罗公爵大约行军了250英里，就当时而言是出乎常识的大规模机动作战。他不仅计算、准备好后勤，也尽量不让士兵疲劳，选择在早晨出发，避开正午的酷热，午后进行野营，重装备尽量利用河川搬运。6月7日，越过曼海姆的马尔博罗公爵突然转换行军路线，改朝乌尔姆方向前进，并于6月22日与欧根部队会师。如此一来，联军就在没有进行决定性战斗之下，取得了战略上的优势。他的这项机动战略也被后世奉为绝佳的范例。

马尔博罗公爵作战的下一个阶段，就是驱逐巴伐利亚势力。他首先攻击多瑙河沿岸的施伦贝格（Schellenberg），并把来自西方的攻击交给欧根去抵挡。马尔博罗公爵与巴登联军共2.5万兵力于7月2日开始攻击，获得压倒性胜利。路易十四得知之后，便派遣塔拉德（Tallard）元帅率领3.5万人增援。塔拉德为了对马尔博罗公爵的后方联络形成威胁，便往纳德林根与纽伦堡方向进军。不过他的军队在管理上很差劲，进入巴伐利亚时士兵就脱队了三分之一，骑兵也有半数马匹感染鼻疽。

反法联军为了避免后方联络线被切断，必须尽快与位于多瑙河北方的欧根军再度会师。为此，巴登首先带领1.5万名兵力攻击因戈尔施塔特（Ingolstadt）。接着马尔博罗公爵又对位于布伦亨附近的法国、巴伐利亚两军阵地进行绵密侦察，并与欧根军会师，要攻击塔拉德的主阵地。联军战力为5.2万名士兵、60门火炮，而塔拉德则拥有5.6万名士兵、90门火炮，并构筑起坚固的防御阵地。联军于8月13日展开攻击，只用了半天时间就将敌军一扫而空，俘虏塔拉德。这场战斗的结果，使得联军确保防卫维也纳的所有战略主导权，就整场西班牙继承战争来说，是一个转捩点。马尔博罗公爵在秋天顺着莱茵河而下，途中夺取了摩塞尔河（Mosel）沿岸的特里尔（Trier）城塞，并于年底之前占领摩塞尔河河谷一带。

马尔博罗公爵与欧根亲王已经确信这场战争会以对他们有利的方式完结，在进入1705年后，一直专心准备进攻。不过，来自荷兰的政治低迷，以及德国诸侯的热情减低，使得部队在总算能够集结时却已经为时过晚，且不管是军需品还是兵力都不充足。另外，法军的指挥官维拉尔也率领精强军队挡下了马尔博罗公爵的进击。因此，他们改为在佛兰德斯作战，欧根则转战北意大利。在意大利，6万法军从1706年5月14日开始围攻杜林（Torino）要塞。率领2.4万兵力的欧根为了将法军自北意大利驱逐，于7月4日从阿迪杰河（Adige）河岸向杜林进军。他们在9月初渡过波河（Po），进入杜林南部，并于9月7日进行决战。结果，法军在遭受相当损失之后撤退，使奥地利掌握了全意大利的霸权。在这项作战中，欧根使用约60天的时间达成机动约230英里的目的，这也以马尔博罗公爵的布伦亨机动作战作为基准。

另一方面，在杜林要塞围攻作战开始之时，马尔博罗公爵与法军的维勒鲁瓦（Villeroy）在那慕尔（Namur）北方的拉米村展开决战。维勒鲁瓦采取防御态势等待敌军进攻。马尔博罗公爵则将主力指向法军左翼展开攻击，等到敌军兵力开始后退，便留下一部分兵力继续攻击，一边暗地将自军右翼往左翼方向迂回，变换主攻方向。他让主力从拉米村的南部突进，包围敌军主力并歼灭之。

1707年对于反法大同盟来说，是个什么事也没做就结束的一年，他们的团结力弱化。而翌年路易十四则展开了反攻，将11万兵力送入佛兰德斯，并且统治该地区。马尔博罗公爵派遣汉诺瓦（Hannover）选帝侯率领4万兵力溯莱茵河而上，欧根率领4.5万人沿着摩塞尔河部署，自己则带领英国、荷兰士兵9万人配置于佛兰德斯。战斗首先在1708年7月11日于奥德纳尔德（Audenarde）爆发，相对于马尔博罗军以及会合的欧根军总共8万人，法国的勃艮第（Burgundy）与旺多姆（Vendôme）部队则有8.5万人。两军前卫首先在上午爆发冲突，到了下午，马尔博罗公爵军在斯海尔德河（Schelde）北岸将旺多姆军拘束，并包围两翼将之击破。这场战斗过后，联军自8月12日开始围攻里尔要塞，并于12月10日将之攻陷。

翌年，路易十四提出议和，被联军拒绝，双方再度于马尔普拉凯（Malplaquet）交战。9月11日，马尔博罗公爵军挟其11万兵力与100门火炮，对构筑防御阵地的法军维拉尔与布夫莱尔8万兵力与60门火炮展开攻击。这是整场战争中最激烈的战役，甚至欧根也负伤了。结果虽然是联军获胜，但是他们的死伤者却超过法军的1.2万人，达到2.5万人。

经过这样的过程，主张继承西班牙国王的利奥波德一世次子查理大公，在1711年于哥哥死后便继承了神圣罗马皇帝。英国认为如果查理继承西班牙国王，在欧洲大陆就会出现一股巨大的势力，因此对西班牙国王腓力五世的退位表现消极态度。接着，英国与法国于翌年展开和平交涉，腓力五世宣布放弃继承法国王位。之后虽然也有零星战斗发生，但自从1712年7月24日的德南（Denain）之役法军大胜奥地利军之后，讲和的机会就得以增大，各方于翌年缔结《乌得勒支和约》，结束了多年的战乱。

西班牙继承战争除了有马尔博罗公爵与欧根亲王大展身手之外，整体是朝对反法同盟有利的方向进展。因此同盟这边就一直遵守限制战争的概念，在法国输掉时就将攻击力道趋缓，只在法国表现出攻势的时候才与之对战。另外，荷兰的态度也是一个大问题。就像在佛兰德斯的战斗中，因为荷兰从中作梗而导致马尔博罗公爵必须放弃近在眼前的胜利机会一样，英国在行使军事力量时，会为政治因素所抑制。荷兰之所以会采取这种态度，是因为他们的领土与法国很接近，感受到路易十四的威胁，必须通过交易来维持关系，以此作为生存战略。

近代战争史 103

刺刀出现之后，长枪就消失无踪，出现了专门投掷手榴弹的掷弹兵。手榴弹早已在三十年战争时广泛运用。1670 年，法军曾在国王军团中编组独立掷弹连，各国军队之后采用了掷弹兵。掷弹兵必须投掷重量超过 3 磅（约 1.3 公斤）的手榴弹，因此个个都是人高马大的大力士。当时的手榴弹效果不怎么样，后来就没有继续使用，但是掷弹兵的名号依然为遂行特殊任务的部队所继承。

18 世纪前半叶的重要战术发展，是重新起用轻步兵。轻步兵从古代开始就一直扮演着弓兵、投石兵、标枪兵等角色，不过都不是正规士兵，最后却是在拿破仑的军队中发挥出重要的战术效果。

这个世纪初期的横队战术，是以正规步兵的僵硬运动形成，欠缺弹性，且侧面脆弱。而步兵营正在组成战斗队形时，还会在瞬间产生空隙。而靠轻步兵去挡住这个脆弱面，就能达成掩护步兵营的重要任务。另外，他们也会被运用在支援补给仓库与运输部队上。

轻步兵的大规模出现，是在奥地利继承战争的时候。玛丽亚·特蕾西亚为了对付腓特烈大帝和法国、巴伐利亚，召集了在国境上防御奥斯曼帝国的克罗埃西亚人，在 1741 年初将 3 万多人的轻骑兵、步兵部队送进中欧，而这种部队后来也为列强所采用。腓特烈大帝为了对付克罗埃西亚士兵，迅速增强轻骑兵，还创立了非正规的自由营。法国在 1744 年以后，也创立了为数众多的步、骑整合部队和轻兵团。

军队的规模越来越大，机动战也越来越多（实际上还是攻城战比较多），用以支援作战的后勤却与 17 世纪没什么两样。举例来说，马尔博罗公爵曾在西班牙王位继承战争中，用了约 35 天从莱茵河机动 250 英里到多瑙河。他当初原本想要依靠补给仓库，却因为预算不足就没有设置。

因此他只能写信给战场地区的贵族与有实力者，向他们请求协助，或先派出粮食运输人员，在可提供协助的地区购置粮食等必需品。至于在不提供协助的地区，则是以近乎威胁的方式强制实施，因此成功进行长时间机动作战。只有在军队必须滞留一定时间时，他才会设置补给仓库。

另外，针对后勤问题，由于马匹数量飞跃性增加，饲料补给也相当重要。如果要在同一地点停留相当长时间的话，军队就会自行碾轧谷物、收集木材、烤制面包、收割粮草。不用说，这样下去，原本的战斗力就会降低。

重点是 18 世纪的后勤跟前一世纪几乎相同，不具粮食补给的管理机能，因此原则上还是采现地征调。不过为了避免重演三十年战争，指挥官会努力防止掠夺行为。另外，如果让部队自己去征调粮食，就会出现大量逃脱者，这点也要加以防范，因此一般现地征集委托专人代行。但由于负责征调的人欠缺相关知识，军队即使在丰饶的土地上也有可能会饿肚子。

七年战争与腓特烈大帝的军队

普鲁士的军队

普鲁士着手近代化，是在 17 世纪后半腓特烈·威廉（大选帝侯）的时代，当时的德国正处于三十年战争的荒废状态。另外因为《威斯特伐利亚和约》的规定，领邦各自分裂，导致德国以国民国家发展成近代国家之路遭到阻断。勃兰登堡－普鲁士公国是其中一个领邦，不仅气候寒冷，且土地贫瘠，产业也不发达，政治方面更是属于二流国家。

之后成为王国的普鲁士，在七年战争中单凭一国之力对抗奥地利、法国、俄罗斯，保住了西里西亚，崛起成为欧洲列强之一。普鲁士原本分为东部、中部、西部领域，且各自保有独立的法律与制度，后来靠着国王的主权以强大的军队及官僚制度统一。

玛丽亚·特蕾西亚

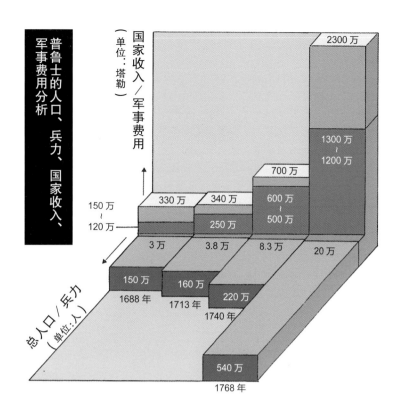

普鲁士的人口、兵力、国家收入、军事费用分析

而支撑这支军队的国家财政也一直保持黑字,因此普鲁士的军队才能这么强悍。

普鲁士也跟其他欧洲诸国一样,在大帝侯即位的时候仍使用佣兵军。虽然设置常备军的时期不得而知,不过应该是在17世纪后半叶。每个年代的兵力、人口、国家收入以及军事费用的关系如上表所示。

看统计也能知道,腓特烈大帝在1740年从父亲腓特烈·威廉一世那里继承的兵力,到1713年时已经增加为2倍强。其增兵的背景,是当时普鲁士为了应付有所牵扯的国际情事,必须展示国威。他们将过去已经用惯的征兵方法在1733年法制化,成为征兵区制度(Kantonssystem)。除了这项之外,还有新采用的休假制度与登录制度,这三种制度成为三根砥柱。

所谓征兵区制度,是将全国分为几个征兵区(Kanton),各团或各营从分配到的区域自行补充兵员的制度。休假制度是让接受完2年军事训练的士兵,在之后每年只要接受3个月的训练,剩下的时间则回到农村从事农业的制度。登录制度则是将未成年者登录在团名册中,如果军队出现缺额的话,就从名册中挑出已成年者进行补充的制度。

成立这种制度的背景,是17~18世纪一直都在打仗,损失了大量兵员。另外这个时期也是绝对主义成长的时代,必须有人手从事经济活动,导致实施募兵相当困难。因此当时的募兵军官甚至会施以暴力强行募兵,相当恐怖。再加上普鲁士的军队又是众所周知地纪律严明,连外国佣兵都不会来应募。而用以解决这些募兵问题的,就是休假制度与登录制度。

普鲁士军的这种制度已发展成理想形态,在佣兵军拥有的战斗力与战斗技术基础之上,结合了靠国民进行防卫的民兵特性,这也正是腓特烈大帝实施其战略、战术的根基。

腓特烈大帝的父亲腓特烈·威廉一世

近代战争史 105

腓特烈大帝的军队

18世纪中期左右,腓特烈大帝在普鲁士的政治、社会、技术等状况限制中,追求着最大程度的可能性来完成特有的横队战术。当然,18世纪的欧洲诸国都普遍采用横队战术。他从父亲腓特烈·威廉一世那里继承来的军队虽为数众多,却很钝重,又缺乏想象力,射击速度也很迟缓。只有把这样的军队锻炼成一支极富机动性、能够进行迅速射击的部队,才有办法不同于其他国家的军队。

为此,大帝对士兵进行彻底的教育、行进、演习锻炼,平时让部队遵守严格的纪律。当时欧洲军队的射击速度大约为1分钟2发,大帝的部队却能够做到在1分钟之内射击5发。之所以能够迅速射击,其中一个原因是使用了铁制椿杆。

斜行战术的形成

大帝的独特战术被称作"斜行战术",这是从敌方横队的前面进行斜切,欺骗敌人,使他们以为会形成横队,最后却迂回至敌军侧翼的战术。为了执行这种战术,部队配置成阶梯状的特殊队形。大帝的斜行战术,在1747年的和平时期展开了实验。

斜行战术的初衷,就是迂回至敌方横队最大的弱点即侧翼(侧面)去。最简单的方法就是采取直线行动,直接保持行进队形在敌方侧面以直角布阵,但这几乎是忽略敌方侦察与地形考量的纸上谈兵。就实际而言,要从与敌军横队平行对峙的布阵转换成将自军列线旋转至敌军侧翼,在进行转弯运动的时候,外侧与内侧士兵的移动距离并不相同,因此在短时间内标齐对正形成横队,就是难题所在。

身先士卒的腓特烈大帝

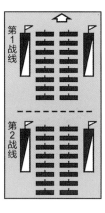
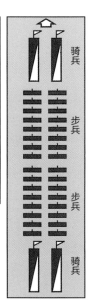

上面两张图都是普鲁士军队的行进队形,右图称为纵队行进(管理行进),左图则是侧翼行进(接敌行进)。纵队行进属于抵达战场之前的行进队形,是在没有敌军威胁的地域所采取的队形。侧翼行进则是在战场上的行进队形,步兵的两翼有骑兵保护。普鲁士军队的基本战术队形是以步兵2线、骑兵2~3线构成,步、骑兵中都有1线是指挥单位

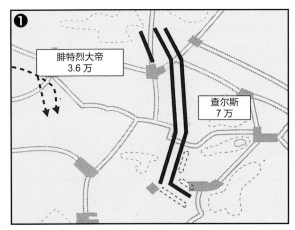

❶ 腓特烈大帝 3.6万　查尔斯 7万

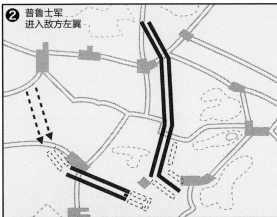

❷ 普鲁士军进入敌方左翼

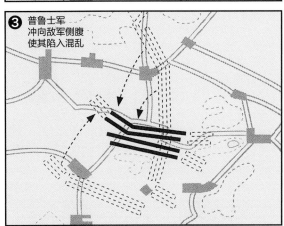

❸ 普鲁士军冲向敌军侧腹使其陷入混乱

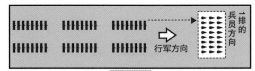

所谓斜行战术，是在面对采取横队战术之敌军正面时，假装组成横队，却通过敌军前面（图中上方）迂回至侧面。通过敌军前面的位置时，部队全体会采用通常的行进队形（纵队）

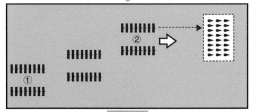

到达一定位置之后，就会慢慢转变至阶梯状，在变换队形时为了让整体方向转换顺利进行，因变换队形的移动而产生的内侧（图中①的部队）与外侧（图中②）士兵移动的距离差就必须计算在内才行

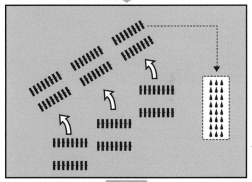

在此阶段中，每位士兵向左转，横队变化为纵队，然后就这样直接开始前进，到达定位之后整个部队就会排列成一条横线。最后，敌军的最大弱点，也就是侧面就会暴露在展开完毕的部队面前

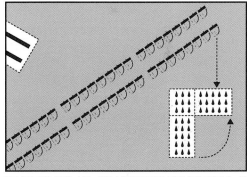

整个部队变换成横队之后，排就会旋转90度形成横队并且开始战斗。这一连串的运动必须基于侦察，加以精密计算，并且施以严格训练才能办到

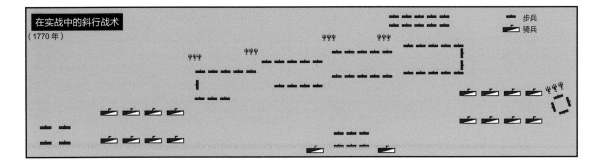

在实战中的斜行战术（1770年）　步兵　骑兵

近代战争史　107

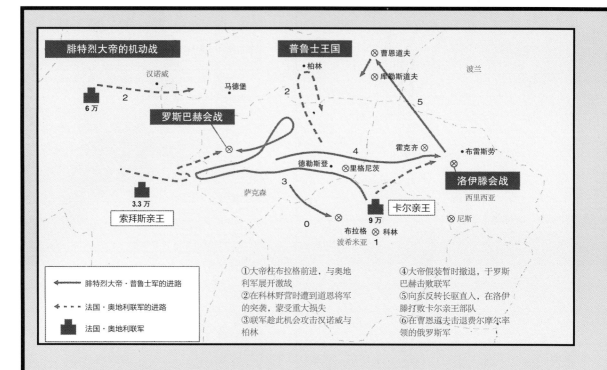

奥地利继承权战争

西班牙王位继承战争与第二次北方战争使得欧洲陷入疲敝，在那之后短期内没有爆发大规模战役，属于比较稳定的时期，但是奥地利的哈布斯堡家族与西班牙的波旁家族依然持续着激烈的敌对状态。1733年的法西协约又导致势力平衡有崩坏的危险，而英国与西班牙的殖民地问题也终于在1739年发展成为英西战争。在欧洲大陆，奥地利的王位继承问题接着浮上台面，弥漫着一股讨人厌的气息。

1740年，玛丽亚·特蕾西亚成为哈布斯堡家族掌门人之后，在同年5月登上普鲁士王位的腓特烈二世就趁着奥地利军弱化的时机夺取了西里西亚。趁此机会，对玛丽亚·特蕾西亚的继承问题抱有异议的巴伐利亚选帝侯、萨克森选帝侯与西班牙等便缔结同盟，向玛丽亚·特蕾西亚施压。翌年5月，奥地利的宿敌法国又跟腓特烈大帝签下军事协定。

英国在4月与奥地利签下供给军事资金的协定，是唯一支援玛丽亚·特蕾西亚的国家。不过他们却不打算介入欧陆的战斗，只是为了让在殖民地与西班牙、法国的战争能够往有利方向发展才会出此计策。陷入困境的玛丽亚·特蕾西亚只能放弃西里西亚，与大帝单独签订和约，接着分别对反奥地利联合诸国采取怀柔政策，让形势转为有利。另外其宿敌法军也不断被奥地利军打败，再加上海外的劣势，使法国陷入危机。

看到这种情形，腓特烈大帝在1744年再度介入战争。他入侵波希米亚，占领了布拉格。法国为了呼应这项行动，企图入侵奥属尼德兰，形势再度呈现逆转。不过因为情势不甚明朗，大帝就从波希米亚撤退，于1745年12月与奥地利签下《德雷斯顿和约》，再度确保拥有西里西亚。接着，在1748年又缔结《第二亚琛和约》(Treaty of Aix-la-Chapelle)，战争遂告一段落。不过这不是真正的休战，接下来登场的是惊人的外交革命。

七年战争

事实上的七年战争，是从1755年9月，在北美因英法对立而爆发的殖民地战争（也就是法国-印第安人战争）开始的。英国的外交政策同时出现转换，毁弃以往与奥地利的同盟关系，改与日益强大的普鲁士联手。为了与之对抗，长久以来一直对立的法国与奥地利居然破天荒在1756年5月1日缔结防御同盟。这项大转变，是欧洲外交史上一次革命性的事件。

法奥同盟对于普鲁士来说，是很大的威胁。在这种状况下，腓特烈大帝在同年10月末就抢先一步展开预防战争，进攻了萨克森。但此时俄罗斯加入防御同盟，且翌年德国诸侯与瑞典也站到敌人那边去了。另外，在5月，法国把防御同盟改成攻击同盟，支援奥地利大量的资金与兵力，再加上俄罗斯，普鲁士就陷入被三大强国包围的状况。

对于被三国包围、采取内线作战战略的腓特烈大帝来说，萨克森是一个重要的支援根据地，是维系生存的必要条件之一。要说原因的话，萨克森就跟西里西亚一样，有着相当于尼德兰三分之二的高密度人口，能够靠着大量的农业生产维持军队。之所以不直接进攻西里西亚，是因为直取西里西亚会对奥地利造成过度刺激，把目标放在萨克森与波希米亚，能对奥地利军的后方联络线侧面形成威胁。如果大帝从一开始就把西里西亚当作主战场，在内线作战上就会往不利的方向发展。

由于内线作战的战略态势趋于有利，大帝首先要将较弱的法军引诱至东方击破。为此，就要先把奥地利军从萨克森、波希米亚驱逐出去。大帝前进至布拉格，并于5月6日与奥地利军爆发激烈战斗，两军都受到很大的损失。

这场战斗以普鲁士军获胜，布拉格遭到包围告终。不过奥地利军在继承权战争后，经过军制改革而转为精强。特别是名将利奥波德·约瑟夫·冯·道恩（Leopold Josef von Thiano）所率领的军队相当优秀，为了拯救被普鲁士围攻的布拉格，他带领4万余人和150门火炮展开进军。为此，腓特烈大帝集结攻城军兵力中的3.5万人、50门火炮，于6月18日奇袭在科林野营的道恩军，却反遭击败，死伤者高达12090人，道恩军只有8000名死伤者。腓特烈大帝在科林战败后，便解除了布拉格的包围，从波希米亚撤退。

联军判断这是一个好时机，便进攻普鲁士与汉诺威。同年9～10月，联军已集结柏林，俄罗斯军又占领了东普鲁士，面临危机的大帝便在10月18日到11月4日于萨克森实施了机动作战。他先假装撤退，将追过来的法奥同盟军在11月5日于罗斯巴赫以得意的斜行战术击破。接着，为了驱逐占领西里西亚布雷斯劳的由卡尔亲王率领的6.5万奥地利军，腓特烈大帝带领3.3万士兵从罗斯巴赫机动至布雷斯劳近郊的洛伊滕，在12天之内移动了170英里的距离，并于12月5日再度使用精彩的斜行战术取得胜利。

另外，虽然北边还有俄罗斯军指挥官费尔摩尔（Fermor）率领2.6万兵力入侵普鲁士，却在曹恩道夫（Zorndorf）被击退。普鲁士军再度回到萨克森，准备驱逐占领德勒斯登的道恩军。途中因为腓特烈大帝的失察，于霍克齐（Hochkirch）野营时遭到道恩军的拂晓攻击，但是大帝此时得知还有其他奥地利军正要入侵西里西亚，便急速转回西里西亚，围攻尼斯（Neisse）之后再度回到萨克森，掩护为同盟军所苦的德勒斯登。

腓特烈大帝的军队虽然展现敏捷的机动力，却在曹恩道夫与霍克齐战役中损失了大量士兵，使得翌年行使内线作战变得困难。1759年，虽然补充了新兵，强化部队，但俄罗斯军与奥地利军是以主力入侵，使得腓特烈大帝转为防御作战。8月，普鲁士军在库勒斯道夫（Kunersdorf）与俄罗斯、奥地利同盟军激战，双方皆损失惨重，以平手告终。道恩军与同盟军本来想进入柏林，以征收军税等方式使普鲁士国力弱化，却因俄罗斯举棋不定而没有付诸实行。最后俄罗斯军在维斯瓦（Vistula）、奥地利军在德勒斯登进行冬季宿营。

腓特烈大帝的军队从1759年夏季开始，1年中就损失了全兵力的三分之一，再度被逼入绝境。虽然两军兵力如此悬殊，但是联军的攻击也因内部的关系有所钝化，普鲁士因此得救。所谓联军内部的弱点，就是瑞典与德国诸侯国军并没有发挥功用，以及俄罗斯、法军在素质上较普鲁士差这几点。

1760年7月，大帝受到道恩影响进入了西里西亚，但北方有俄罗斯军，南方有奥地利军进军，两军欲挟6万兵力对腓特烈大帝的3万部队展开攻击。不过大帝移动了阵地，在里格尼茨（Liegnitz）粉碎了敌人的攻击。

在此期间，周围的环境也产生了变化。法国担心俄罗斯南下之后，自己对波兰会丧失影响力，因此从1758年开始把对俄罗斯的军事、财政援助大幅减少。另外对殖民地的抗争，使他们把战争投在与英国交战上。英国也基于相同理由，在1761年10月停止对普鲁士的资金援助。也许是大帝的运气好，1762年1月，俄罗斯军因为伊丽莎白女皇猝死而撤退。法国因为在殖民地战争中失败而耗尽国力，于同年11月与英国缔结临时和约。强硬的玛丽亚·特蕾西亚也因为奥斯曼的威胁而在1763年2月15日与腓特烈大帝讲和，终于认可普鲁士领有西里西亚。

七年战争对于德国来说，不仅确立了普鲁士大国的地位，也是普鲁士·奥地利在德国定下"二元主义"基础的一场战争。虽然普鲁士在这场战争中损失了18万人，却因为保有萨克森而得以维持战费，大帝也靠着优势战略实施精确的内线作战，依据情势选择攻势与守势，在四面楚歌的战争中存活。如果大帝在这场战争中被击溃的话，之后的普鲁士就无法再继续发展了吧。另外，在海外殖民地的英法抗争中，英国获得胜利。虽然在战争初期英国曾陷入不利状态，但1757年的战时内阁却能以支持度极高的强大领导能力让战况好转，使得英国完全称霸海洋。1763年2月10日，英法在巴黎缔结和约，法国虽然保有一部分海外权力，却失去了全部的海外殖民地。

腓特烈大帝为了缩短变化成横队的时间，想办法在保持整体密集度之下进行移动，而想要以最简单的动作完成顺遂的转弯，每个士兵如何运动，都是思考的问题。实验的时候，机动起来并不顺遂，效果不能令人满意。4年之后大帝想出了一个可期的解决方法。即在攻击一开始就把部队配成梯队，以陆上赛跑竞技的概念来理解会比较容易明白：内侧跑道与外侧跑道的距离不一样，因此跑者起跑时所站的位置就必须经过调整，腓特烈大帝就是把这种概念应用在部队的队形变换上。

新战术在1751年8月19日由波茨坦的要塞守备兵开展实验，并于翌年在柏林进行斜行战术校阅，1754年与1755年在斯潘道（Spandau）的演习中实施，将之发扬光大。

到1756年为止，大帝的大部分部队皆精通斜行战术的基本原则。这种战术如果可以让整个部队在攻击前以纵队方式迂回至敌军侧翼的话，就能产生非常大的效果。虽然在运用上有一定困难，但大帝坚信着这种战术的有效性。

斜行战术实行于七年战争中。在1757年5月的布拉格战役中，虽然由大帝军获得胜利，但地形错综复杂，使各部队在接敌行进时无法标齐，而且前卫打击部队迂回至侧翼的时机也不适当，斜行战术没有充分发挥效果。在同年6月18日的科林之役中，奥地利军已占据有利地形，大帝军在白昼暴露于敌军面前，并且遭到奥地利军轻步兵部队的阻击，造成1.4万人的庞大损失，被迫撤出波希米亚。至此大帝当初的总体战略大幅崩解。

斜行战术的成功必须依赖训练与纪律，指挥官熟知敌军配备，活用气象、地形、暗夜发动奇袭，也是成功的重要元素。在科林战斗中，这些必要条件都无法满足，因此就蒙受了重大打击。有了这些经验之后，普鲁士军开始强调情报与侦察。前卫在前进时要让敌军不把战力转往友军的主力方向，就必须进行欺敌。依照这项原则实行的罗斯巴赫与洛伊滕会战，腓特烈大帝在这两场会战中取得大胜，创下辉煌战绩。

斜行战术的实施要领

关于斜行战术的具体内容，请参照107页插图。大帝军的攻击靠步兵、炮兵连续射击来强力实施。步兵慢慢前进，在距离敌军100步时依据号令展开齐射。第1列会先上刺刀，之后3列全部以上刺刀的状态射击。另外，由于他们的队形从古斯塔夫王时代的6列减至3列，可以配合道路以纵队行进，并且直接展开成战斗队形。

大帝积极使用骑兵，特别是在战斗早期阶段与接敌战斗时。普鲁士的骑兵由胸甲骑兵、龙骑兵与轻骑兵组成。其中胸甲骑兵、龙骑兵是由5队编成1团，1队约有120骑。由于大帝曾在奥地利继承权战争中吃过奥地利边境民族轻骑、步兵的苦头，便增强了轻骑兵。

不过大帝在战斗时主要看重骑兵冲击力，所有骑兵必须冒着敌火以全速持剑突击，骑兵为了增进速度而尽量采取轻装。普鲁士的骑兵与步兵一样能够准确运动，8000骑到1万骑构成的部队可以在保持队形的状态突击数百码。这样的骑兵，在大帝取得的20多场胜利中，都扮演着重要的角色。

普鲁士炮兵以3磅炮至24磅炮编组成炮兵营。由于奥地利军炮兵相当优秀，还有法国的格利包佛尔将军在其中，普鲁士军遭受了相当多的损失。为了消弭敌军的优势，大帝就增强炮兵的机动力，使他们能够伴随步兵与骑兵攻击，提供连续性火力支援。特别是为了追随骑兵的机动速度，还创立了骑兵炮兵。所谓的骑兵炮兵，就是炮手、弹药手在机动、变换阵地时会骑上马，与骑兵一同行动。他们主要装备3磅、6磅炮，之后为拿破仑所采用。

炮兵抢在步兵之前冲入，在距敌第一线500步之内下马，以人力拖炮进入阵地。直到步兵的第一线前进至与炮兵相同位置之前连续进行射击，以掩护步兵前进。另外，如果步兵行进至比炮兵还靠前的位置，炮兵队就会一分为二，以交互前进的方式不间断射击。

腓特烈大帝偏好使用榴弹炮，可对藏身于丘陵或森林的敌方预备队进行射击。

为确立内线作战的后勤准备

大帝预期进行内线作战，因此平时就把面粉等谷物储藏在机动战的联络要冲都市中。到1752年，这些仓库已经储存了5.3万蒲式耳（约144万公斤）。到1776年为止，柏林与布雷斯劳各自储存有7.2万蒲式耳，可以供应6万军队达2年之久。面有三分之二是以粉状储存，为了在战时节省磨粉的时间。由于粮食会受鼠、昆虫和气候的影响，因此每3年就要更新一次。

大帝从贵族与农民那里征收了大量谷物以取代税金，不过普鲁士的谷物无法自给自足，因此某种程度上谷物都是从欧洲的谷仓地带——波兰进口，利用运河运回国内。这些运河也是波罗的海与易北河（Elbe）之间的运输途径。

干牧草因为体积太大，没有进行储备。不过1752年为了在西里西亚地区维持6万骑兵的马匹1个月，就下达了常备脱壳燕麦、稻草、干草的命令。另外，兵器也依种类在各主要都市事先储备。

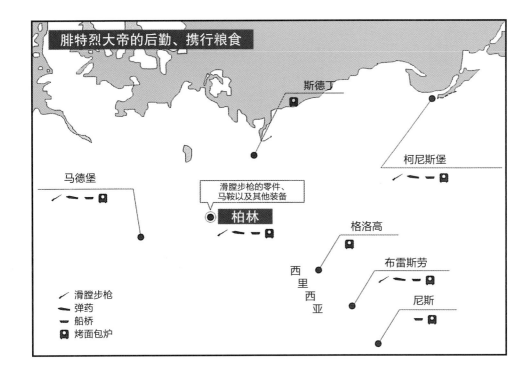

携带粮食

在战时,领到免费面包的士兵会把3~6天份(1天份为2磅)装进面包袋里携行。大帝喜欢干吃,士兵多会把它溶成像汤一样饮用。由于各连的烤面包车具有烤制6天份面包的能力,因此连级单位加上兵士的携行食粮,最多能行动12天。如果机动天数超过的话,就会派遣4匹马牵引的军属后勤车辆,为各连补给9~10天份的面粉。后勤车一次会以51辆马拉货车形成纵队,6个纵队搬运3万人份的小麦。腓特烈大帝的机动力,就是靠这种后勤系统支撑着。

启蒙军事思想的开花与结果

在18世纪中期左右,法国受到孟德斯鸠(1689~1755)等人启蒙思想的刺激,军事文献出版兴盛。出版物在1700~1748年有30本以上,1748~1756年则出版了25本,跟整个17世纪只有70本相比,有了戏剧性的增加。而在七年战争到法国大革命之间(1756~1789),则出版了100本以上。

这个时期对于法国来说,是接连历经西班牙王位继承战争与七年战争大失败的屈辱时代,法国陆军呈现衰微。为此,有人高喊复兴军事组织与战术。就背景而言,从七年战争结束到大革命这段时间比较稳定,提供了一个深思熟虑的机会。

对18世纪的法国陆军来说,如果没有留下公正的战斗记录,也许就无法达成这种在思想上的业绩了吧。就这点来说,法国陆军至少在欧洲的知识领域处于领先地位,在理论与实际改善上皆率酝酿出庞大的思想架构。

另外,18世纪中期也是普鲁士军斜行战术发威之时。当时的法军相信,普鲁士军之所以如此优秀,全是依靠密集的横队战斗队形和完全机械式的射击与机动性所致。因此他们认为法军所需要的,就是建构出超越普鲁士模式的战斗队形。于是在18世纪60年代,特别是70年代时,启蒙军事思想家的研究、努力,全都集中在建构发展战斗队形上。这些军事思想家,都是在战争中具有丰富实务经验的军人。

值得注意的一点,就是这些军事思想家都同意,法国人没有办法像普鲁士人那样施行非人道的教练,组成那种非人性、机械性的战斗队形,而且也没有必要那样做。持这种看法的,在这个时代有杜·皮克、福煦等。他们认为法国人比较灵活,想象力非常丰富,不应该一味追随德国人那种冷酷且严守钢铁纪律的做法。另一方面,热情且主动、积极又易怒的法国人,也具有较大的融通性。

如果把马基亚维利、利普修斯的时代视为第1军事复兴时期的话,18世纪就是第2军事复兴时代。此时很多古希腊、罗马的军事文献被挖掘出来,这些古典遗产除了是欧洲文化的历史资料外,也形成了军事思想的知性背景。

不过,跟第1军事复兴时期不同的是,第2军事复兴时,古典军事遗产已经重现历史,并直接出现与当时类似的情况和教训。例如,在研究过方阵

在法国正式创立国民军而实施的训练。训练书中记载了跪射、立射等方法，以及持枪方法等

之后，就会基于同样的概念发展出类似的战斗队形。而军事思想家们为了对抗18世纪强大的横队战斗队形，也参考了古代战争军事著述。他们发现横队战术的先天性缺陷，就是侧翼的脆弱性、欠缺冲击力、展开后的横队要在战斗中依据战斗状况与地形障碍物转换方向极为困难、欠缺融通性这几点。在这之前，横队问题一直围绕在如何发挥火力上，反过来看便会发现横队战术其实缺乏冲击力与融通性。另外，在编制上也逐渐从古代的团块转变为腓特烈大帝时代的团制编成，再进化成今日的师旅编制。另外，自古以来没变化的后勤系统，也没有获得充分解决。

就这样，他们靠着两种系统来研究、构筑战术理论。第一是在发展战术时，必须以具有非常大弹性的军队作为基础。腓特烈大帝创造的斜行战术，充其量不过是用横队对付横队的战术。换句话说，即使与敌军握有同等部队，也能靠着运用方法凌驾其上。不过法国所采行的，是脱离"横队"的既有概念，另外导入"纵队"这种全然不同的概念，发展出特色战术。这种战术虽然乍看不起眼，却是极为重要的发展。

第二就是在此基础之上，建构出重要的"师级系统"。如果说第一系统是在小处（小战术）改革的话，建构师级就是在大处（大战术）进行变革。

纵队战斗队形

对纵队战斗队形的集中考察、使之具体化，主要是由佛拉尔与其弟子梅斯尼尔·杜兰所提倡的。佛拉尔在他从1724年开始撰写的著述《波利比乌斯的历史》中，强调装备长枪的纵队战斗队形形成的冲击效果。这是从留克特拉（Leuctra）战役中，底比斯战胜斯巴达的战术里得到的启示。

他想出的战斗队形是把部队编成纵队，取间隔距离并排，并在纵队与纵队之间配置以射击为主要任务的轻步兵小部队。而他提出的战术是靠着纵队的冲击力，在依赖射击的薄型横队上打开破口，然后从该处将敌军包围。这种纵队战术被法军采用，因为它是种符合法国国民性的战术队形，就一直沿用下去，到了18世纪50年代还被写入教范。

不过佛拉尔忽略了小火器，且对冲击力的概念认识也较粗糙，只是单纯把一群人当作破城槌用。实际运用时，稠密的战斗队形不仅毫无秩序，运动也很迟缓，导致冲击力大减。另外，纵队战术也会妨碍使用火炮之部队的行动，结果就无法发挥其优点。在七年战争中，纵队战术在普鲁士军面前崩坏，丧失了信用。

即便如此，纵队战术依然有着能够弥补横队战术缺陷的魅力，也就是它是能与密集队形联结，并发挥机动力的唯一手段。如果把它跟横队组合在一起，就能掩盖横队的弱点，可以发挥出构成新战线时的战力，在遭到预想之外的敌军攻击时，还可立刻发挥预备队功能。

另外，在以横队战术将敌军部队上打开破口时，若能从破口投入纵队，就能扩大战果，还可以马上展开追击，战术机动性相当强。

佛拉尔的弟子梅斯尼尔·杜兰想出来的，是依据火力需求而从纵队变成横队的方法，以及可以迅速机动、更精简的纵队战斗队形，并于1763年以后为法军采用。杜兰那种从纵队转换成横队的方法，虽然因为实在太难操作而几乎无法实用，不过依然让人了解纵队战斗队形优秀的机动性。最后的结果，就是催生出以纵队战斗队形与横队战斗队形的妥协方案。接着，吉贝特把两种系统的长短作出取舍后再度综合，于1779年写下了《近代战争的系统拥护论》。

吉贝特把纵队最大程度的机动性与横队最大程度的火力发挥组合在一起，形成"混合战斗序列"，在之后跟轻步兵的散兵火力与炮兵火力增强也有所关联。1772年他写下《战术概论》，1778年于诺曼底省的沃什（Veauche），在维克多－弗朗索瓦·德·布罗伊（Victor-François de Broglie，1718~1804）元帅统裁的演习中，进行这两种系统的测试。

吉贝特少年时代加入军队，参与了七年战争，25岁时升至上校。他认为最高等的政治、军事国家借由共和国充满活力的组织来付诸实现。也就是说，其根基建筑在革命思想之上。

他受到孟德斯鸠的思想影响，孟德斯鸠对兼具理性与合理性的启蒙主义时代人民，将社会、经济、政治构造等全部要素展现出全新且具深度的统合。另外，他的思考也采用了科学的方式。因此，吉贝特广阔拓展视野，进行科学思考，以军人思想家与实务担当者的身份构筑起作为战略、战术基础的师制编成、混合战斗序列、以轻步兵为主的散兵战术、将机动炮兵的火力集中总合化并具现化，然后把这些全部交给了拿破仑。

吉贝特的父亲是布罗伊元帅的得力助手，至于后述由法国革命军采用的师制编成，则已经由普鲁赛开始在理论上进行创设，并于18世纪40年代让军队使用。当元帅在1759年当上法军总司令官后，便展开了军事改革，此时吉贝特的父亲在国防部担任战斗队形训练的负责人，开始导入早期师制系统。

确立师级编组

早期的师，跟之后革命时由卡尔诺（Carnot）构筑的师并不相同，是以16个营或1万人以下构成。部队接敌行进时分成4个师前进，各自组成2个纵队，纵队则以4个营形成第1列，第2列也采用相同编组，形成战斗队形。

这种师制编成的思想与实行，由普鲁赛主持。普鲁赛与吉贝特的父亲一样，在七年战争时是布罗伊元帅的参谋。师制的想法，源于他在担任格利诺布尔参谋大学校长时，为研究阿尔卑斯战役为学生写的《山岳战的原则》（1764~1771）这本教科书。也就是说，为了在山岳地带的数条棱线上进行机动，部队必须各自独立战斗。为了实施独立作战，在功能上就得具备步兵、骑兵、炮兵、工兵和后勤能力才行。

他主张将部队分成三个部分，包括中央以及两翼部队，能够将战力迅速推进与集中。一旦把山岳战的原则套用在平地上，就会发现其更具效果。首先，战略机动变得更容易。由于各部队皆已具有独立战斗能力，因此可以靠数条路线让部队分进，一边形成数十英里的正面规模，一边迅速前进。在此期间，敌军无法判断哪一支才是主力，而己方反而能够轻易掌握敌情。

另外，分开的每支部队都具有现地征调物资的能力，使部队后勤得以解决，这也是优点之一。

就这样，经过约半个世纪，法军努力的成果由吉贝特进行了总结，在1788年大革命前夕奉敕命将混合战斗序列以教范的形式普及全军。从此之后，法国就从欧洲大约持续2000年的古希腊、罗马束缚中解放，进入了拿破仑时代。

法国军事革命之父吉贝特

法国的军官学校

美国独立战争与散兵战术

以新战术与战略促使英国投降

在战斗部队中，存在着握有来复枪的民兵。法国士兵将新大陆的战斗经验，带回爆发大革命的欧洲。

发生于 1775 年 6 月 17 日的邦克山战役

美国独立战争并不只是单纯的殖民地独立，而是一场实现基本人权、公民社会、共和政治、立宪政治、三权分立政治结构、对高压统治之革命权等诸多理念的革命。另外就军事而言，重视民兵。靠着正规兵与民兵的组合战略，以及来自法国的强力援助，美国终于获得了胜利。

说起来，殖民地人民之所以发起革命，是因为白人成年男子几乎人手一把枪。在 17 世纪之后的殖民地建设时代，为了抵挡土著，成年男子都有武装的义务，并且组织民兵团。进入 18 世纪之后，来自土著的威胁减少，民兵团转变成地方社会机构。虽然这些机构在独立战争爆发时，重新编组成为革命派的组织，但为了在革命战争中和英军硬碰硬，还是需要一支常备军，于是就以乔治·华盛顿（George Washington）为总司令官，编组出了大陆军（Continental Army）。

接着，独立战争在 1775 年 4 月 19 日以莱克星顿与康科德战役（Battles of Lexington and Concord）揭开序幕，到 1783 年《巴黎条约》承认美国独立为止，打了 8 年。

以殖民地军队形成的过程来说，毫无疑问，采用了欧洲军队的模式。就像在法国－印第安人战争（1754～1755）中，将英国导向胜利的亚伯拉罕平原战役（Battle of the Plains of Abraham）这种极具象征性的古典欧洲式战斗，美式战略可说是欧式战略的支派。不过欧洲在 17 世纪以后进入了所谓的限制战争时代，相对于各王朝为了达成特定目标、以职业军队靠着有限战斗手段进行作战，美洲却因为殖民者与土著持有水火不容的文化及价值观，时常必须靠着军事力量打到对方再也无法爬起来为止。

在独立战争之际，主张将欧洲战争模式导入美洲的，就是乔治·华盛顿。他提出创设一支不管在战斗指导还是战略层面都采欧洲式的大陆军，1776 年 9 月获得议会承认，编组出 88 个营的正规军。

相对于此，查尔斯·李（Charles Lee）少将则把这场战争视为革命战争，主张必须以革命方法武装民众，并且以后世称作游击战的方法来战斗。

事实上，在战争初期，华盛顿所率领的正规军并未在战斗中创下果。另一方面，在萨拉托加之役中所进行的游击奇袭，以及在南部军管区中由纳瑟内尔·格林（Nathanael Greene）少将鼓励的非正规抗战等，都为美国取得独立战争的最终胜利做出莫大贡献。即使是华盛顿，在战争后期也不再固执于打胜仗，而是回避决战，温存殖民军，以消耗对手的方式达成战争胜利的目标。

不过，虽然游击战与消耗战略为独立战争的胜利做出相当大的贡献，但是华盛顿执着于以欧式职业军队执行欧洲型战争的影响力，远远凌驾于李和格林之上，之后也对美国战略和美国陆军制度产生莫大影响。因此，美军在游击战与反游击战法的发展上受到阻碍，使他们在菲律宾独立战争（1899～1902）与越南战争（1955～1975）中付出了惨痛的代价。

在乔治·华盛顿指挥与议会认可之下创立的正规军，基于史蒂芬男爵所撰写的训练准则，自 1779 年开始正式引入欧洲战术，其中野战教范改自普鲁士战术，属于传统横队战术。

美国独立战争战斗经过（1775~1783）

1775年4月19日	莱克星顿与康科德战役（英军有大量死伤者）
1775年6月17日	邦克山之役（英军从波士顿撤退）
1775~1776年3月	波士顿包围战（形成英军包围网）
1776年8月	英军攻击曼哈顿岛
1777年9月	英军占领费城
1777年9~10月	萨拉托加之役（英军投降）
1780年6月	英军控制南卡罗来纳州的查尔斯顿
1780年8月	英军击败北卡罗来纳州的美军
1781年5月	英军控制弗吉尼亚
1781年9月	美军进攻约克镇
1781年10月	英军投降
1781年12月	美军夺回南、北卡罗来纳州
1783年9月	《巴黎条约》承认美国独立

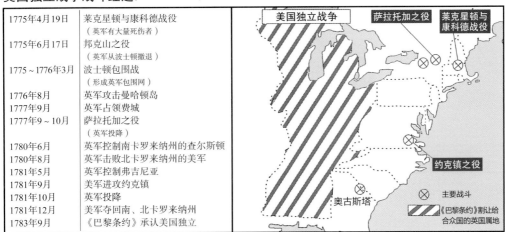

美国民兵是史上最早将来复枪（线膛枪）投入实战的部队。与滑膛枪相比，来复枪装填需多花2倍时间，但精度与射程均较佳。由于美国民兵平时就是以来复枪从事狩猎，因此即使是刚入伍的新兵也能正确瞄准射击。相对于此，英国正规军只配有滑膛步枪，也没有足够的狙击兵。

当美国的横队队形军团与英国正规军以欧洲方式进行战斗时，主要采取2列横队队形。虽说如此，美国士兵却多半训练不足，因而无法充分依靠横队战术战斗，只能仰赖野战阵地与各自的射击技巧。不过，新大陆有的却是荒凉地形与广大平原，跟密集队形相比，以散开队形战斗比较容易，因此就形成了所谓散兵战术的原型。在邦克山（Bunker Hill）战役中，美军构筑堡垒，狙击英军军官，在白色平原与伯米斯高地（Bemis Heights）上利用掩蔽物进行狙击，收得散兵战术的成果。英军也转用轻步兵来对抗。

像这样，美国在整个独立战争期间出现许多战术革新，不过大部分欧洲国家只认为它是一场遥远的殖民地战争，而没有多加留意。不过这却对赴美法国军事顾问团中的拉法耶特（Lafayette），以及之后成为拿破仑元帅的让－巴普蒂斯·儒尔当（Jean-Baptiste, comte Jourdan），还有英国在之后创造出威灵顿战术的约翰·摩尔（John Moore）产生了影响。

英国在之后的拿破仑战争中，对法军的补给线以谋略、游击战的方式进行妨碍，不过这并非始于威灵顿，而是由参加过美国独立战争的摩尔发明的。他把由装配来复枪的2列横队所构成的3个团编组成1个轻装师。这个师很适合西班牙的地形，在面对以滑膛步枪主体进行纵列突击的法军时，可在背后以射程较长的来复枪进行有效打击，借此赢得了半岛战争的胜利。

与美国缔结同盟的法国从1788年开始派遣军事顾问团与援军，法军在战术层级上对美军的影响相当明显。

第一是轻步兵战术。由于美军大多训练不足，因此无法充分以横队战术进行战斗，只能完全依靠野战阵地与散开队形用单个来复枪射击。第二是正规兵与民兵的组合。这是格林为了有效实施轻步兵战术想出的办法，在对英军的战斗中相当有用。

就第一点来看，这虽然是吉贝特以前就主张过的，却出乎意料在美国独立战争中获得证明。归国之后，不仅拉法耶特主张步兵营中应该有1个来复枪连，儒尔当也致力于普及轻步兵战术，不过法国最重视的不是效果比以往提升的齐射，而是各人自由开火，以及利用天然掩蔽物进行射击。

在承认美国独立9年之后，大革命下的法国以征兵制编组出将近100万的公民军，不过大多数兵士的训练程度都不够，无法熟练实施横队战术。轻步兵战术在1792年4月的训练教范中登场，以往被归类为特殊任务的法国狙击兵，变成能配合缺乏战斗经验的征集兵，形成散兵战术，完全成为野战战术的一部分。而把以往的纵队、横队战术与散兵战术相组合，就能在战场上发挥莫大的威力。

另外就第二点来看，1793年2月，出现了组合正规兵与民兵的小型旅（demi-brigade），这种部队的战术效果相当好，而且能激起士兵高昂的爱国心。有关部队的编成，会在下文详述。这种组合正规兵与民兵的革新性法国战术，在1793年没有取得充分战果，那是因为欠缺有效实行新战术队形的训练与经验。进入1794年之后，兵力、士气、训练程度都有所提升，就能对应战况变化、地理条件形成各式各样的战斗队形。这种革新性的法国战术，在整个拿破仑战争期间都被应用。

大革命之后以市民军为主体的法军在训练不足这点上，跟独立战争时的美军很相似，因此构成了相对于讲求熟练的横队战术，更重视散兵战术的基础条件，靠着组合正规兵与征兵（民兵），就能将散兵战术有效运用。就此而言，美国的格林少将把民兵与正规兵组合形成散兵战术，在军事史上获得相当高的评价。

近代战争史 **115**

Napoleonic Wars
法国大革命与拿破仑的登场

16世纪末到17世纪初,是英国工业革命波及世界各地的时代。法国在路易十四的绝对专制之下,与英国一起推动重商主义政策。

法国为了养活靠宫廷吃饭的贵族,维持官僚、军队,使国家财政面临破产的危机。因此,在1786年与翌年分别由财政大臣卡洛讷与布里恩尼进行财政改革,皆以失败告终。国王路易十六与高等法院贵族之间的抗争达到顶点,终于在1789年召开三级会议。不过对于决议方法,贵族与第三等级的对立相当激烈,使得第三等级的代议员宣布成立国民议会,以取代三级会议。对此,国王也认可了国民议会,并下令三级会议的代议员全部转至国民议会。

经济危机中,谷物价格急速攀升,被压得喘不过气的民众在全国各地引发骚乱,国王遂企图集结军队对抗国民议会。对此抱持着危机感的巴黎民众起义,攻占巴士底狱,除了进行巴黎市政改革之外,以巴黎妇女为主的民众,还冲进凡尔赛宫。另外,来自农民的骚乱升级成一种"大恐慌"的混乱状态,并且持续扩大,对领土制的管理带来决定性打击。

之后,国民议会决议废除封建制度,发表人权宣言,打出建立在中产阶级与自由主义贵族妥协之上的经济自由主义。除此之外制定了宪法,使法国成为一个君主立宪国家。

但是在奥地利的穿针引线下,发生了路易十六逃亡未遂的事件,一旦出现外国干涉革命的危机,掌握议会主导权的吉伦特派便趁此机会向奥地利宣战。

奥地利在法国大革命开始之后,因为法国流亡贵族大举进入德国,奥地利国王利奥波德二世的妹妹,也就是路易十六的王妃玛丽·安托瓦内特(Marie Antoinette)求救,因此就与普鲁士一起进攻法国。不过,俄罗斯女皇叶卡捷琳娜对此则以占领波兰的行动做出回应,导致他们撤军,最后波兰第3次遭到瓜分而灭亡。

另一方面在法国,聚集在巴黎的爱国者义勇兵以及无套裤汉(sans-culotte)发动起义,让议会停止王权,并决定召开以普通选举组成的国民公会,树立民主共和政体。为了应付内外反革命势力所带来的危机,中产阶级便将与自由主义的妥协转变成维持民众和农民之间的同盟体制。此时,激进的山岳派确立中央集权的政治指导,实现与民众运动的同盟关系。

在这当中,虽然瓦尔密(Valmy)战役的胜利使得法国对外能够保持优势,但等到以英国、奥地利、普鲁士为核心的第1次反法同盟结成之后,法国再度陷入军事上的不利状态。

进入1793年之后,路易十六被处死,国民公会驱逐了吉伦特派,由山岳派掌权。山岳派决议出新宪法,并以公安、保安委员会和革命法庭镇压反革命,以罗伯斯庇尔(Robespierre)为首的雅各宾党(Jacobin)俨然遂行独裁,靠着断头台展开恐怖政治。不过罗伯斯庇尔党人在热月政变中被打倒,1795年树立了以中产阶级为核心的督政府,废止普选并成立两院制议会。

督政府的基础很薄弱,因此等到第2次反法同盟结成之后,军事便丧失了稳定性。所以在1799年11月逃出埃及的拿破仑,发动了雾月政变,打倒了督政府,树立由3人执政所构成的执政府,将立法府的权限缩小,由第1执政拿破仑独占政府的权力。

拿破仑将国内体制调整为中央集权，于1800年6月在马伦哥（Marengo）会战中击败奥地利军，让意大利变成属国，取得莱茵河左岸。

1802年，英国与法国缔结了《亚眠和约》，欧洲暂时恢复和平。此时拿破仑保护工商业，确立公共教育与租税制度，并让自己成为终身执政。另外他完成了《拿破仑法典》，确保经济自由与私人所有权，在获得元老院认可与国民投票的赞成之下，终于当上了皇帝。

在这一连串的动作中，以小威廉·皮特（William Pitt–the Younger）掌政的英国为核心，在1805年成立了第3次反法同盟。法国派海军当主力准备登陆英国，却在特拉法加海战中被纳尔逊率领的英国海军击败，失去了海上支配权。

不过同时，拿破仑在欧洲大陆上的奥斯特里茨战役，也就是三皇会战中击败了俄罗斯与奥地利联军，并且重编德国西南诸邦，形成莱茵同盟，让延续800年以上的神圣罗马帝国宣告解体。

为此，保持中立的普鲁士遂感觉受到威胁，便与俄罗斯联手向法国开战，却在耶拿会战中战败，柏林反遭占领。最后普鲁士只得在《提尔西特和约》之下放弃了易北河以西的领土和所瓜分的波兰的地区。

拿破仑就此统治了欧洲，为了与英国先进的资本主义对决，将欧洲大陆变成法国的市场。另外他发布《柏林敕令》，禁止诸国对英国通商，没收英国的贸易商品。英国握有海上霸权，于是便扩大对新大陆的贸易，并以反向封锁的方式与法国展开对决。如此一来，法国反因工业原料不足而困扰。

另外，当初在革命旗帜之下进行的拿破仑对外战争，对于受到绝对专制压迫的欧陆诸国民来说，应该是受欢迎的才对。不过随着拿破仑扩大统治，并输出革命思想与自由思想，讽刺地使得欧陆诸国人民的爱国主义高涨，表现为反抗拿破仑。首先，西班牙民众在半岛战争中的武装起义与游击抵抗，使法国吃了败仗。当拿破仑于1812年开始远征俄罗斯之后，俄罗斯国内也激起了爱国心，化作剧烈抵抗。虽然当时俄罗斯的军事力量只有法国的三分之一至一半，但因其拥有广大领土，采取焦土战术，用空间换取时间来弥补劣势。法军等到缺乏粮食的冬季降临之后便撤退，不战自败。

征俄战役失败之后，拿破仑虽然重整军队，但普鲁士与奥地利又向法国宣战，且奥地利、普鲁士、俄罗斯签订《泰普利茨条约》，成立反法同盟，法国终于在莱比锡之役中战败，这也就是所谓的诸国民战争。

法军持续处于劣势。1814年春天，联军进入巴黎，拿破仑被流放至厄尔巴岛（Elba Island）。流亡中的路易十八则回到法国即位。法国转为君主立宪政体。

翌年3月，意图恢复拿破仑战争后欧陆秩序的维也纳会议正在召开时，拿破仑逃离厄尔巴岛，闪电进军巴黎。拿破仑重新组建军队，使得其他国家立刻挥军指向法国。两军在布鲁塞尔南方的滑铁卢激战，拿破仑军虽然骁勇善战，却力有未逮，败给了威灵顿率领的联军。就这样，"百日王朝"宣告完结，拿破仑被流放至大西洋的孤岛圣海伦娜岛（Saint Helena），法国再度回到路易十八国王手中。

此后，依据第1次《巴黎条约》，欧洲得以维持现状，英国也确立其在海外殖民地的优越性，并在工业发展特别是造船业上拥有绝对优势，进入维多利亚时代的黄金时期。

Napoleonic Wars

拿破仑的法兰西的军事思想

时代催生的军事天才"拿破仑",
他所率领的法军之所以如此之强,
是由于吉贝特的军制改革
加上拿破仑卓越的战略、战术眼光

年轻的拿破仑(远征意大利时期)

拿破仑的战略思想与迈向近代战争的胎动

如果将法国大革命视为历史的必然,那么以此为前提的拿破仑革命,也属于一种必然的军事革命。革命政府所采行的新式军官录用与晋升制度,让拿破仑在1793年土伦港(Toulon)之役立下功劳后,便开始平步青云。拿破仑可说是革命体制的产物。他在成为革命的领导者之后,为了维护政权,对外应付奥地利和普鲁士等列强,对内还得与保皇派抗争。

处于绝对专制之下的欧洲诸国,一直都关注着法国大革命,生怕己国受到革命的影响。法国在1792年4月向奥地利宣战,因入侵奥地利、普鲁士而导致对外战争爆发。这场对外战争的意义,在于保护法国革命不被列强干预,还要向各专制主义国家输出自由、平等的革命理念和制度,有改变旧体制的意味在里面。因此这场战争对于法国与专制主义国家来说,不仅是决定存续问题,同时也是基于革命与反革命的意识形态战争。

根据这样的理由,这场革命战争与到17世纪为止的战争形态皆不相同。

到17世纪为止的战争,是以取得特定地区等理由为目的而进行的有限目标的战争。也就是说,在战争目标中,并不包含意图改变战败国的国家系统。只要能够创造出在讲和时有利于己国的状况,战争就会完结,借此极力避免压迫国家财政、消耗战力。

相对于此,由于革命战争的目的是维持政治体制,因此除非能够打破存在于周边的绝对专制旧体制,否则这场对外战争的目的就无法实现。反过来看,就周边诸国而言,它们生怕己国受到革命之火波及,因此就必须全盘否定革命政府。其结果,就是导致敌国之间必须打到对方无条件投降为止,这就是此时的战争形态。

拿破仑对这场战争的意义和变化有着充分的认识。以战略观点来看,法国革命采取的是内线作战,在战斗时力求给予敌国决定性打击,以很快的速度将敌方野战军各个击破。在达成目的之后,立刻展开攻击下一个目标的准备。

支撑这种拿破仑革新战略的基础,在他登上历史舞台之前就已经大致完备了。如同在前文关于17世纪内容介绍的一样，法国基于七年战争的痛苦经历所构筑起的军事构想，便是拿破仑战略之所以能够推动的前提。这种军事思想，已经随着发行于1788年的教范"混合战斗序列"，成为法军的中心教义。

同时，当时国防部长拉萨尔·卡尔诺经过努力，制定出国民总动员令，建立起以国民军为主的庞大军事基础。在这个时候，以师、团、营、连所构成的指挥、编组首次于历史上成形，这种编组具备发挥混合战斗序列原则的灵活性。

另外，从后勤来看，通过新设的常设性征调官，现地征集粮草更为容易，能为作战部队提供支援。拿破仑借此得以纵横无尽地驱使军队，建立自己的帝国。

法国革命政府的军事改革

法国大革命在军事上，不仅使军制改革的速度比以往更迅速，还造就了全面性的变革。

革命委员会在1790年2月废除贵族对军官团的控制，在军官选拔上采用由士官、士兵投票的选举制。不过这种制度会选出指挥能力拙劣者，或是站在反革命那边的军官，最终宣告失败。因此，军官选拔的基准就改采不看身份而是注重才能的能力主义，全部公民都具有成为军官的权利。到了9月，就连晋升也都实验性地采用选拔制。另外，以贵族阶层出身者为主的军官团也被裁减9400人，所有团因此改编成只有2个营，并缩小外国军。

翌年3月，民兵废除，志愿兵创立，作为作战时的预备，成为设置公民军的第一步。到了8月，训练规定也完成，新兵能够通过训练来适应混合战斗序列，可依据地形、战况进行机动，成为一支具灵活性的军队。为了有效活用这种弹性，指挥官在战术选择上被赋予相当宽广的权力。

进入1792年之后，贵族军官有4100人请辞（在革命爆发的1789年时，在军中服役的贵族军官有6633人，到1794年为止则有5500人辞职），军官在炮兵中减少了三分之二，步、骑兵则减少三分之一。虽然赞成革命的各个阶级国民成为新的军官，不过老练军官的离职还是会导致士兵总体上的熟练度与士气下降。但其中只有炮兵军官是由中产阶级所构成，因此离职人数较少，熟练度、士气也都很高。

在1792年9月主要以炮击战进行的瓦尔密战役中，法军粉碎了普鲁士、奥地利联军，使革命法国撑过最初的危机，这是因为法军炮兵比普鲁士军炮兵更优秀。

在此时期，许多步兵团皆人手不足，因此就以义勇兵来补充。但等到1793年第1次反法大同盟缔结之后，法国便受到了压迫，为了增强兵力，就在2月对18~40岁的男性进行征兵，召集了30万人，7月更攀升至65万人。到了8月，公安委员会基于国防部长卡尔诺的提案，发布了国民总动员令，除了征兵制之外又动员了44万人参军。年轻人激起了爱国心，纷纷踊跃响应，到1794年秋天为止，法军总共增强至110万人（其中野战军85万）。

到底为什么能够如此增强军备呢？答案就是国家政治、社会结构的变化，以及基于共和政体编组国民军，公民便能信任政府，拥有为守护政权而战的意志。

马赛曲

奋起吧，祖国的子民，光荣的日子即将到来！
与我们为敌的暴君，正升起了血腥的旗帜！
（重复一次）
听见了吗？那回荡于山野的蛮兵嘶喊声，
他们已经要闯入我们当中，
刺穿我们妻儿的喉咙！
拿起武器吧，众公民！
你们将组织成军队！
让污秽的血浸润我们的田野

瓦尔密战役

不过，革命之下的军队却因为1792年的义勇兵，以及1793年的增员法让兵员增加，而陆续出现变化。如何将来自各种阶级的人所混合成的部队统一化，发挥高昂团结士气，是一个问题。解决的办法，就是从1793年开始将正规兵、义勇兵、征集兵依照战斗经验重新编成，并且以加强训练的方式，成功形成军制一元化和精神战力。

另外，在一般士兵之间，也因为革命的影响，民主精神旺盛，导致对军队指挥系统形成一股对立的气氛。但是通过外在的严格教育、训练，以及因教育、训练而养成的自律心，产生对上级军官发自内心的忠诚，使这种现象得以消除。

等到革命战争告一段落，经济活动再度出现需求后，士兵的数量也就跟着减少，在1798年降至34万人。同年9月，为了重建军事力量，选拔制的征兵法便告成立。这是让20～25岁的男子经过身体检查后进行登录信息，以应对紧急状况以及计划性的长期人力需求，结果则使陆军恢复到41.5万人。

以战术来说，1792年4月的训练开始出现轻步兵战术，这是以士兵各自运动、进行射击的方式构成的散兵战术，可以配合比较缺乏战斗经验的征集兵。因此，担任狙击敌方指挥官这种特别任务的法国狙击兵就不再存在。至此，原本的混合战斗序列和散兵战术完成融合，法军在战场上发挥莫大威力。

1793年2月，团被改名为小型旅，由3个营编组而成。其中1个营是具经验的正规兵，其他2个营则是以没经验的征集兵构成。这种战术编组，让正规军1个营以横队或是散兵战术战斗，没经验的2个营则形成纵队，让主要接受刺刀攻击训练的征集兵加入战斗。这种让新兵与老兵混合编组的方式，可以稀释部队内部的地方色彩和狭隘的忠诚，靠着爱国心纽带成功建构一支适合革命政府的军队，同时提高军队管理效率。

另外，强化机动力的重要因素，除了编成常备军、师之外，还有提升行进速度以及简化后勤。关于行进速度，相对于其他欧洲诸国1分钟70步，法国则为120步，因此可以迅速移动、变换队形。建立征集官制度，粮草改从地方征收，就能简化后勤，实现较高的机动力。

这些战术改革都是实践吉贝特的军事思想，在吉贝特死后不过数年便展开实施也可以证明他是多么具有先见之明。

不过，即使是这种革新后的法国战术，在1793年时依然没有获得充分的成果。因为缺乏有效运用新战术队形的训练和经验。进入1794年后，步兵的士气、熟练度皆有提升，能够应对战况、地形的变化形成各种战术队形，终于成为一支强大的军队。如此建构的新式法国战术，在整个革命战争、拿破仑战争中，基本上没有改变过。

在巴黎接受民众欢迎的拿破仑

拿破仑的军制、战略改革

军制方面的改革

拿破仑从1796年意大利战役到1815年滑铁卢为止，持续打了约20年的战争。在此期间，他多少对法国的军制做了一点改善。

首先，1805年8月，他把整个陆军分成几部分作为作战基本单位部队，其编组如下：

1个军=2～4个步兵师，1个骑兵旅和36～40门火炮

1个师=3～5个营（1803年将小型旅改称为营）

1个营=27个连，有6门火炮、2门榴弹炮

除了将火炮口径标准化为4、6、8、12磅与6英寸榴弹炮之外，还引入乘马炮兵以增加机动力，重视炮兵的集中运用。

征兵制延续自选拔征兵制，从特定年龄的集团中进行选拔，紧急时还会将年龄延长。因此，在1800～1812年的430万适龄者当中，征召了144万人。虽然法军里面的外国军人在革命早期比较少，之后则有逐次增加的倾向，1807年时已占全体的三分之二。

另外，拿破仑之前的共和政体每年会量产170名将军，不过整个帝政时期却只出了37位将军，这也是重视才能的结果。

在骑兵方面，共和时代把各种骑兵集中运用，但拿破仑依据骑兵的种类来赋予任务。首先是将重骑兵当成预备队或在决胜点当作打击部队使用。龙骑兵用来保护后方联络线，并掩护行进部队的侧翼，同时依据需要与打击部队共同行动。轻骑兵用来掩护主力部队运动，并且担任斥候，还去追击败军。骑兵于共和时代被编制在师里面，拿破仑将之废除，设置于军内部。他还设置了一支直辖的2.9万名（1809年）骑兵预备军。

在训练方面，法国在整个战争期间，都没有脱离1792年的训练规定。不过小部队指挥官拥有相当大的战术裁量权，因此就很重视训练校阅。1801～1803年，特别校阅官实施团校阅，同时测考营级军官与士官训练规定的战术知识。因此，他们为了研习战斗，每周让团副上课2次，再回头去教征集兵。1804～1805年，拿破仑在博罗金诺（Borodino）驻地亲自执行训练，在1周内有2天是营训练，3天是师训练，1天为军训练，以提升部队熟练度。

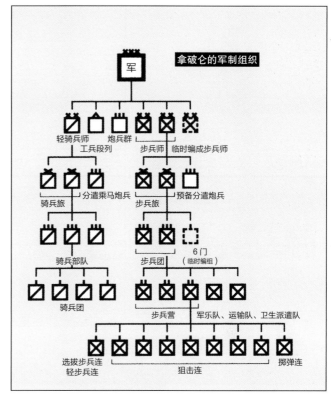

法军的军、师、旅编制

战略方面的改革

拿破仑为军事史带来的最大影响在战略方面，他在法国逐步累积的军制改革成果之上，将吉贝特的军事思想付诸实现。战略根本为机动战，他赋予军和师独立战斗能力，粮草采取现地征集方式，并提升炮兵机动速度，让部队整体的机动力提高。他还采用散兵、突击纵队、横队的混合系统来保持灵活性，基于轻骑兵所掌握的敌情实施侧翼包围、迂回、切断退路等，在多场会战中取得胜利。

约米尼和克劳塞维茨对拿破仑战略的描述，是将赢过敌人的兵力针对决定性战斗展开攻势。不过在检讨过他的战略之后，发现他集中战力攻击的决胜点并非敌军主力，而是部队的"集结点"，也就是将战力集中在敌军弱点上取得胜利。1805年12月的奥斯特里茨战役就是最好的例子，他把敌军引诱到战场之后，攻击其退路，迫使敌军延长左翼，取得决定性胜利。

也就是说，拿破仑会以机动战迅速进行侧翼包围、迂回、切断退路，并在将战力集中于敌方弱点时，采行中央突破、切断敌军，将之各个击破。除此之外，集中运用优于敌方的炮兵，也是确保胜利的关键之一。

拿破仑在战术方面并没有进行新的变革，只是

（上）建于普拉钦（Pratzen）高地的和平纪念碑。（下）兹兰（Zuran）高地的战迹碑

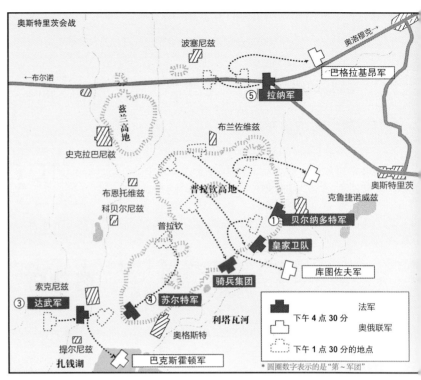

沿袭以往的散兵、突击纵队、横队混合系统。不过，他把师换成军，各军组成纵队，使用"营方阵"，这点跟以前不同。举例来说，1806年10月14日的耶拿会战，拿破仑以营方阵的方式将18万部队分成2个军构成的3个纵队。他把这些纵队以30~40英里（48~64公里）的战线宽度近距离配置，让他们在前进时可以相互支援，以此进行战斗。

以上即为拿破仑战略革命的重点，最后让我们从步兵攻击能力来探讨拿破仑军事改革的意义。

过去主要装备长枪的瑞士战斗团靠着简明特性支配着战场，等到火绳枪出现之后，军事潮流有了很大的改变。火枪因其守势且脆弱的特性，在运用时欠缺攻势能力，这种问题，从毛里茨开始，经过古斯塔夫·阿道夫，最后在腓特烈大帝的横队战术上终于获得解决。

古斯塔夫·阿道夫的三兵战术，让步兵得以获得某种程度的攻势冲力。之后，由于刺刀的普及，出现了可依靠机动性迅速冲击敌军侧面的腓特烈大帝斜行战术，借此形成攻势。不过这种战术，依然欠缺作为攻势本质的持续性攻击能力。

克服这项缺点的，就是拿破仑的混合战斗序列。在荷兰战术改革之后经过了200多年，步兵所欠缺的特质，也就是作为"攻势部队"的能力，终于由法军步兵在战略、战术上慢慢形成。

拿破仑的战略、战术破绽

从1796年到1815年为止的拿破仑战争，可依据战争形态分为3个时期。第1期为革命战争期（1796~1799），第2期是拿破仑战争前期（1799~1807），第3期则为拿破仑战争后期（1808~1815）。

在此针对拿破仑为什么能够连战连胜，一时征服大半以上欧洲，又为何会失败，对照各个时期的法军实情进行考察。

第1期，在军制方面，以师编制的方式，让各个部队拥有独立战斗能力，采用现地征粮的方式确保后勤，使机动力能够增强。在火力方面，这个时期法军炮兵不论在性能、数量、机动性上都属欧洲一流。在士气方面，由于经过革命，士兵不仅爱国情绪相当旺盛,欠缺精神支柱的外国部队也较少。

也就是说,这个时期的拿破仑军,不论在军制、火力、机动力、战术的熟练程度、士气、情报搜集能力方面,都可坐上欧洲第一把交椅。

那么就兵力而言又如何呢?前文讲过,卡尔诺国防部长在1794年创立了包含步、骑、炮三种兵种,可以独立作战的常备军制编成,并于1796年之前完成了法国陆军的师制编成。不过接受这种师制编成所增加的动员兵力的编组能力与预算仍然不足,超过100万的野战军征集兵不可能全部纳入部队。而编组新的军则在1805年,这个时期已经可以逐渐接受某种程度的动员势力,使得野战军增强。因此,在第1时期,拿破仑投入战场的兵力并不多。

人数。另外,普鲁士、英国都研究了法国的训练,吸收其优点。举例来说,普鲁士也采用了军级编制,各军有4~5个旅,各旅由6~9个营构成,在机动力方面也能与法国匹敌。

那么,法国在这个时期又是怎样的状况呢?在1805年的奥斯特里茨战役之后,一直到华格姆(Wagram)战役为止的多场战役当中,法军丧失了为数众多的熟练士兵与指挥官。1808年以后,西班牙爆发革命,西班牙游击队和威灵顿率领的英军进行的消耗战略,使法军60万大军动弹不得,也损失了大量士兵。

为了增强战力,必须招募外国佣兵以及补充征集兵。结果法军的76万人当中,外国人就占了23万人,他们不仅训练不足,爱国心与士气也很低落。虽然征集兵比较爱国,却缺乏训练与经验。

就这样,整个军队的战术熟练度和士气都变得很差。拿破仑为了寻回战术灵活性,就重新建构了步兵队形。首先,他将1个师改编为2个旅,1个旅为2个团。1个团有3~4个营与各后勤营,包括军官108名、士兵3682名。营是基本战术单位,分为4个射击连与1个掷弹兵连,连的数

1807年在埃劳战场上的拿破仑

不过诚如以上所述,可以靠其他方面来补足。

在第2时期,法军全方位胜过其他欧洲军,根本不会打败仗。举例来说,在1806年10月的耶拿会战中,相对于普鲁士依旧采取欠缺融通性的钝重行动,法国靠着迅速的队形变换与散兵战术取得压倒性胜利。

接着进入第3时期,为什么法国会输掉呢?

普鲁士在1807年由格哈德·约翰·沙恩霍斯特(Gerhard Johan David von Sharnhorst,1755~1813)进行军制改革,采行征兵制,在1814年之前将兵力增强至28万人。军备增强也成为各国重点,在第3期,各国军力在数量上都保有能与法军对抗的

量减少,使指挥更为容易。

1808年以后的拿破仑虽然增强兵力,却因为熟练度差导致机动力跟着降低,渐渐变成只能仰赖庞大的兵力。因此,他就在集中强大炮兵之下采行大部队密集队形,意图以数量压倒敌人的方式谋求胜利,而自身损害也会随着比例扩大。

1808年以前,总兵力只有9万以下,但在1808年以后,单场会战中投入的兵力如华格姆之役(17万人)、莱比锡之役(19.5万人)会陆续扩大。像过去那样活用拥有独立战斗能力的军、重视机动力的战略,如今已成梦幻泡影。

以后勤来说,在1807年之前拿破仑所采用的

悼念阵亡于莱比锡士兵的俄罗斯东正教教堂

1813年10月16日的莱比锡会战

莱比锡会战胜利纪念碑

在己方地盘现地征粮的方式，首先在西班牙遭遇挫折。西班牙土地贫瘠，很难在当地征粮维持部队，法国的60万大军采取现地征集，马上就陷入了饥饿苦战当中。而且威灵顿率领的英军，经过军制改革之后变得很强，有效运用游击战，法军终于在1813年撤离西班牙。

另一方面，于1812年远征莫斯科的拿破仑，也为俄罗斯焦土战术所苦，后勤上的缺乏，使他被迫自莫斯科撤退。从这里也可以看出，现地征粮的方式已成拿破仑军的弱点。

综合以上，在1813年阶段，法军与反法大同盟联军相比，后者在经过军制改革后，与前者在军制方面已同等，兵力又在伯仲之间，至于火力方面，在俄罗斯失去炮兵的法国则居劣势。

另外，法国骑兵也遭到很大的损失，因此情报搜集能力显著下降，对于敌军配备的相关信息掌握不够，无法追击败北的敌军。而且外国士兵与新兵在机动力、熟练度、士气上都很差，要想打赢联军，

法军骑兵在滑铁卢的突击

只能仰赖指挥官拿破仑的战略能力。

因此，联军避免与拿破仑交战，针对其他指挥官进行各个击破。如此一来，就算拿破仑自己率领的部队取得胜利，也会被其他将军的战败抵消。

另外，拿破仑的战斗队形失去了机动力与灵活性，变得比较僵化，只能靠兵力差距与火力差距来取胜。因此在莱比锡战役中，面对兵力较多的联军就只能败退。

1814年，拿破仑一如往常在自己的正面战斗中获胜，却因为队形过于僵化，导致并未取得决定性胜利。避开与拿破仑直接战斗、连续将其他将军部队击破的联军，终于在所有方面赢了法军，法国最后宣告败北。

逃出厄尔巴岛后，拿破仑意图东山再起，结果在1815年滑铁卢战役中，将这种状况重蹈覆辙。不算普鲁士军，威灵顿的英军有6.7万人，法军则有7.2万人，兵力、军制、火力几乎在同一等级，不过在机动力、熟练度、情报搜集能力方面，法国处于不利。拿破仑无法仰赖机动力，只能追求在决胜点集中兵力。

另外，火力没有集中运用，在采密集队形的纵队前面也没有配置散兵。战役成为消耗战，在浪费兵力与时间之下，碰到了普鲁士军。而在普鲁士军压迫法军右翼之前，拿破仑意图让没有散兵掩护的密集队形朝英军进行中央突破，发动突击，结果失败，最后只能撤退。

拿破仑即使失去了所有的胜利条件，仍毅然决然将兵力集中于决胜点，注定要失败。他之所以丧失机动力，只能采用僵硬的战术，很大的原因如前述，长期征战耗损了许多熟练士兵，只能依赖新兵与外国佣兵。

就这样，拿破仑的荣耀只有短短的20年就告结束。除了他的光辉之外，在奥地利继承权战争中发挥敏捷手腕的萨克森伯爵莫里斯元帅（Mauricecomte de Saxe），以及因七年战争的屈辱而奋起的多位法国军事思想家也不能被忽略。他们的思想让希腊、罗马典籍复活，并预见了未来，构筑形成其后拿破仑战略、战术的理论。

这个理论也不只是理论而已，它是经过萨克森元

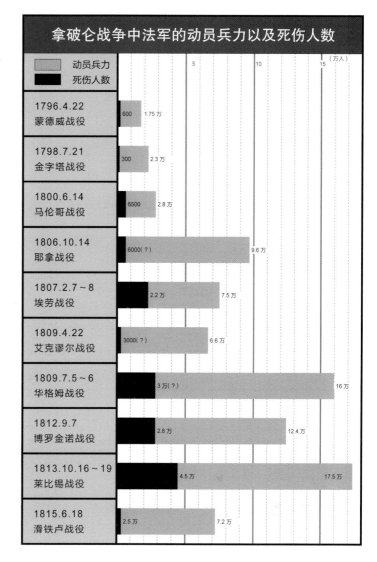

帅在奥地利继承权战争各场战役中的经验，以及七年战争中被视为拿破仑战略、战术始祖的布洛格里元帅实践之后，才创造出来的。

拿破仑把这"成品"掌握在手中，以此支配了19世纪初期的战争。相对于此，普鲁士也有年轻军官团在获得法军改革的情报之后，提出改革军制，却被无法脱离腓特烈大帝时代荣耀的老将军们挡住，只能硬生生吞回去。

跟普鲁士经过严格训练构成的精致"固体战术"不同，革命法军采用的是符合法国人特有自由精神的新式"流体战术"，这也是拿破仑提出欧洲联邦的理由。

最终，因拿破仑而唤起的欧洲诸国国民自觉和民族抵抗，在埃劳（Eylau）战役以后，随着拿破仑的军事极限，一起摧毁了他的帝国。

拿破仑战争的轨迹

		战斗名	战胜国/兵力	战胜国的损失 (死伤者数+俘虏)	战败国/兵力	战败国的损失 (死伤者数+俘虏)
革命战争		1792.8.23	隆格威	奥/6万	───	法/6000	───
		1792.8.24~9.8	敦刻尔克	法/1万	1000	英/2.1万	2000
		1792.10.21	马耶讷	法/1.2万	───	德/2900	───
		1794.6.19~25	沙勒罗瓦	法/1.1万	───	奥/3000	───
执政	第1期	1796.4.13	米莱西莫	法/9000	700	奥/───	2000~3000
		1796.4.22	蒙德威	法/1.75万	600	意/1.3万	1600
		1796.5.10	洛迪	法/1.75万	900	奥/9500	400+1700
		1796.8.4	罗纳托	法/2万	2000	奥/1.5万	3000
		1796.8.5	卡斯奇里恩	法/3万	1500	奥/3万	3000(?)
		1796.8.11	内勒斯海姆	法/5万	1200+1200	奥/4.8万	1100+900(?)
		1796.8.24	安娜堡	奥/4.6万	500	法/3.4万	1200+800
		1796.9.3	符兹堡	奥/4.4万	1200+300	法/3万	2000+1000
		1796.11.15~17	阿尔科拉	法/2万	3500+1300	奥/2.4万	2200+4000
		1797.1.14~15	里沃利	法/2.2万	2200+1000	奥/2.8万	4000+8000
		1796.8.27~1797.2.2	曼茨亚	法/4万	───	奥/2.8万	1.3万
		1798.7.21	埃及金字塔	法/2.3万	300	土/6万	2000
		1799.3.25~26	史特克拉赫	奥/4.6万	2900+3100	法/3.8万	2000+2000
		1799.4.5	马尼安	奥/4.6万	4000+2000	法/4.1万	3500+4500
		1799.3.17~5.21	阿卡	法/1.2万	2000	土/1.2万	4000
		1799.6.4	苏黎世	奥/5.5万	2200+1200	法/4.5万	1300+300
		1799.6.17~20	特雷比亚	奥/2万 俄/1.7万	5000+500	法/3.3万	9500+7000
		1799.8.15	诺威	奥/3.4万 俄/1.6万	7000+2000	法/3.5万	7000+4000
		1799.9.25~26	苏黎世	法/3.35万	4000	俄/2.3万	6000+2000
		1800.4.19~6.4	热那亚	奥/2.4万	2500+3500	法/1.2万	4000
		1800.5.3	史特克拉赫	法/8.4万	3000	奥/7.2万	3000+4000
		1800.6.14	马伦哥	法/2.8万	6500+1500	奥/3.1万	7000+400
		1800.12.3	霍恩林登	法/5.5万	2500	奥/5.7万	5500+8500
		1800.12.25~26	米乔	法/6.6万	4000	奥/5万	4100+4300
		1800.3.21	阿布基尔	英/1.2万	1500	法/1万	3000(?)+500
皇帝	第2期	1805.10.17	乌尔姆	法/8万	───	奥/2.9万	───
		1805.10.29~31	卡尔迪耶罗	奥/4.9万	5700	法/4.6万	6300+1700
		1805.12.2	奥斯特里茨	法/6.5万	1万	俄/6.7万 奥/1.6万	1.6万+2万
		1806.3.4~7.18	加埃塔	法/1.2万	1000	西/4000	1000
		1806.7.4	梅达	英/4800	300	法/4300	1700
		1806.10.14	耶拿	法/9.6万	6000(?)	普/6.4万	1.2万+1.5万
		1806.10.14	奥尔斯塔特	法/2.73万	7100	普/5万	1万(?)+3000
		1806.10.15	埃尔福特	法/───	───	普/1万	───
		1806.10.28	普伦茨劳	法/───	───	普/1万	───
		1806.10.29	西里西亚	法/800	───	普/5300	───
		1806.11.1	昆斯特林	法/1500	───	普/2400	───
		1806.10.29~11.8	马德堡	法/1.6万	───	普/2.4万	───
		1806.12.26	普图斯克	法/2.6万	3300+700	俄/4.4万	3500
		1807.2.7~8	埃劳	法/7.5万	2.2万+1000	俄/7.45万 普/8500	2.3万+3000
		1807.6.10	海尔斯堡	法/6.5万	1.25万	俄/9.2万 普/3000	9000
		1807.6.14	佛里特兰德	法/8万	1.2万	俄/6.1万 其他/2万	2万
		1807.3.20~7.2	科尔贝格	法/1.4万	5000(?)	普/6000	3000(?)+3000
	第3期	1808.7.19	巴伐利亚	西/3.2万	1000+1000	法/2.2万	3000
		1808.7.22	巴伐利亚	───	───	───	───
		1808.6.15~8.14	萨拉戈萨	法/1.55万	3500	西/1.3万	3000
		1808.8.21	维梅罗	英/1.7万 波/2000	750	法/1.3万	1500+300
		1808.12.19~1809.2.20	萨拉戈萨	法/5万	6000	西/3万	1.8万+1.02万
		1809.1.16	科伦纳	英/1.5万	90+110	法/2万	1500(?)+100

续表

		日期	地点				
皇帝	第3期	1809.4.22	埃克谬尔	法/6.6万	3000（?）	奥/7.4万	6000+5000
		1809.4.23	雷根斯堡	法/7.2万	2000	奥/7.8万	2000+6000
		1809.5.21~22	阿斯佩恩-艾斯林	奥/9.9万	2.15万+1500	法/6.6万	2.3万+2000
		1809.7.5~6	华格姆	法/16万	3万（?）+7000	奥/13万	1.9万+7000
		1809.7.27~28	塔拉维拉	英/2万 西/3.4万	6000+700	法/4.7万	7100+200
		1809.6.6~12.10	吉罗那	法/1.8万	——	西/9000	5200
		1810.9.27	布沙高	英·波/3.2万	1300	法/5.8万	4500
		1811.5.3~5	丰特斯-德奥尼奥罗	英·波/3.5万	1500+300	法/4.5万	2700
		1811.5.16	阿尔布拉	英·波·西/3.2万	7000+500	法/1.8万	8000
		1812.1.7~20	罗德里戈城	英·波/3.6万	1350	法/2000	900+1100
		1812.3.17~4.9	巴达霍斯	英·波/5.1万	8500	法/5000	1300+3700
		1812.7.22	萨拉曼卡	英·波/4.7万	5200	法/4.2万	1万+7000
		1812.8.17~18	斯摩棱斯克	法/18万	1万（?）	俄/12万	6000（?）
		1812.9.7	博罗金诺	法/12.4万	2.8万	俄/12.2万	5万（?）
		1812.9.19~10.21	布尔戈斯	英·波/3.2万	2100	法/2000	650
		1812.10.24	马罗亚罗斯拉威兹	法/2.4万	6000	俄/2.4万	8000
		1812.11.26~28	别列津纳	法/3.3万	2万（?）+1万	俄/6万~6.4万	8000+2000
		1812.7.24~12.18	里加	法/3.25万	——	俄/4.2万	——
		1813.5.2	吕岑	法/14.4万	1.92万+3000	普/3.7万 俄/5.6万	1.2万
		1813.5.20~21	包岑	法/16.7万	2.12万+800	俄/6万 普/3.1万	1.1万
		1813.6.21	维多利亚	英/4.2万 波/2.5万 西/2.3万	4900	法/6万	6000+800
		1813.8.26	卡兹巴赫	俄·普/8万	4000	法/6万	1.2万+1.8万
		1813.8.26~27	德勒斯登	法/10万	1万	俄·奥/20万	1.4万
		1813.8.29~30	库姆	俄·普·奥/10.3万	1.1万	法/3.7万	9000+8000
		1813.10.7~9	比达索亚	英·西·波/4.2万	1600	法/3.2万	1100+600
		1813.10.16~19	莱比锡	俄/12.2万 奥/10.5万 普/8万 瑞/1.8万	7.5万+5000	法/17.5万	4.5万+1.5万
		1813.10.29~30	哈瑙	法/6万	6000	奥/23008 其他/1.7万	5000
		1813.11.10	尼未尔	英·西·波/9万	5300	法/5万	3200+1300
		1813.11.16~29	但泽	俄·普·英/4000	——	法/3.6万	6000+1.6万
		1814.1.29	布希恩	法/3.6万	3000	普·俄/3万	3000
		1814.2.1	拉洛息尔	奥/4.5万 俄/3.9万 普/8000 其他/3.1万	6000	法/4.1万	3000+3000
		1814.4.10	土鲁斯	英·西·波/6万	6700	法/3.2万	4000
		1813.12.24~1814.5.12	汉堡	俄/5.6万	6000	法/4万	6000
		1813.9.15~1814.5.14	马德堡	普/3万	——	法/2万	1200
百日王朝		1815.6.16	夸翠布拉斯	英/3.2万	4800	法/2.4万	4400
		1815.6.16	利尼	法/7.1万	1.2万	普/8.4万	1.6万
		1815.6.18	滑铁卢	英/6.7万 普/5.3万	1.9万	法/7.2万	2.5万+1万

（法=法兰西，奥=奥地利，俄=俄罗斯，意=意大利，普=普鲁士，英=英国，西=西班牙，瑞=瑞典，葡=葡萄牙，土=奥斯曼土耳其帝国）

拿破仑帝国版图的变迁

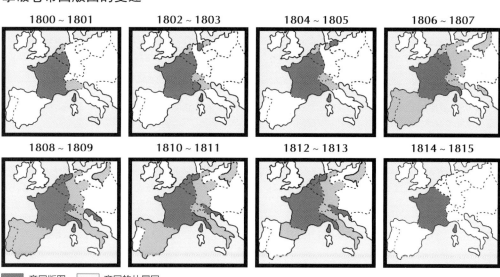

■ 帝国版图　　□ 帝国的从属国

近代战争史 **127**

近代战争的扩大与发展

拿破仑战争是否能算"近代战争"

近代军队通过拿破仑姑且成形，其后又持续发展，战争形态突飞猛进。在此一边概观19世纪以后各场战争的面貌，一边考察近代战争的定义和起源

近代战争的定义与历史区分

首先，在思考这个题目的时候，就要从"近代战争"的定义，它是从何时开始、属于何种战争时代这些问题着手。对于这些问题，恐怕要先弄清楚如何与跟"近代战争"一样已经成为一般用语的"现代战争"作出区别。欧美并没有对战争的近代与现代做出时代区分，一般都是以 modern warfare，或是 modern war 来表现。

对"近代战争"的时代划分，以往有着各式各样的说法，在此则要把第一次世界大战这场人类最早体验的凄惨"总体战"视为近代战争的顶点，靠着提取这场战争特征的方式，来思考近代战争的定义和起源。

第1点，就是战场扩大，成为最初的"世界战争"。这场战争并不只是以塞尔维亚与奥地利的区域往周边扩大而已，而是连拥有殖民地的德国与英国都介入，而且连日本都参战的全球规模战争。

第2点，它是史上最早的"总体战"。各国在战争过程中，进一步宣扬群众爱国心理，皆把全体国民组织起来，就连被统治的民族也都站出来遂行战争。

第3点，就是在进入高度资本主义时代之后，打这场战争的不仅有前线的战斗力，还要加上纵深战力，也就是由后方国民参与的军需生产力，从而形成"总合战力"。

第4点，就是19世纪中叶的第二次工业革命对兵器系统的形成有着相当大的影响。军事技术飞跃性发展，特别是无烟火药的发明，使得战术、战法出现很大的改变。

从以上观点来看，近代战争的意义在此可归纳为"以工业革命为基础，靠着综合科学技术能力的工业生产力，大量生产最先进兵器与军需物资，以国家、国民总动员为基础遂行的具有纵深性之战争"。换句话说，近代战争是一种形态为"总体战"的战争。在大战中付诸实行的军事机能与形态，则有以下发展：

- 形成具有可以进行完整参谋活动的参谋部的指挥组织
- 师级编制
- 通信的发达与战面扩大
- 成熟的近代火炮与机关枪
- 筑城，特别是在野战工事进化之上发展的近代防御
- 在作战以及战斗形态上变得重视火力与机动力
- 战法从散开战法发展为散兵战法
- 战车、飞机等新兵器萌芽，可预见下个世代的战争样貌

这可说是以达到近代战争顶点的第一次世界大战之特色为指标，整理19世纪发生的各场战争特征的话，除了可以捉摸出"近代战争的扩大与发展"的历史概观，还可以探讨被视为近代战争起源的法国革命战争，到底位于何种发展阶段。

以各要件来看近代战争的发展

法国革命战争以后，到第一次世界大战为止所发生的主要战争，有克里米亚战争（1853～1856）、美国南北战争（1861～1865）、普奥战争（1866）、普法战争（1870～1871）、俄土战争（1877～1878）、布尔战争（1899～1902）等。以下就这些战争的个别要素，概观它们具体处于哪种发展阶段。

①大量动员　在把法国革命战争与之前的战争比较之后，很明显出现差异，就是法军通过大量征兵而来的国民军。之所以能够实现这点，除了被逼到极限的革命运气之外，更重要的是人口增加。附带一提，1700年的法国人口为1700万人，1800年则有1801万人，在100年之内仅增加了100万人。这种倾向在进入19世纪之后，又呈等比级数增加，到第一次世界大战时，人口约达到3700万人。

另外，革命时法国的最大动员数约为100万，但是第一次世界大战时的总动员数为841万，在1个世纪左右人口变为2倍，总动员数则增为约8倍。

②步枪的发达与战术改革　南北战争正逢第二次工业革命，进入大量生产互换零件步枪的时代。由于工业技术的发达，来复枪、滑膛枪的不发弹、故障率减少，成为可靠度高的步枪，射程也大幅提升至750

码（约685米）。

虽然美国南北两军都配备这种新式步枪，不过战争所采用的战术跟以前没有什么两样。举例来说，在进行师攻击时，会把3个旅各自以150码的间隔组成3列横队，在前面有3个团以散兵方式进行掩护。在进攻防御完备的敌军阵地时，团会以纵队方式攻击。不过这种战法因为敌军的步枪、火炮精准度提高而持续失败，因此之后就改采跟独立战争时一样的散开式战斗队形，利用掩蔽物进行攻击。

在普奥战争中，相对于奥地利军采用以往的纵队战术，普鲁士军开始使用散开战法（战斗单位部队为连）。普鲁士军根据发行于1812年的教范，已经废除了旧式的横队战术。所谓散开战法，是指在连纵队前方安排散兵，并于后方隔一段较大的距离配置2排纵队，再于更后面的适当位置配置预备队。

各排长站在最前面，在形成对付敌方火力的散兵线之前，保持自己的纵队队形，并配合地形进行引导。

普法战争中的普鲁士军设下更密集的散兵，并让连纵队的预备队跟在后方，却因为法军的谢斯博（chassepot）新式步枪而出现损失。另一方面，法军让散兵散开，在行动时利用地形掩蔽，并让纵队跟在后方。

第一次世界大战时，德军战斗队形没有限定散兵的间隔距离，在猛烈的敌火力之下，以各班或各射手分散开来。支援部队依据战况与地形，跟随在第1线后方300米左右距离处。支援部队的队形原则上以各排形成密集队形，但在猛烈的火力之下也会像第1线一样散开。

③机关枪、后装式旋膛炮的出现与工事技术的变化　最前线的火力，因机关枪的出现而突飞猛进。机关枪的诞生相当艰辛，从1851年出现直到实用化为止，花了18年的时间。机关枪在1870年的普法战争中由法军首次使用，虽然普鲁士军没有机关枪，不过他们靠着钢铁制的后装式旋膛炮进行远程射击。之后，机关枪一直到第一次世界大战被叫作"死神火线"之前，没有再浮上台面。

大炮因为采用旋膛炮身、后膛装填方式，以及炮内弹道学的发展、后坐机构改革等，获得飞跃性改良。这种新式火炮的有效性在南北战争以后相当显著，于第一次世界大战中，为了有组织地摧毁野战阵地、粉碎敌方攻击，就确立了攻击、防御的炮兵射击要领。在南北战争时，有一种称为惠特沃斯（Whitworth）的12磅后装旋膛式大炮，射程可达2800码（2560米）。附带一提，拿破仑军的12磅炮射程为1600码（1463米）。

这种火力上的飞跃式发展，使得法国过去执着的沃邦式筑城改头换面，出现了混凝土制的耐弹要塞。要塞也开始潜入地下，最后在20世纪发展成马其诺防线。另一方面，野战工事受到铁丝网障碍与机关枪、大炮的影响，变得很像要塞阵地。这种状况在雷马克描述第一次世界大战的小说《西线无战事》中提及。

④指挥系统与通信联络　有线电信在1830～1831年发明，并于南北战争中的1862年末开始铺设。有线电信与铁道为战略带来革命，林肯在南北战争中，要求将军每天必须以电信进行报告。如此一来，能够在远离战场的总统府对第一线将军下达指示的"civil control"（以文驭武）便告成立。

⑤铁道　发明于1822年的蒸汽机车首次在战场上使用，是在1859年意大利统一战争中。法军为了在北意大利攻击奥地利军使用了铁道，以惊人的速

在南北战争中遭受攻击的南部都市里奇蒙

度运输约 60 万士兵和 129227 匹马，铁道在南北战争中也曾使用。

1857 年，普鲁士元帅毛奇（Helmuth Karl Bernhard von Moltke）在参谋本部设置铁道班，在普奥战争中利用铁道与电信，从远方指挥大部队直接集中战场。普鲁士军的胜利，要归功于铁道、电信，以及参谋本部的"分进击击"策略。铁道在普法战争中也运输了大量人员与炮弹，进行大兵力展开，这可说是普鲁士军战争技术的最高杰作。

拿破仑战争能否称作近代战争

以上即为近代战争的发展阶段概观，那么，被认定为近代战争嚆矢的法国革命战争，又呈现何种样貌呢？

拿破仑所驱使的混合战斗序列这种革新性战术，只不过是将古代希腊、罗马的战斗队形加以再生与组合。火器延续 18 世纪以来的前装式步枪与前装式青铜炮，只是将其标准化与轻量化。如果第二次工业革命比拿破仑时代早，他的战术大概会出现很大的变化。

法军的指挥依靠拿破仑一个人进行作战立案，没有设置遂行近代战争所必要的参谋本部，因此就无法有计划、有组织地发挥战力。在拿破仑的参谋中，欠缺情报、作战参谋是众所皆知的事实。反观普鲁士军，他们采用"以组织力量来对抗一个军事天才"的模式，充实了参谋本部，使后来的德国参谋本部得以威名震天下。

至于通信方面，当时还没有电信，在通信联络上沿用自古以来的骑马军官传令并使用手旗。因此，就算他们能够执行优秀的战略机动，还得在战场上先集合军官，让他们领命之后再回到部队，才有办法再一次执行战场机动。

从以上这些战术、兵器、参谋、通信等军事技术上来看，拿破仑战争跟之后的战争很明显具有差异。另外，关于近代战争定义中很重要的"总体战"，法国革命战争初期，在丧失殖民地与英国海上霸权的影响之下，法国的国力相当弱，没有采行"总体战"的体制。运输机关也不怎么发达，又有后勤问题，远离策源地作战会受到制约，时常陷入苦战。不过一旦通过大量征兵完成"总动员"体制之后，作战区域就有飞跃性的扩大。而这场战争最显眼的，就是采行与前一时代不同的歼灭战略，以及在受制约的战略环境诞生的战术，这些在当时都具有革新性。就这点来说，它具有近代战争的雏形。

如以上所述，萌芽于拿破仑时代的近代战争，因 19 世纪科学技术发展而进化，产生在前一世纪无法看到的各种近代战争特有的样貌，在下个世纪达到最高潮。

新兵器的开发以及亮相

新兵器的开发	最早被使用的战争	备考
来福步枪（18世纪）	美国独立战争（1775~1783）	来复枪最早可追溯至15世纪
机关枪（1851~1869）	普法战争（1870~1871）	由法国人发明（370发/分）
后装式旋膛炮（1846~1870）	法国因皮埃蒙特而起的对奥地利战争（1859）	在马真塔与索尔费里诺的战斗中由法军使用
有线电信（1830~1831）	美国南北战争（1861~1865）	由美国人约瑟夫·亨利将之付诸实用
蒸汽机车（1822）	意大利统一战争（1859）	——
蒸汽军舰（1802）	克里米亚战争（1853~1856）	最早试制成功的是威廉·西明格顿（1802）制造的洽洛特·丹打士号。1807年罗伯特·福尔顿制造的克雷蒙特号在哈德逊河上以32小时航行了150英里
螺旋桨推进舰（1752~1839）	克里米亚战争	试制舰阿基米德号240吨
潜水舰（19世纪70年代~）	俄土（俄罗斯·土耳其）战争（1877~1878）	1773~1774年由大卫·布希奈尔试制出最早的潜水舰
铁制军舰（1834~1839）	中英鸦片战争（1842）	1839年建造的复仇女神号参战
鱼雷（1848~）	南北战争	——
飞机（1903~）	意土（意大利·土耳其）战争（1911~1912）	意大利用于侦察与投掷炸弹
坦克（1914~）	第一次世界大战（1914~1918）	把英国工兵中校E.D.斯文顿的想法套用在拖拉机上制作而成

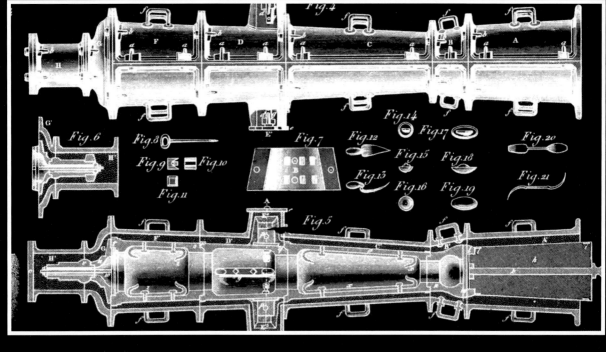

近代战争起源

文 | 今村伸哉（Nobuya Imamura）

专业常备军

欧美对于近代军队的争论

所谓近代军队，就是像今日军队那样，拥有包括主要兵种的步兵、战车（骑兵）、炮兵等，以及支援兵种的机能与构造，在面貌、构造上具有阶级组织性的从属关系以及纪律、士气、团结、社会义务等原则。

至于具体的样貌与构造，则是具有严谨的纪律以及经过教育、训练后拥有专门知识、技能的军官团，经由国家机关统御，具有军人忠诚等特性的"专业常备军"，其战术主要是以火力为基础，发挥步、骑、炮三兵战术与机动力。

那么，所谓专业常备军到底是什么样的呢？

从20世纪50年代中期到70年代中期，随着美国从冷战时代转移，军队、军人也产生了变化，这种环境让军队从"自由守护神"转变为"权威主义的象征"，唤起了人们对"何谓军队、军人？"这种军事专职问题的关心，研究盛行。在这项研究中拥有优秀成果的代表人物，则是塞缪尔·亨廷顿（Samuel Huntington）与莫里斯·简诺维兹（Morris Janowitz）。

他们认为，"专业"或是"专职"，就跟医生与律师一样，是一种指称专门职业的用词，现代军人拥有许多共通特性——具有专门知识、技能、社会责任、团体性，因此这个词是针对这些特性下的定义。而对于这种"专职"的讨论，因为定义的关系，必然产生它与常备军关联性的问题。探究这种具有"专业常备军"特性的近代军队，究竟是在何时、何地出现，又是如何发展，就是此主题的关键所在。

自从20世纪50年代，瑞典史的权威迈克尔·罗伯茨写下《军事革命，1560~1660》之后，欧美学者对近代军队的起源展开沸沸扬扬的争论，并持续到1994年。探讨这场争论的概要，就能对近代军队成立的构造要因有更深层的理解。

那么，为什么会引起争论呢？首先，欧洲过去一直认为，近代军队起源于1494年入侵意大利的查理八世军队。认同这项观点的，则有较传统的历史学家查尔斯·欧曼（Charles Oman）、迈克尔·霍华德（Michael Howard）、杰弗里·帕克（Geoffrey Parker）等。至于理由，单纯因为查理王的军队是由步兵、骑兵、炮兵所构成的。

对这种传统解释提出质疑的，就是迈克尔·罗伯茨。在罗伯茨之前，历史学家对近代军队的起源并未存疑，也没有任何议论。这是因为他们都暗自将文艺复兴时期的革新运动中，跟军事相关的"军事复兴"视为进入近代的转机。

罗伯茨的问题意识，在于从古代到现代的人类历史过程中，军事技术变革是否为主要转捩点。他选择相对受到制约的时代，也就是从16世纪后半叶到17世纪后半叶，对战术变化的影响进行考察之后，发现了两个问题：一是军事革命为何物，二是军事革命所带来的影响。

在罗伯茨的问题中，火器的出现（在他所探讨的战争时代，火器已经出现）并不很显眼，所以乍看之下会感觉好像不是很重要。他所重视的是这个时代，也就是近代初期（近世）出现于欧洲的战术革新、军制改革——过去为传统历史学者所无视——并认为这就是"军事革命"。他之所以将它称作真正的"革命"，是因为他主张在此项革命宣告完成之后，对欧洲史产生很深远的影响，简直是区隔中世纪与近代世界的一大分水岭。

他认为这项"军事革命"，是一种被以往历史学家忽略的"变革"。就背景来说，是因为军事史的专家并不怎么关心"军事改革"对更宽广意义上所带来的影响，他们认为只要能够说明发生过什么事情就足够了。而社会史学家也不认为新式的战术与武器设计的改良，对于达成自己的研究目的是非常重要的。能够理解这些问题重要性的，只有少数社会学者而已，他们会对历史学者进行批判。

接着，罗伯茨把这项"军事革命"分成以下几个阶段来讨论。

①毛里茨与古斯塔夫·阿道夫的战术革新特色及其影响；

②古斯塔夫·阿道夫的战略革新以及绝对主义时代的战略发展；

③因战略发达导致的战争范围扩大以及兵力规模增加，与必然导致的国家权力增强；

④由以上结果导出的近代初期欧洲社会、国家变革，军事机构的发展，以及国际社会（国际法）等的成立。

重点是，罗伯茨主张在欧洲军队与社会发展的基础中，包括毛里茨、古斯塔夫的战术军制改革，这些改革则让军队通过"专业常备军"化的过程转变成为近代军队。

对于罗伯茨的理论，传统派历史学家、西班牙史权威杰弗里·帕克在他的著作《西班牙与荷兰，1559～1659》（1979）中的第 4 章，以 "1560～1660 的军事改革是否仅为凭空杜撰？" 为标题，对罗伯茨的 "军事革命" 理论提出反驳。以下即从帕克的反论概要中，抽取有关本题的讨论。

"罗伯特所主张的'军事革命'，其中有很多要素都已经在意大利文艺复兴时期的战争、军事特性中出现了。15 世纪的意大利城邦国家军队，就属于定期召集的'专业常备军'，他们都是装备统一武器、以标准规模组织而成的小部队。不管是在百年战争还是三十年战争的时代，都有'常备军'、军队的'专业性'、军事组织的改革，以及一定的战术改革存在。"

也就是说，帕克认为罗伯茨在 "军事革命" 中论及的近代军队，早就已经在意大利的城邦国家军中出现，而且如果改革之后的瑞典军真的那么强，又为何会在魏恩斯贝格（Weinsberg）与纳德林根战役中被西班牙军歼灭呢？简单来说，帕克认为近代军队起源于意大利战争之前，而荷兰、瑞典军制改革的重要性没有那么大。

意大利城邦国家军的 "专业性" 将会在后面提到，而如本书对于意大利战争的叙述，这场战争变成火器的实验场，除了棱堡式筑城之外，在野战中具有影响力的战术与军事组织（特别是步兵）编制除了西班牙以外，都以未完的状态告终，步兵战术也只有钝重的 "大方阵"，发挥火绳枪火力的方法并未完成，而且也没出现野战炮。

从这个观点来看，帕克所主张的 "不管在哪个时代都进行军事组织以及战术改革"，可说并不充分。

另外，魏恩斯贝格战役中瑞典军并没有参加，而在纳德林根战役时，古斯塔夫·阿道夫则已经阵亡，瑞典军的影响力有所衰退。即便如此，瑞典军依然骁勇善战，却因为错误与歹运而败退。由此可以判断，帕克对于战争所附带的偶然性等在军事史研究中的前提并不怎么关注。

而罗伯茨的问题则在于他并没有重视作为横队战术始祖的毛里茨军事改革，而只拥护古斯塔夫·阿道夫的改革。另外，他也跟帕克一样，在前述论文中，并没有使用有关荷兰军制改革的史料。这样的缺陷使他缺乏说服力，因而遭到反驳。

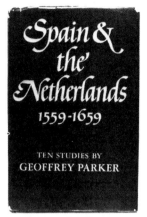

▲杰弗里·帕克的著作

专业的学习

那么，就让我们来看看近代初期的欧洲军人，是怎么学习 "专业性" 的。中世纪以来的民兵并不努力训练与提升技术，他们所做的只有检查名册与装备而已。从 16 世纪中叶开始，只有西班牙军会在赶赴战场之前，在驻地进行有组织的训练。为了应对战场上的紧急事态和恐怖心理，训练、演习的必要性就会被强调。

为了成为战士，传统来讲必须学习骑马、击剑等，如果在家庭中没机会学的话，就必须在宫廷中服勤才能学习。许多意大利的佣兵队长，以前都在其他功勋卓著的佣兵队长或将军身边跟班学习过。学习的内容则包括摔跤、跳跃、跑步、跳舞等，还在 1 天当中留有 1～2 小时的读书时间，阅读战记或与骑士相关的书籍。2～3 年之后，他就能成为初级指挥官，并训练去担任要塞勤务。接着，他会到因实战出名的指挥官身边学习实务，或是通过观战来进行实习。经过这种跟班学习系统，可以增强战士的武勇和主导性。

军官阶级从中世纪以来，传统上都是以贵族和乡士为主，其他出身者则多会停在少尉、中尉、上尉，而无法升上高阶军官。在文艺复兴之前，军人即使研究军事论文或概论也没用，必须在战场上身体力行，便有轻视用功读书的风潮。不过到了意大利战争结束后的 16 世纪末，即使击剑、马术、长枪的技巧优秀，也具有武勇与骑士精神，却仍是不够的。像筑城术、攻城术、射击、战术眼光等，都变成军官所必须具备的能力。一旦兵器改变，战争技术方面的着眼点也会跟着改变，因此就有学者提出，战争技术必须 2 年就重新学习一次。

最后，就有人提出除了外国专职佣兵之外，必须设置公家机关以提供本国军官教育的意见。虽然最后并未将之付诸实行，不过英格兰、德国、意大利都试着正式提出课程，为军官教育提供方向。在英格兰，汉弗里·吉尔伯特爵士（Sir Humphrey Gilbert, 1539～1583）曾实际提出具体的军官学校设立计划，却因为其他大学反对，以及伊丽莎白女王没有多余的时间去关心国军军官教育，就没有实现。

1608～1610 年，意大利分别在帕多瓦（Padova）、维罗那（Verona）、乌迪内（Udine）、特雷维索（Treviso）等地建立实际上相当于军官学校的学校。目的除了提供年轻贵族一个暴力的宣泄窗口之

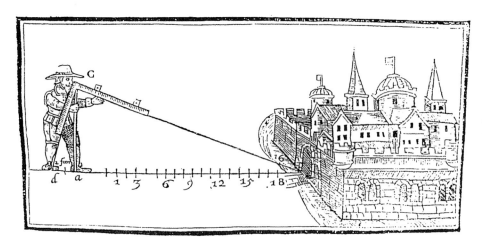

使用曲尺测量与敌方要塞距离的方法图示

外,也提供威尼斯人步兵与重装骑兵等常备军进行预备训练。科目有骑马、击剑、数学、筑城理论与设计、军队宿营、弹道学、距离测量、当作战斗队形计划依据的平方根计算等。以数学来说,伽利略曾在帕多瓦的大学教授筑城学,同时以家庭教师的形式教导算术与几何学在军事上的应用;数学被视为军官的必要学科。

火器出现在战场之后经过了约一个世纪,荷兰终于创造出以发挥火力为主的战斗队形。由于这种革新性的战斗队形与新战术队形是由许多小单位部队所构成,在指挥上就必须有很多基层军官。跟"大方阵"不同,新战术要让以火绳枪与长枪组合而成的战斗队形进行复杂运动,因此士兵必须熟知自己的运动方式才行。另一方面,军官不只会施展新战术,伴随着火炮、筑城、攻城术的发达,科学精神变得相当重要。为了解决这些问题,士兵、军官就都必须时常接受教育训练,像过去那种只是来兼差的佣兵,以及只负责管理佣兵而不屑于提升知识的旧式军官,自此已经无法建构军队。

重点就是,对于从荷兰独立战争开始一直到法国革命战争前夕为止作为欧洲主流的横队战术,以及随着科学技术进步而逐渐发展的兵器来说,都让官兵必须成为经常接受教育、训练的"专业常备军"才行。从以上观点可以得知,那些传统派历史家们对于近代军队起源的认识,在历史角度上实有欠缺。

毛里茨的军制改革

当时欧洲的军队几乎都是以佣兵构成,佣兵并非常备军,只有在打仗的时候才会受雇,仗打完了就告解散,属于兼差性质的士兵。由于佣兵的价码非常高昂,因此甚少有君主会将其聘为常备军。而且对他们来说有钱才好说话,因此在意大利战争中,就常常可以看到昨日朋友已成为今日敌人的状态。最明显的例子,就是意大利佣兵队长曼图亚(Mantua)公爵贡扎加(Gonzaga),在福尔诺沃战役中担任意大利城邦国家军的指挥官,但是在路易十二入侵意大利时,他又变成了法军的指挥官。他们是把专业战斗技术当作卖点,以金钱授受为目的的职业士兵、社会集团,对于君主、为政者这些雇主来说,并不具有忠诚心、纪律、牺牲精神。

因此,当打完一场仗之后,他们又会去寻求另一场战争。而且即使是在仗打到一半的时候,如果得不到报酬或是薪水发不出来的话,也时常会发生佣兵逃离战场或背叛雇主,甚至回头去打自己人的情形。

他们的战斗技术主要凭战斗经验,对于当时四角四面钝重"大方阵"的长枪手来说,他们会花很长的时间组成战斗队形,决定自己的位置之后便顺着全体前进的方向行进,与敌人接触时只要把"大方阵"前方数列的长枪往前方倾倒就行了。而火绳枪手也只是听指挥官的号令射击,如果敌军发动突击,就只要想着如何逃跑,非常地单纯。

因此,对于这种佣兵来说,熟悉荷兰的新战斗队形是一件相当困难的事情。若要熟悉新战斗队形,就必须具有服从命令的纪律心才行。为此,改革者们就把焦点放在士兵的纪律上。首先,为了按时发给士兵薪饷,在1588年展开政治、经济改革的同时发布了军缩令,着手实用型军队的基础构建。

荷兰从1572年开始,因为受到经济不景气的影响,就采取把48天当作1个月的方式来支付月薪,而荷兰共和国议会则在1576年把48天缩短6天,每42天支付薪水。

1588年7月,无敌舰队战败,使荷兰省海域得以安全航行,让拥有阿姆斯特丹的荷兰省确实迈向发展经济的道路,并发挥推行军制改革的力量。毛里茨以提升的经济力量为背景,靠着定期支付薪饷的方式，留住了一支以佣兵为主体的志愿兵。至于支付士兵薪水的要领，就是政府会向共和国内成卫地区的富裕阶层发行债券，而富人则直接付给上尉扣掉利息之后的现金。这个系统从1600年一直施行到17世纪结束为止。

一旦加薪，薪水也稳定，士兵的士气便得以提升。陆军最高司令官毛里茨便要求各部队强化士兵的纪律、训练，甚至还制定军法，设置军事法庭，企图强化纪律，彻底执行为熟悉新战术的教育训练。就这样，靠着外在的军法以及严格训练，士兵也萌生了自律心，同时高度服从心也成为合理的纪律，对军官自然产生尊敬，使得军队产生质的变化。马克斯·韦伯(Max Weber)在《支配社会学》中，认为欧洲近代社会的经济生产活动之所以如此旺盛，始自毛里茨军制改革，经过古斯塔夫·阿道夫、路易十四时代后增加的军队，靠着严格的训练培养出"合理的纪律"，并由退伍后的士兵带回各自的社会领域，这种"合理的纪律"便能使社会整体生产效率提升。

专业常备军的诞生

到16世纪末，上尉都是由君主任命，因此军官团的核心就是上尉，不过对于基层士兵来说，这并不是一种代表指挥权限的阶级，而单纯是一种职务。因此军官阶级的尊严，也就是在士兵服从军事指挥系统命令上。

毛里茨的军官团也跟其他欧洲诸国一样，一开始不管是在民族上还是国家上都不统一，跟士兵集团相同。而荷兰军官团的团结凝聚力，除了来自对毛里茨人格的忠诚，也来自共通的宗教。之后，毛里茨在军制改革中将军官改为由国家任命，并且明确订定从将官到基层军官的任务权限。随着时间推移，军官团中归化荷兰国籍的军官越来越多，因此产生统一的精神。这使专业性更容易形成，并且提高可靠度。过去的军官大多倾向于把战争当作一种赚钱的冒险事业，而现在军官则变成一种背负国家义务与荣誉的职业。以往由出身决定的晋升，也改成依据规定的勤务年限与能力来进行。举例来说，1618年时少尉的任期是3年，而升到上尉后任期则为4年。

另外，由于西班牙战争，必然出现士兵增员的需求，因此必须具备招募士兵、管理装备与补给、预算会计等功能。而就训练来说，要制订够辅助将帅、让军队整体达到同一水准的训练计划，以及设置用来确认实行、监督指导、检阅等的参谋本部；当然还要设置实战中的人事、作战、后勤参谋。通过毛里茨的军制改革，军队构造与过去的佣兵陆军相比，在质量上有所转变。也就是说，象征近代陆军机能构造的"专业常备军"已经开始成立。

之后，毛里茨的堂哥，也就是把荷兰的战术、军制传给古斯塔夫·阿道夫的约翰·冯·拿骚，在1617年于德国的锡根设立了欧洲第一所正式的陆军军官学校。这所学校招收的对象是欧洲新教国家17～25岁子弟，训练内容为兵器操作、荷兰式教练、从行进转变成战斗队形、依据战斗状况形成战斗队形、预备队的运用、要塞防御、攻城术，以及火炮操作等，还有击剑、骑马和意大利语、拉丁语、法语。不过这所军官学校最后因为三十年战争与约翰的死亡而在管理上出现问题，于1623年关闭。

---

*卫戍地区 = 军队驻留的地区。

武器、装备库

过去当作武器库使用的伦敦塔

在荷兰的军制改革中，利普修斯对改革的领导者们进行直接、间接的协助。凝聚利普修斯思想精华的著作是《恒心论》与《政治学》，从16世纪到18世纪，《恒心论》再版123次，《政治学》再版96次。由此可见，这对绝对主义时代的君主、领导阶层带来多大的影响。他带给绝对主义时代的军事与官僚制度很多伦理上的刺激，而在他的时代前后，没有任何思想家曾表明常备军思想。

他在《政治学》的第5卷中表示，只有军事上的睿智，能够保护国家，也就是国民的安全。因此君主为了统理这些职务，就必须对军事暴力进行整备、管理才行，这就是利普修斯的基本立场。这个概念认为军事力量应该由国家来管制，具体来说，即将装备均一化、武器库国有化。这在他那个时代，算是一种对国家军队近代化赋予鲜明指标的先驱思想。

近代战的基本前提，就是发挥集团性的战斗力。如果士兵使用的武器、小型火器或火炮具备"同一性能"的话，就能依据指挥官的命令进行有效集中射击。在战斗时，如果能发挥组织性、战斗力的话，攻防也会变得比较容易。要是火枪的性能不统一，那在火药调配、发射速度、射程、装

在德国农民战争中揭竿而起的农民。为了迅速应对暴动，国王必须将武器库分散配置

于伦敦塔内保存、展示的武器、装备

填时间上全都参差不齐，导致难以进行统一射击。而且准备的弹药也会变得很繁杂，不利于补给。

在近代欧洲，佣兵的武器都是自行准备，佣兵携带各式各样属于私有财产的武器去战斗。因此，指挥官在统管、整合装备时相当辛苦，根本无法期望战术的效率能有什么提升。另外，从16世纪后半叶开始，与炮手行会有所勾结的火炮制造工坊，各自在暗地里制造火炮，因此生产出杂七杂八的火炮。由于火炮与弹药的杂乱弹药补给带来非常大的麻烦，所以从这个时期开始一直到18世纪，特别是到官营铸造工厂出现为止，君主们都为火炮的分类与标准化所苦恼。

"武器库"是指收纳各种兵器的地方，用来集中保管各员士兵或是各团队所使用的兵器。通过国家或是君主来管理，就具有象征战斗暴力一元化以及权力集中化的意义在里面。因此，武器分散化的封建时代崩坏，在绝对主义这个进步的时代，君主必须强化军事力量，以此作为集中权力的手段。所以他们没收农民的武器，或是制定武器携行法令，并且吸收贵族的军事力量，设置武器库当作一元化至君主的手段。这在欧洲各国依据国情不同而有所差异。

举例来说，在英格兰，于14世纪到15世纪的对法百年战争中，国王要求贵族提供军事力量。贵族依据正式的契约文件携带多数随从前去参加，并与随从订下契约，支付薪饷。在这种制度之下，贵族当然就要先准备好自己以及随从的武器。之后，国王为了集中权力，原则上禁止了随从制度，不过在对外战争或镇压内乱时，还是会对贵族提出供应军力的要求。

到15世纪末为止，国王掌握国内拥有城塞攻城炮的唯一权力，使得贵族的城塞防卫力显著减弱。因此古老的中世纪城堡在16世纪就变成防御据点，被赋予使用火药的新型兵器之武器库的新角色。亨利八世在1547年之前建设了能够保管长枪2万把、短火枪6500挺等大量武器的武器库，并且为己专用，完全压过了其他贵族。

另外，武器库必须分散设置。原因是当时的交通运输机关尚未发达，为了迅速应对暴动、农民骚乱、叛乱等，就必须将武器库分散在各个地方。因此，武器库的管理就要委托给当地贵族。也因为这样，国王事实上不可能独占新型武器，也就间接上认可贵族能够购买及持有新型武器。

1571年，英格兰东部贵族诺福克公爵，在诺威治（Norwich）囤积了大炮5门、火绳枪14挺、短火枪46挺、120人的骑兵武器、500人的步兵武器（有一半是长枪兵）、280人的铠甲等。像这样在城市中保管武器的趋势，集中于1550～1600年。基于这样的事实，国王基本上算是独占了新型兵器，不过在管理运用上还得依靠贵族，结果贵族的武器库越来越大。

如果把装备均一化与武器库国有化视为近代战争的基本前提，那么教范就是在软件上的重要因素了。据说教范是由古罗马军的马略（Gaius Marius）首次采用，不过那可能只是作战规定之类的东西。

今日的教范包括从武器教范到运用教范等各种类型，姑且可以算是呈现现代战争组织战力的见解和基准。教范对于军队来说是必要、不可或缺的东西，意义相当重大。

教范

毛里茨成功将装备均一化，并实现由国家统一供给武器。他也为复杂的火绳枪、滑膛步枪制作有关操作法的教范，命令有名的画家雅各·德·戈恩（Jacob de Gheyn）制作而成（参阅77页）。这是一本以彩色插图的教范，出版于1607年。即使是现在的欧美书籍还常常用里面的图当作封面或插画使用，可见它多么有名。荷兰军把这本教范用于教育，阿姆斯特丹的公民军使用这本教范接受教育的图画，现在依然可以看到。这本教范属于"武器操作法教范"，在欧洲除了马略之外，是首次尝试。

在欧洲，随着军队逐渐迈向专业化，各国军队开始发行教范与规定。在腓特烈大帝的时代，普鲁士教范风靡欧洲各国军队，就连法国在采用"混合战斗序列"战术之前，也曾因为战略、战术经过一段动摇时期，而采用了普鲁士军的教范。

军事制度

古代罗马的军事组织

虽然现代军队因为各国国情而多少有些差异，不过作战基本单位部队都有"师"，有"旅"，并由"军"统括；在编组方面由团、营、连、排来构成；参谋本部是由人事、情报、作战、后方支援等构成，作为指挥官的头脑与手足，在平时与战时用以辅佐指挥官。这种师以下的编组方式，是在法国大革命时由法军首先完成。当时的法军指挥系统与参谋本部还不算完整，而到此时，距离始自荷兰军制改革的近代系统萌芽，已经过了约200年的岁月。

西洋的近代军事是从古希腊、罗马的军事中谋求典范，古罗马军的主体是军团（legion），由大队（cohort，相当于现在的营，这个编制在公元前216年的坎尼会战时消失）、中队（maniple，现在的连）、百人队（centuria，现在的排）编组而成。不可思议的是，在这种军团编组当中，并不存在各级指挥官。也就是说，大队与中队的指挥官是由各百人队的前任百夫长兼任。不过百夫长的职务并不会继续往上晋升，因此在本质上属于士官。在罗马军当中并没有军官团，军团的指挥是由从集团军派遣而来的集团军附属军事保民官（tribune）执掌。另外，集团军也没有指挥官，会由执政官（consul）或代理执政官，或是拥有命令权（imperium）的人来领导1个或数个军团。在第二次布匿战争之后，司令官底下会加上几名副将当作辅佐，但是没有明显的参谋本部存在。指挥组织相当不明确，又没有参谋，因此罗马军在史上著名的坎尼会战当中，就惨败给了迦太基的名将汉尼拔（Hannibal）。

在坎尼会战中，两军都形成横队序列对阵。首先罗马的重装步兵意图从中央突破汉尼拔军，战斗一开始，重装步兵的沉重压力让汉尼拔的薄型战斗队形无法支撑，中军慢慢被推挤压迫，指挥罗马军中军中队的百夫长便认为自军具有优势。这其实是汉尼拔为了进行包围歼灭作战所设下的陷阱。虽然执政官已经察觉到，却因为部队的展开宽度达到数公里，找不到军团指挥官在哪里，一直无法取得联络，而横队侧翼军团的指挥官就这样中了从两翼开始突进的迦太基骑兵长枪后倒地。中军的军团指挥官与中队指挥官，在还来不及搞清楚发生什么的情况下，成了迦太基军刀下的祭品。

这场惨败的一大主因就是缺乏明确的指挥组织与指导战斗的指挥系统。

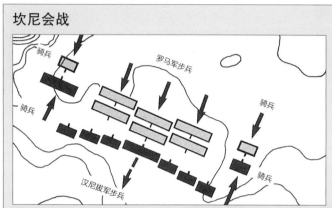

在两军的轻装步兵短暂交锋之后，罗马军的步兵杀到汉尼拔军突出的中军之处。汉尼拔军在拼死抵抗的同时节节后退，所有部队皆集中至中央的突出部。此时，汉尼拔的右翼、左翼骑兵也各自与罗马军的左翼、右翼骑兵冲突

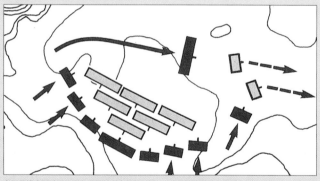

在汉尼拔右翼骑兵与罗马左翼骑兵交战的时候，汉尼拔左翼骑兵已经击败了右翼骑兵，绕到罗马军的后方，罗马军的左翼骑兵遭到总攻击而败退。在此期间，罗马军部队被引入汉尼拔军的中央

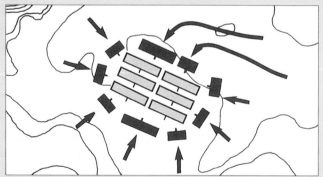

此时，汉尼拔让在一旁待机的重装步兵从两翼攻击没有骑兵支援的罗马步兵。除此之外，绕到背后的汉尼拔骑兵也开始袭击罗马军，前后左右完全被包围的罗马军就此被歼灭

以一般的指挥系统来说，集团军长会指挥军团指挥官，军团指挥官指挥中队指挥官，中队指挥官则指挥其他百夫长，让整个部队在统一指挥下进行战斗，但罗马军却没办法做到这点。

之后，罗马元老院也没有建构起指挥组织与参谋本部，只进行部分性应对而已，在构成军团的3列战斗队形后方某种距离上，配置数列军团当作预备之用，单纯用来对付来自侧翼的敌军威胁。罗马没有构建指挥组织与军官团的理由并不明确，大概是元老院怕军官团发动叛乱，因此用这样的方式来以文制武。

16世纪的军事组织改革

罗马帝国在公元4世纪分裂之后，军事为东罗马帝国所吸收。西方世界则随着帝国的崩解，在指挥组织依旧存有缺陷的状态下，被埋没于封建制度中。接着，经过千年以上，来到了16世纪，于火绳枪出现的同时，文艺复兴的古籍研究又使得古希腊、罗马的军事复活，不过指挥组织与参谋组织依旧不成熟。

在16世纪前半叶，君主遵循古罗马帝国的传统，依旧担任王国军队的指挥官。不管是平时还是战时，君主的主要军事辅佐官，都是由具有军事功绩、武勋光耀的贵族担任，这个人通常会被称为总管（constable）。至于其他同样具有显著武勋的贵族，特别是在法国，会被授予"元帅"的尊称。统治者亲临战场时，会自动成为上将（general）执掌指挥，意思是指挥整个军队的军人，不只是单一兵种，而是指挥全部兵种。上将的副指挥官会由总管或元帅等中将（lieutenant-general）担任。lieu指的是该职位，而tenant则是保持的意思。中将的代理人为少将（sergeant-magor-general，这在之后会除去sergeant，略称为magor-general）。少将是负责配置全军战斗队形的人，sergeant来自拉丁文的servier，是勤务的意思。君主或总管以下的军事阶级和指挥系统平时并不存在，即使在战时，也只会在每场战役中指名中将或少将阶级。

负责募集佣兵的是上尉（captain），该词来自拉丁文的cupt，意思是头。上尉以连为单位招募佣兵，由上校指挥的团之下以连长的身份组成一个连，并对其进行指挥。而统括他们的，就是指挥数个连的上校（colonel，在意大利语中称为colonnello）。西班牙在16世纪初设立了一种称为coronelias的步兵部队，其指挥官称为纵队指挥官（cabo de coronelia，或是coronel，而把这个词英语化之后，就变成了colonel）。在这之下的中校（lieutenant-colonel）则会在上校不在时代理指挥，在这种状况下，中校的职务通常会由资深上尉来担任。少校（sergeant-magor）是比上尉还要高一级的团级军官，负责配置团的战斗队形。这在不久之后便省去sergeant，变成只有magor。

中尉（lieutenant）是连上的副指挥官，在上尉负伤或阵亡时，接手连的指挥。少尉（second-lieutenant）则是旗手，16世纪时，在连里面已经出现中士（sergeant）与下士（corporal）。下士位阶比士兵高，可以指挥小单位部队，应该是战斗队形或是纵队列伍中的5～10名士兵。一般士兵（private）则不属于任命而来的职务名称，只是一名男子汉的意思，经过某种程度的勤务时间之后，就会升为伍长。

虽然16世纪看似已经成立了指挥组织，但事实上只停留在发挥佣兵的募集管理与监督、指导战斗队形形成、行进、宿营、开设野战市场等功能上。指挥官与参谋混在一起，责任与权限没有明确限定。由于在实战时佣兵比较厉害，因此他们对于军官职务并不会表现什么敬意。

参谋本部与军官学校的萌芽

诞生于16世纪末荷兰军制改革的革新性战斗队形和新战术，需要不同于以往的指挥组织，在军官选定上也变成依照勤务与能力来选择。接着，为了应对这种新战术，必须拥有常备军；在平时负责训练与管理，战时负责订立作战计划、下命令、组织后勤，以及将之实施等，遂行这些复杂业务的"参谋本部"就此设立。这些项目由瑞典的古斯塔夫·阿道夫和奥地利的蒙特库科利继承并充实，至此，现代的指挥组织与参谋本部始祖终告诞生。

16世纪的军队指挥组织

上将	general	指挥所有兵种，由君主等统治者担任
中将	lieutenant-general	副指挥官，由总管或元帅担任
少将	sergeant-magor-general	配置全军战斗队形的负责人
上校	colonel	指挥团
中校	lieutenant-colonel	上校不在的时候代理指挥
少校	sergeant-magor	团级军官，负责配置团的战斗队形
上尉	captain	负责招募佣兵，担任连长，负责组织、指挥连
中尉	lieutenant	连的副指挥官
少尉	second-lieutenant	旗手
中士	sergant	管理后勤
下士	corporal	负责指挥小单位部队
士兵	private	一般士兵

在现代司令部服勤的参谋军官，为了学习如何运用以及管理大部队，会在军方的大学或参谋大学接受特别的参谋教育，达到军队专业化的最高境界。不过这种参谋组织与参谋军官的专业性发展，跟其他军官教育相比极为缓慢。在指挥组织方面，即使到了 18 世纪中叶仍距完整形态相当遥远，就连普鲁士陆军不管是哪个野战团都依然脱离不了过去。过去为了表示该团属于哪位团长，会将各团用团长的名字来命名，到了这个时代，仍维持着用团长的名字来称呼他的部队，就连哈布斯堡军也是从 1769 年才开始赋予各团编号的。

就像前面所提到的一样，由于 16 世纪末的新战术诞生，主要由外国佣兵构成的专业常备军普及各国，同时对于军官教育的讨论也兴盛起来。类似位于德国、由荷兰主导的锡根军官学校，以及意大利的维罗那等军官学校纷纷诞生。不过之后对于军官教育的讨论也使得设立军官学校的意欲有所镇静，这是因为有很多贵族军官都曾接受大学教育，而设立新的公立军官学校，会招致既有大学的反感与嫉妒。另外，对于为政者来说，花了这么多预算到底能换到多少好处，这种疑问也存在。

最后，在七年战争中大展身手的腓特烈大帝所采取的战争指导思想，以及他以横队战术为基础的训练系统，风靡全欧洲。就连大帝的死对头奥地利道恩将军也下令依普鲁士模式来制作训练、战术教令。1754 年，普鲁士军规定教范的英文翻译首次出版。英国在 1792 年也出版了教范，也是以普鲁士军教范作为范本。普鲁士的参谋军官弗里德里希·冯·施托伊本（Friedrich von Steuben）在 1778 年时，担任乔治·华盛顿指挥的大陆陆军校阅官，对陆军训练与改善纪律做出了莫大贡献。

参谋本部与大规模的地图制作

在 18 世纪 50 年代之前，有很多欧洲国家感觉到必须有一个能够监督大量士兵管理及动员的中央机构。其任务是在平时制订为将来战争而准备的计划，特别是为了作战成功，就必须准备正确的地图。

随着通信联络的慢慢改善，军队的机动力也逐渐提升，文书命令可以用来补足口述命令，使得命令能够准确传达，因此通过优秀参谋作业所获得的情报，其优点就越来越明显。这种动向可以在奥地利继承权战争之后的哈布斯堡陆军中看到。他们设置了在实际上执掌各军指挥的参谋长这种高级副官，还有统管军队移动、野营设置、野战筑城的参谋次长。数年之后，俄罗斯也在 1763 年出现早期的一般参谋，其任务是在战时于最高指挥官的指导

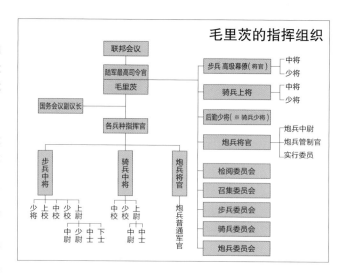

毛里茨的指挥组织

下，管理部队在野战中机动。另外，他们平时担任地图制作与补给等这些属于后勤军官的任务。法国为了训练参谋军官，于 1765 年开始准备设置参谋本部，虽然在 1771 年暂时中止，又于 1783 年重新建立。在 18 世纪 60 年代结束时，巴黎制订了一项为入侵英国的精致计划，这恐怕是最早的参谋作业，可说是预知了一世纪之后那知名的毛奇参谋作业。

大体上来说，在这个时期，欧洲诸国都有各种形式的参谋。在这种参谋本部的发展过程里，最有计划性，最具管理性的科学参谋事业当中，最重要的成果就是产生了多达 5400 幅的地图。这些地图是在哈布斯堡约瑟夫二世的指挥下，由奥地利军参谋本部制作而成的哈布斯堡家族全部领土地图。这份地图比法国的塞萨尔·法兰索瓦·卡西尼·德·蒂里（Cesar Francois Cassini de Thury, 1714～1784）从 1750 年开始制作的法国地图更具有可信赖性，普鲁士军在 1796 年完成了地图制作。就这样，不仅可以期待一般参谋的成长具有发展，最重要的则在于他们本身也会在自主专业意识之下，展开军队的建构。

设立于各国的军官教育机构

只有靠系统的军官教育，才能创造出近代的专业军队。专业训练在 17 世纪末的数十年间成长起来。因为海军军官跟陆军军官相比，更需要具备技术性知识，因此在 17 世纪结束时，有几个国家就开始实施组织化的专业教育训练。丹麦在 1669 年开始设立海军学校，并于 1701 年几近完成，法国也在 1669 年成立海军学校。俄罗斯的彼得一世于 1718 年在圣彼得堡创立了一所可以容纳 500 名学生的海军兵学校，并于 1752 年组成贵族海军预备军官团。英国与荷兰则认为培养海员精神与技术必须通过实战，因此对学校教育抱持疑问，但还是在

1729年于普利茅斯设立了海军兵学校。

至于陆军方面，他们也把重点放在技术需求性比步兵或骑兵还要高的工兵和炮兵上。英国在1741年于伍利奇（Woolwich）成立陆军军官学校，法国则于1748年在梅齐埃尔（Mézières）成立工兵学校，俄罗斯在1756年成立炮兵、工兵综合学校，西班牙则于塞戈维亚（Segovia）设立炮兵学校。

接着，贵族的从军经历已成为迈向高级社会的标准，因此就出现了专为这个目的而成立的军官学校。1731年圣彼得堡成立贵族预备军官队，1751年巴黎有皇家军官学校，1754年奥地利陆军军官学校成立于威尼奴尔斯塔特（Wiener Neustadt），1790年西班牙在萨莫拉（Zamora）设立陆军军官学校。德国在1717年成立预备军官学校，并于1725年在萨克森、1756年在巴伐利亚成立军官学校。至于法国，在1794年时设立了综合理工学院（Ecole Polytechnique），1810年则成立陆军军官学校以及教育参谋的陆军大学。

德国参谋本部的起源

那么，我们来看看被视为近代参谋本部典型的德国参谋本部是如何形成的。首先在理论方面，1800年前后，受到法国启蒙军事思想的影响，德国也出现了许多启蒙军事思想家。举例来说，在1802年于普鲁士发行的军事相关书籍就有57本，比法国的43本还要多。普鲁士的杰出军事思想家与军事理论家则有沙恩霍斯特、乔治·海因里希·冯·贝伦霍斯特（Georg Heinrich von Berenhorst, 1733～1814）

各国军官教育机关的设立

[海军]		
1669年	丹麦	海军学校
1669年	法国	海军学校
1718年	俄罗斯	海军官校（圣彼得堡）
1729年	英国	海军官校（普利茅斯）
1752年	俄罗斯	贵族海军预备军官团
[陆军]		
1717年	普鲁士	预备军官学校
1725年	萨克森	军官学校
1731年	俄罗斯	贵族预备军官队（圣彼得堡）
1741年	英国	陆军军官学校（伍利奇）
1748年	法国	梅齐埃尔工兵学校
1751年	法国	皇家军官学校（巴黎）
1754年	奥地利	陆军军官学校（威尼奴尔斯塔特）
1756年	巴伐利亚	军官学校
1756年	俄罗斯	炮兵·工兵综合学校
1764年	西班牙	炮兵学校（塞戈维亚）
1790年	西班牙	陆军军官学校（萨莫拉）
1794年	法国	理工综合学院
1810年	法国	陆军军官学校·陆军大学

及其弟子比洛（Adam Heinrich Dietrich von Bülow, 1757～1807）等人。普鲁士军在1806年的耶拿会战中被拿破仑军歼灭，而在之前，比洛就已经预见腓特烈大帝的斜行战术会败给较具融通性的法国混合队形战术。

贝伦霍斯特与比洛的军队经验都不多，因此普鲁士的军事改革理论，可说是通过文人立场来展开提案的。至于沙恩霍斯特则是以丰富的著述经验和身为公务员的立场来提出他的理论。他在1801年加入普鲁士军之前，就已经以军人学者的身份享誉欧洲，尔后不仅当上参谋和军事学校的校长，也以军事科学权威的身份获得谒见国王的机会。他相信把腓特烈大帝的战略战术依据新的状况做出修正，会是一种比较健全的手段。而他也跟比洛一样，公然表示普鲁士军若仍维持现状，就会败给拥有分歧性军事组织、具融通性战术、以国民军为主体的法军。

在耶拿战败之前没有接受改革建言的国王与他的众军事顾问，都在1806年战败之后认可了改革运动。即便如此，改革委员会依然以莱茵军官占多数，认为应该对最有必要进行的军事组织改革提出检讨的军人则非常少。就在他们的改革即将石沉大海之际，终于在1807年付诸实行。

另一方面，从1803年开始的参谋军官教育、训练，对这项改革报以相当大的期待。不过1803年的参谋军官人数却非常少，也欠缺与近代参谋本部比肩的组织，因而没有舞台可以发挥。作为陆军明确组织的参谋本部，在1821年之前都无法发挥功能。这个事实，从记录上的日期也能明白看出，因此沙恩霍斯特就像一般大多数作家所认为的那样，并不是参谋本部的创始人。虽然他的确在1810年被任命为参谋本部的参谋长，不过他的办公室与阶级都不属于参谋本部，而仅是有头衔的名誉职位。从1807年到1813年，可以在记录上找到沙恩霍斯特名字的军事改革时期，跟始于1803年命令的改革一样，在参谋军官的任务上并没有出现重要的变化。

征兵制

所谓征兵制，是基于国家防卫需求，不问平时或战时，为维持、增进军队的战斗力，从负担兵役义务的国民中征召士兵的制度。

现代各国的兵役制度多采用征兵制、募兵制，或是两者并用。而征兵制又分为全民皆兵和选拔征兵两种。另外，瑞士采用全民皆兵的民兵制度（就民兵的本质而言，除了军方单位部队的本职指挥官之外，并不具有职业指挥官，没有本职幕僚以及职业军队。为了遂行这种制度，必须有常设性的军政机关），而法国等国家则部分采用外国佣兵。

根据大英百科全书记载，征兵制度始于18世纪末到19世纪初，从拿破仑战争时的法军开始，经过普奥、普法战争，最后到两次世界大战，普遍为世界所用。的确，法国以大革命为契机，为了阻止、抵抗普鲁士与奥地利的侵略，由革命政府制定国民总动员法，废除以往的佣兵制度，构筑以国民军为主体的庞大军事力量。

在法国革命之后，欧洲各国民族主义高涨，约持续了200余年的专业佣兵陆军，就此大致消失踪影。取而代之的是征兵制，随着民族主义的高涨普及欧洲各国，战争形态也转变成总动员战争，呈现近代战的样貌。

不过征兵制不是因为法国革命这个契机而突然出现的，它从古代就已经存在。而且除了征兵之外，民兵、佣兵也多多少少混在里面，特别是志愿役对于强调技术要求的海军来说，早就已经采用了。

就像本书所叙述的那样，从文艺复兴时期到18世纪为止，一直都是陆军主体的佣兵在体质上存有缺陷，因此以马基亚维利为首的各国军事思想家们讨论的核心，除了战术等问题之外，还有军队的纪律与服从问题。

这种征兵制的产生与发展，属于欧洲的独特产物，只要加以把握，就能更容易理解从文艺复兴到18世纪的军队与战争性格。首先是火器的发展，在战场上要求士兵具有一定的战斗技术与战术能力。而拥有这种技术与能力的，则是以战斗为职业、身经百战的佣兵。因此佣兵制度便逐渐顺应时代要求转化为专业常备军，使得这种佣兵制度更加固定于欧洲各国。

不过法国的革新战术和新生的国民军，使得佣兵制度在社会情势急速变化以及国家的近代化中遭到破坏，因此出现了普及于世界的征兵制度。而在18世纪后半叶开始到19世纪初的各场战争，也显现了征兵的优势。由此不仅可以看见出现于近代国家的国民军队意义，也能一窥近代战的主要特色。

然而，到这里就会浮现征兵军与跟它互为矛盾的专业性折中的新问题。兵役制度自从古罗马的韦格蒂乌斯以来，一直是先哲们讨论的议题，而且不容易得出结论。不过这个问题说不定可以在以下事件当中得到解答。

其中之一，就是在法国革命法军重建时看到的那样，法军在1793年把团改编成小型旅，让老兵营与新兵营混合编组，老兵营的战斗技术可以借此跟全民防卫的民兵性格互相调和。他们所采取的战术，老兵营采取横队战术，新兵营则以符合法国人国民性的纵队战术与之组合，这样跟专业常备军对抗，并且超越之。

第二个例子，是被拿破仑击败的普鲁士军的重

国民卫兵出征。当国家遭受外敌入侵时，自愿挺身而出的义勇军就会赶赴战场

1807年2月7日，埃劳战役的状况

建。普鲁士从18世纪90年代开始检讨民众的军事勤务，虽然曾经想成立特别军事委员会，最后却石沉大海。不过当他们在1806年的耶拿会战中败北之后，普鲁士军终于也出现了改革的意愿。

1807年，普鲁士的军事组织改革委员会意图废除征兵区制度并建立公民军，却为《巴黎条约》所阻。因此，委员会就在拿破仑的默许之下，将目标改为建立民兵制的国民兵（krümper）制度。在受到限制的4.2万人常备军兵力当中，干部所占比例非常之高，而新兵教育仅3个月就结束，借此养成庞大的国民兵。"Krümper"带有"教育未完"的意思，是一种短期速成培训制度，不过目标跟原本的全民皆兵是相符的。

接着，普鲁士在1813年采用了一般的义务兵役制度。从此之后，普鲁士的国民军超越了在转变为征服大陆军的瞬间失去国民军之名的拿破仑军队。

如果配合第一例来考察第二例的话，会发现重点是教育机关必须发挥功用，常备军队才得以存在。从这里就可以知道，靠着现代专业军官团及其所扮演的角色，以及健全的知识，即可在采行征兵制的同时，解决前述那种互相矛盾的问题。

最后，我们要以现代兵役制度的观点，提一下征兵制与募兵制在选择上的问题。以现代来说，因为科学技术有飞跃式发展，兵器也跟着高度发达。而为了操作复杂的兵器，各国军队倾向于采用专业化的少数精英募兵制。不过，这种募兵制也会出现让军队被社会孤立的倾向。

另外，虽然在本篇并没有论及，不过对于现代战争所特有的游击战来说，看到拿破仑军队在伊比利亚半岛因西班牙国民的游击战而陷入苦战之后，是否单纯采行募兵制就更是个问题。由于这会使得现代兵役制度出现更深层的矛盾，因此特别在此注记。

与法军作战，彻底抵抗苛政的游击队战士，他们其实都是西班牙的民众

军法

如果将装备统一化、武器库收归国有、制作教范视为近代军队的基本前提，那么纪律则是另外一项重要元素。若要达成发挥组织战斗力的目的，如何让每位士兵确实服从指挥官的命令、有条不紊地在战场上行动就很重要。在具备这种贯彻命令、服从关系的前提之下，近代战术才有可能实现。

近代欧洲初期的佣兵军很欠缺纪律，证据在于从15世纪到17世纪的军事思想家们总会将军队的纪律与服从问题摆在讨论核心。就如前面所述，16世纪末的荷兰新战术，必须让士兵进行严格的纪律训练才得以施展。现代社会史学家威廉·麦克尼尔（William McNeill）说过，为熟悉新战术而施行的训练，会让士兵在战斗中更为服从并且更具效率。经过反复训练，可以把从庶民社会的边缘人中募集而来的混杂集团，轻易转变成即使在危难当头的极限状态，依旧服从命令的凝聚型共同体。

纪律分为自律与他律两种。军队特别因为是持有武器的集团，若把武器库视为"武器公有"的象征，就必须严格禁止士兵因非理性的行动而使用武器。由于士兵是持有武器的"力量"，纪律就必须严明，惩罚也要更严格。这种惩罚会依据比一般社会法律还要严格的"军法"来制定，是一种用他律方式强制维持士兵秩序的手段。其最大的目的，就是防止士兵临阵脱逃。

在过去，部队形成希腊方阵或罗马兵团这种战斗队形，而最前列右侧面的士兵是最精壮的。因为这个位置是发挥最大战力的重点，同时也是承受敌军最大抵抗力的点，此处可说就是战斗的关键。如果站在此位置的士兵丢弃盾牌企图逃跑的话，就会让全军崩解覆没。因此，临阵脱逃只能判处死刑，死刑的执行在罗马军则由战友来实施。

罗马为了执行军法，会由军团司令官或是执政官来进行判决。违反军规的内容包括脱逃、叛变、敌前示弱、违抗长官等，与现代有不少共通之处。而刑罚的判定，会比照民间执行。

至于对叛变、结伙进行的组织性违纪或犯罪，就会撇开谁是首谋，而从10人当中任选1人加以处刑，这种方法可以让个人对集体抱有责任意识，曾经用了很长一段时间，后来则陆续消失了。

在古代军法中，逃避征召、在战斗中弄丢盾牌、于指挥官战死时擅自脱离战场，就会立刻被处以死刑。最早的成文法是在5世纪初由法兰克人所颁布的。这套法典虽然是民间用法，但就内容来说是属于军法的。因为在战时军队的指挥官会兼任民间的法官。在9世纪之前，歌德、伦巴第、汪达尔、勃艮第等各部族都仿效法兰克人制定了成文法。

在罗马帝国崩毁之后，进入了封建制度与骑士的时代。就封建社会的传统来说，君主就是骑士法庭的审判长，他们听取骑士的不满，决定决斗的时间与场所等，这种做法很快就扩大适用至民间。

在统治11世纪英格兰的威廉征服王时代，担任国王辅佐官的高级军人总管，也担任骑士法庭的审判长。总管在国王的警备长与3名法律博士协助下主宰法庭。英格兰议会在1385年通过了一部由26条构成的战争法规，由总管开设的法庭则于1521年废除，由警备长接替任务。英语中警备长称为 earl marshal，就是因为从这个时代以来，军事法庭被称为 court-martial 的关系。

军事法庭特别条例起源于1532年的欧洲，在查理五世的刑法典中首次出现。

法国在1378年制定军法，德国在1487年，之后还有1590年的荷兰（在115条中有军事法庭的相关记述）、1661年与1665年的路易十四，1715年的彼得大帝、1768年的玛丽亚·特蕾西亚，军法在欧洲各国相继成立。

于1621年颁布的古斯塔夫·阿道夫军法共有167条，应该是其中最优秀的。在三十年战争中，1621年的里加攻城战时曾实际设置了"团级军事法庭"，审判长由团长担任，其他成员则是团长选出的顾问。另外，古斯塔夫也成立了常设军事法庭，审判长由陆军元帅担任，审判部门由其他高级军官构成。

古斯塔夫的军法为英格兰军法带来很大的影响，这些条文被早期的美国军法采用。当然，里面有些残酷、脱离常轨的刑罚，已经随着民间与军队司法系统的进化而消失了。

就这样，军法与军事法庭的设置、发展，与其他机能一起，让军队进一步迈向完整，形成近代军队的样貌。

大战记录

与"中世纪"的诀别
拉韦纳战役
法军 VS 教皇军

RAVENNA

继承查理八世的路易十二并没有放弃获得北意大利的梦想，因而与教皇军对峙。而教皇尤利乌斯二世也号召大同盟，意图击垮法国的野心，伸张教皇权力

法国国王决心入侵意大利

拥有意大利半岛,是法国历代国王的夙愿。

法国国王自从于15世纪后半叶确立王权之后,便不断尝试越过阿尔卑斯山,入侵南边广大肥沃的意大利土地。

意大利各个城邦从中世纪开始没有受到封建体制太多影响,一边维持独立性,一边相互竞争,它们不断把自己的血脉深入教廷内部,争夺着地中海的霸权。

文艺复兴的波涛扩大至整个半岛,形成战乱形态。原本封建领主之间以骑士阶级为主轴的战争,随着文艺复兴中对古希腊、罗马战术研究的进展,陆续把重点移往由骑兵、步兵所进行的密集战法。而佣兵队长这种战争委托人,意义就变得非常大。

这里土地丰饶、气候温暖、经济优良,与意大利毗邻的诸国国王觊觎这块土地也是理所当然的事情。当两种相异文化冲突的时候,位于接触点的半岛,在战略上也具有重要意义。在地中海的对岸,有着奥斯曼帝国这个强大的异文化。而即使同为基督教文化圈,法国为了与西班牙、神圣罗马帝国对抗,也不能失去意大利这个桥头堡。只要能够取得意大利,就能把地中海当作内海,获得从南欧到西欧的走廊。过去帮助罗马帝国威震四方的这个地理位置,如今成为一种灾祸。

法国国王路易十二对意大利的入侵,后来转变成为与意大利众城邦中数一数二的强国威尼斯和教廷的战争。当时的教皇是尤利乌斯二世,他在长年与凯撒·波吉亚的权力斗争中好不容易获得胜利,抱着欲使教廷再度于圣俗两面取回最高权威地位的理想,是位拥有不输大国国王的野心、性格武断的老人。

教皇为了让教廷权威得以复活,就从弱化威尼斯开始下手。

威尼斯的统治区域达到整个意大利,与全部邻近国家都有冲突。教皇利用把威尼斯在北意大利的统治领域改为教皇领上这点,号召各国打倒威尼斯。

而对此有所回应的国王,其中一位就是路易十二。威尼斯在会战中败北,遂大幅让步请求讲和。教皇的目的在此已经达成,却面临意想不到的难题,即法军正大举入侵至他的跟前。

威尼斯与教皇的对决,就此转变成法国对教皇对抗的态势。双方在用尽掌握教廷实权的谋略之后,终于发展成为军事对决。

"神圣同盟"对"法国"的态势

1511年11月,教皇发起了以对付法国为目的的"神圣同盟"。与法国争夺南欧霸权的西班牙,国王是哈布斯堡家族的人,它们与威尼斯、英国、瑞士一起加入同盟。虽然它们都是因为对意大利怀有野心才会参加,不过对于手上几乎没有实际兵力的教皇来说,靠着操纵这些国家,让教廷能在平衡之上建立君临之姿就是他的盘算。

1511年,路易十二展开了行动。指挥官是年仅21岁的勇将加斯东·德·富瓦(Gaston de Foix)。他是路易十二的外甥,与西班牙王是义兄弟,是位以勇猛指挥出名的将军。

路易十二意图在"神圣同盟"正式出动之前打败教皇,并订定城下之盟。为此,加斯东就要与同盟军进行决战,并粉碎敌军。

1511年5月13日,法军打开波隆纳(Bologna),往自军的其中一个据点费拉拉(Ferrara)前进。教皇军与拉蒙·德·卡多纳(Ramón de Cardona)指挥下的西班牙军会师,进攻波隆纳。

另外,打着想要趁此机会利用教皇驱逐法国势力算盘的威尼斯,此时则进攻了反教皇派的另一个据点布雷西亚(Breha)。

加斯东为此迅速反转,再度进入波隆纳。而尤利乌斯二世为迎战加斯东,想一口气把法军赶出去,便在波隆纳与布雷西亚的联络线上设下陷阱。不过法国年轻猛将却让老练的阴谋家失算了一回。加斯

号召反法大同盟的教皇尤利乌斯二世

东跳过了波隆纳，以迂回的方式往布雷西亚前进。法军2.3万士兵一边嘲笑着教皇设下的陷阱，一边往北前进，以惊人的机动力在3天之内行进120英里。

加斯东完全驱逐了威尼斯军，成功将北意大利的大部分地区置于势力范围，意气风发的法军为粉碎教皇的野心，开始往战略据点拉韦纳进击。

控制拉韦纳，就像按住了威尼斯的死穴。要是失去了拉韦纳，用尽谋略以致力恢复教会权威的尤利乌斯二世，他的大本营罗马就会一丝不挂地袒露在法军面前。这种状况简直就是公元前58年，恺撒征讨高卢的大逆转。

拉韦纳包围战

1512年4月9日，加斯东包围了拉韦纳，转为攻击。

自从1453年奥斯曼帝国苏丹穆罕默德二世以攻城炮攻陷君士坦丁堡以来，大炮就成了攻城战的主角。它不但夺走骑士的荣耀，还彻底改变了城堡的特性，不过在16世纪初期，军事改革还没有进展到这个地步。

巨大的大炮必须以数十头牛马牵引，一旦完成放置，就没办法再轻易移动。因此，它只能用于攻城，或是在进行白刃战之前削减敌方兵力。法军和威尼斯军都很重视大炮，皆大量配备。

加斯东麾下共有56门火炮，指挥官是急忙赶到的费拉拉大公阿方索一世·德斯特（Alfonso d'Este）。意大利的众城邦军靠着文艺复兴时期的科学发展，以及进攻有厚实城墙的都市时进行炮击的经验，特别擅长操作大炮。

士兵当中包含德国佣兵8500人、重装骑兵约2000人、重视机动力的轻骑兵有3000人、步兵1.3万人。虽然战斗主角已经变成步兵，但是继承过去骑士源流的重装骑兵，依然可以靠着强大的打击力成为战力核心。

开始远征意大利的查理八世，于1494年进入布雷西亚

接到拉韦纳告急的报告之后，教皇军倾全力往拉韦纳而去。他们一边留意伏兵，一边慎重行军，并且在外围构筑防御阵地，对法军施加压力。总司令官是西班牙名将贡萨洛·德·科尔多瓦的后继者卡多纳，同样是位名将。科尔多瓦后来完成了步兵大方阵，让西班牙军以此威震欧洲，在他的指导之下，卡多纳也很擅长使用步兵密集战术。他也发挥了首次将火枪组织性运用的西班牙军特性，让火枪队展开于前线。

加斯东得知教皇军前来支援后，就派遣军使给敌方司令官卡多纳送去挑战书。这种类似于仪式的中世纪习惯，此时仍旧留存。卡多纳欣然接受挑战，并决定两军将于4月11日的早晨交锋。

是夜，教皇军推进至法军面前，开始挖掘壕沟。副司令官佩德罗·纳瓦罗（Pedro Navarro）不仅是位老练的武将，也是一位擅长步兵战术的技术军官。

在开始进行白刃战之前用以保护步兵的壕沟，分为2线展开挖掘，在壕沟前方也堆放了许多障碍物。当法军步兵被障碍物绊住、行动迟缓时，教皇军就用火枪射击，并派出重装骑兵践踏他们，再以密集队形歼灭敌兵。这是一种着重于迎击、等待敌军消耗之后再转而反击的战法。

加斯东同样为了明朝的决战调动部队。既然已经堂堂正正送出挑战书，并且决定开战时间，就不怕遭到奇袭。加斯东渡过流经拉韦纳前方的隆科（Ronco）河，气定神闲地展开布阵。

加斯东在拉韦纳留下2000人的守备队，法军后方有隆科河阻断，简直就是以背水之阵的方式直接面对西班牙军。

相对于重视防御的西班牙军，加斯东的布阵可说是完全符合年轻猛将的风格，将攻击力显露无遗。

他在中央总共配置了1.8万名步兵，右翼是穿戴黝黑晶亮甲胄的重装骑兵。左翼有轻快的3000轻骑兵待命，后方架于隆科河上的桥梁，配置有重装骑兵当作预备队。

教皇亚历山大六世的儿子，继承波吉亚家的凯撒·波吉亚

至于步兵队的阵形，跟教皇军也是鲜明对照。教皇军就跟前面所写的一样，躲藏在壕沟里巩固防御。至于法军，在左右两翼各有3000人，中军则配有相当厚实的8000兵力。整体而言是画出一个和缓半圆形、并把教皇军置于中央焦点的凸面镜阵形。这是为了进行中央突破而设的队形。

法军炮声轰然不绝于耳

战斗终于开始。加斯东对副官点头之后，便威武地举起了指挥杖。

炮声轰然巨响，展开于前方的法军炮兵队，开始猛烈集中炮击。

响彻云霄的炮声连绵不绝，浓厚的黑烟不断喷发，枪弹四处无情飞翔，猛烈冲撞教皇军的队列。

在铁弹交错的同时，也有射击的石弹。它虽然飞行距离与弹道稳定性都比铁弹差，不过如此近距离交火的话，根本不用去在意这些事情。石炮弹发射后马上就会碎裂四散，将破片散布至很广的范围。这跟四处弹跳杀开血路的铁弹，一起对敌军造成莫大伤害。

教皇军的炮列此时也展开怒吼。双方射击的炮弹交叉飞过，四处扬起阵阵土烟。石弹炸裂出的大量破片将士兵一一撂倒，铁弹不断以威猛之势到处乱跳。悲鸣与惨叫此起彼落，炮弹的轨迹上方腾起了一道鲜红的血雾。

此前的战役不会像这样在突击之前展开长时间炮击。不过在拉韦纳战役中，光炮击战就持续了1个小时以上。这是此役的最大特征，创下战史上首次在攻击前展开大规模炮击战的纪录。

即便如此，步兵队有壕沟保护。只要没有遭受直击，即便是炮弹打到旁边，也不用担心土石与破片的杀伤力。至于骑兵，就没有这么好运了。高高骑在马上的他们虽然身穿钢铁铠甲，即使能抵挡长枪利剑，却奈何不了炮击。重装骑兵又不能下马躲藏，因此就在炮战中遭受很大的伤害。

另外，加斯东又从炮兵队中分了2门炮出来，在炮击战时移动。沉重的炮车就放在可以从教皇军的重装骑兵团侧面进行纵射的地方。

法国的重炮兵指挥官阿方索一世下达了命令。分遣出去的炮兵阵地从前面与侧面进行猛射，四处乱窜的炮弹与轰天巨响的炮声，让教皇军重骑兵队列中待命的骑士们陷入了恐慌。

更惨的是马匹也受到惊吓，根本不受骑兵缰绳的控制。许多马匹死命地昂起身子把骑士摔落地面，慌乱地四处踩踏，骑兵指挥官们焦急到了极点。

再这样下去，在交手之前教皇军骑兵团就会崩溃了！不过攻击命令却还没下达。

教皇军的骑兵突击

骑兵团指挥官卡多纳此时终于断然径下下达突击命令。1700骑重装骑兵在炮弹如倾盆雨中，一夹马肚向前冲锋。

骑兵突击撼动着大地。骑乘在马上的重装骑兵具有无与伦比的打击力。响彻大地的重装骑兵突击，就这样直接杀进了法军阵列。

卡多纳与纳瓦罗，此时惊讶地看到了扬起烟尘的大群骑兵。

重装骑兵大集团的装甲依旧反射着刺眼的阳光，持续怒涛突击。他们此时应该直接冲进炮兵队里去的，暴露在外的炮兵在面对重装骑兵的重量与突击力道时，会轻而易举地被粉碎。

但对于从中世纪以来就很重视名誉的骑兵们来说，在战场上交手的敌人必须与自己一样是"骑兵"，这是不成文规定。因此，骑兵团的目标，就变成他们

威尼斯不只是一块风光明媚的土地，除了是水上交通的要冲之外，也是欧洲数一数二的经济活动据点

拉温纳位于教皇领地的东侧，波吉亚东南方，跟维也纳一样是具代表性的城邦都市，连接威尼斯与罗马的要冲之地。法军经由布雷西亚、克雷莫纳、波隆纳，从西边进入拉韦纳

战斗时期	1512年4月11日	
	法军	教皇军
战斗主体	加斯东·德·富瓦	拉蒙·德·卡多纳
两军兵力	2.3万，56门炮	1.6万，30门炮
战斗结果	胜利。损失5400，负伤5000（加斯东·德·富瓦阵亡）	战死9000以上，负伤无数

完成于 1450 年的米兰斯福尔扎（Sforzesco）城堡，意大利战争时与拿波里国王阿方索二世对立的米兰公爵亚历山大六世，就是以这座城堡为据点

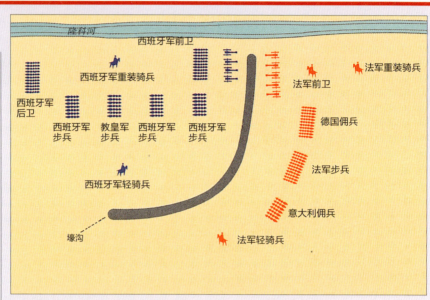

以西班牙军为主力的 1.6 万名教皇军沿着隆科河布阵，挖掘壕沟准备抵挡来袭的法军。法军则把包含德国佣兵、意大利佣兵在内的 1.8 万名步兵置于中央，在两翼配置骑兵。另外，法军重装骑兵也在后方、隆科河上的桥梁待命

法军开始炮击，教皇军以炮击回应。经过 1 个多小时的炮战之后，教皇军左翼的重装骑兵终于忍不住展开突击，法军重装骑兵与之展开激烈战斗。
西班牙军的轻骑兵此时也冲进战线，法军左翼的轻骑兵上前迎击，并以倍于敌人的兵力压倒西班牙军，加斯东见此机会遂下令全军前进

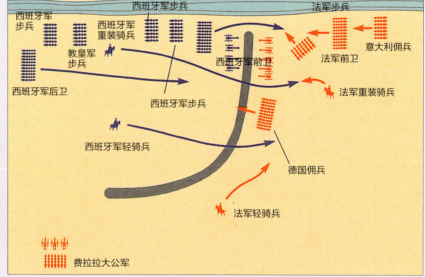

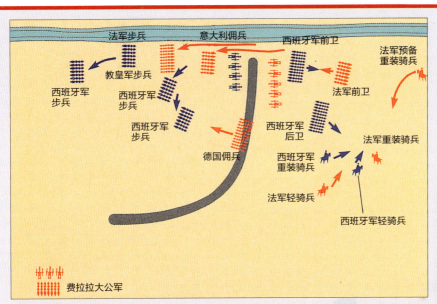

法军步兵越过壕沟前进，与教皇军士兵爆发激烈白刃战。战局对于数量占上风的法军较为有利。此时加斯东让待命的预备重装骑兵投入两军正打得你死我活的战场上，这项奇袭使得教皇军开始全军崩解，法军开始乘胜追击

意大利战争转捩点拉韦纳，位于威尼斯与罗马的中间点，如果法军成功夺取此地，意大利半岛的势力地图也许就要重画了

Photo/ 意大利政府观光局

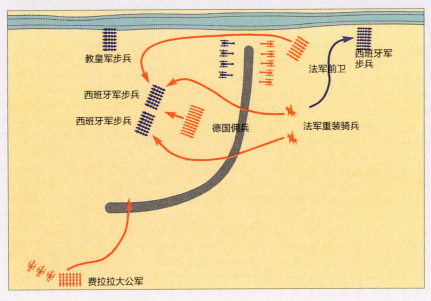

教皇军指挥官卡多纳眼看战局陷入不利，便下达指令，全军开始撤退。法军中央的德国佣兵跨越壕沟线，前去追击逃走的教皇军步兵，再加上已打败敌方骑兵的法军重装骑兵与法军前卫部队，使得西班牙军几乎全军覆没。虽然此役中法军收得压倒性胜利，不过指挥官加斯东却战死沙场

大战记录　**151**

在法军中的对手，由桑什维里诺（Sanseverino）枢机卿指挥的法军重装骑兵团。

枢机卿下达了命令，法国重装骑兵此时几乎没有受到损害。整齐划一开始行动的钢铁队列慢慢提速，快马加鞭与侵袭而来的钢铁浊流展开激烈冲突。重量相当的双方甲胄铿锵作响，法军整齐的指挥系统因为在没有统制之下断然采取突击的教皇军狂暴冲击之下陷入混乱，也只能凭借同样的蛮力与之对抗。

以战局整体来看的话，卡多纳的突击出现了反效果。从重装骑兵的压力中逃出的迪斯特将军，高声呐喊激励部下，让持续炮击更为激烈。炮弹从蜷缩的步兵头上飞过去，并于后方着弹，不仅是步兵，就连敌方右翼的轻骑兵都动摇了。

此时损害已经无法再视而不见。教皇军对轻骑兵下达了突击命令，目标是展开于法军前方的炮兵队。解开束缚的骑兵队奋勇趋前冲向战场，杀进了炮兵阵地。

法军当然也不会默不作声。对机动力，就要还以机动力。左翼轻骑兵队指挥官罗特列克下达了命令，立刻出动的3000骑轻骑兵趋前迎战教皇军轻骑兵队。

教皇军轻骑兵队只有1500骑，在遭逢倍数敌军迎击之下，很快就被打了回来。加斯东看到战机至此，再度高举指挥杖。

以局部战斗收得的胜利价值

"全军，前进！"

等待已久的步兵前进命令。从中军后方的本阵响起了小号吹奏声，大鼓有如闷雷般轰隆作响。法军的队列展开动作，长枪摇曳反射着刺眼阳光，中央步兵队开始前进。

两军距离越缩越短，等到进入有效射程之后，教皇军火枪队便一齐开火。

在步兵队的最前线，遭受强烈打击的士兵纷纷腾空飞起后倒地。不过火绳枪的装填速度抵挡不了步兵队的前进，杀声震天的法军步兵队纷纷跳进了教皇军的壕沟当中。

凄惨的白刃战就此展开。到处弥漫的浓厚的血腥味，就连阳光也被乌云遮蔽，激烈的战斗无止尽地持续着。

在此期间，重装骑兵队也不断进行着血洗战斗。

在数量上占优势的法军开始往前压了过去，推进至西班牙军前面的两门大炮，开始朝步兵线后方射击。

炮弹在两军士兵混战的前线后方落下，使得教皇军防线出现动摇，平衡就此被打破。教皇军步兵队陷入恐慌，开始崩解。看准这个空当，加斯东命令在桥上待命的预备重装骑兵投入两军重装骑兵的激烈战斗。

预备骑兵团敲响着甲胄展开突击，把教皇军重装骑兵团的侧腹冲垮。当时正稍微有点进展的教皇军，根本承受不了这出乎意料的打击。

教皇军开始全线崩溃，卡多纳在百般无奈之下，只能下达撤退指令。

加斯东为了扩大战果，下令追击。法军前去追击从壕沟逃出的教皇军步兵，却遭遇顽强抵抗。

加斯东为了取得完全胜利，亲自驾马上前，西班牙军步兵的长枪此时却刺穿了他的侧腹。加斯东在剧烈疼痛之下失足落马，无数长枪立刻蜂拥刺进了这位年轻猛将的身躯。

胜利已在眼前，加斯东却战死沙场。不过在教皇军败退之后拉韦纳便打开城门，达成了路易十二的战略目的，但这位法国国王不知为何在这个大好机会面前停滞不前。尤利乌斯二世虽然因为打败仗而一时陷入茫然，不过当他看到法军没有继续进击之后，便猛然采取行动。

教皇召开了会议，确认自己才是正当的教会统治者。法国陷入与周边国家全部为敌的状况，被迫退兵。

尤利乌斯二世成功保住了罗马的权威。

中世纪在拉韦纳持续不断的战斗中宣告结束，更具组织性、拥有机动力的战斗就此展开。大量装备的大炮是胜负的关键，而带有中世纪战场色彩的重装骑兵突击，也在这场战争灰飞烟灭之后消失无踪。而战史在经过宗教改革之后，进入了更高一级战术的时代。也就是说，拉韦纳战役，是横跨于旧时代与新时代之间的桥梁。

绝对战争的萌芽
布莱登菲尔德战役
瑞典军 VS 神圣罗马帝国军
BREITENFELD

瑞典军志得意满地参加了三十年战争，继承、发展毛里茨军制改革的古斯塔夫·阿道夫，与"甲胄修道士"梯利伯爵所率领的无敌大方阵在此一决胜负

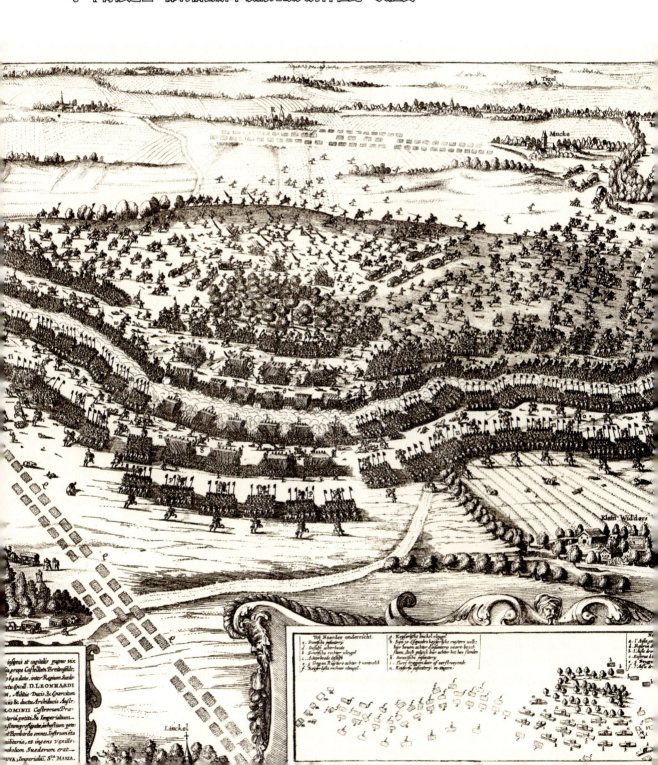

新教与旧教的对立表面化

征税钦差被从波希米亚市政厅二楼丢下为开端的战争，转瞬之间波及德国全土。

一开始因宗教改革而起的新旧教纷争，后来宗教战争的色彩陆续淡薄，变成神圣罗马帝国、天主教会，以及立场跟帝国较接近的诸位选帝侯，对其他诸侯的内战。神圣罗马帝国以梵蒂冈权威为靠山，意图扩大实权，诸侯便开始担心自己的既得权益受到限制或侵害。

1608年，萨克森选帝侯、勃兰登堡选帝侯等新教诸侯缔结了新教同盟，而巴伐利亚选帝侯、符兹堡（Würzburg）大主教等向皇帝靠拢的人，则于

瑞典国王古斯塔夫·阿道夫

1609年以天主教之名缔结旧教同盟。新教同盟中还加入了教廷的仇敌法国。法国以天主教为国教，因此可佐证这场战争并不是宗教战争。

教廷事实上只是有名无实而已。欧洲的战争从拉韦纳战役之后过了100年，已经变成处理国家之间利害关系与政治问题的手段。

超过半数战力是由佣兵队长所率领的佣兵军。佣兵军会以现地征粮的名义行掠夺之实，借此赚取经费。靠着这种方法维持数万甚至将近10万的大军。

就战术来说，西班牙军以瑞士战斗团为原型的大方阵已经普及。大方阵是密集队形，可以防止士兵逃亡，是种适合佣兵部队的队形，因此欧洲各国都私底下模仿。不过就整体而言，并没有出现值得在战史上特别一提的变化，状况跟拉韦纳战役基本相同。

不过，有一个国家已经体悟到战术的局限。

以西班牙为对手打了一场独立战争的荷兰，为了跟大国西班牙对抗，想出了一种高效率的新式战斗队形与战术。出自奥兰治亲王毛里茨的这种战术，成为之后将近200年的战术基本原理，是战史上的转捩点。

毛里茨的这种战术，为瑞典国王古斯塔夫·阿道夫二世所继承。

古斯塔夫终于加入新教方参战

1629年，新教诸侯在皇帝军指挥官梯利伯爵约翰·采特拉斯（Johann Tserclaes）和波希米亚大佣兵队长华伦斯坦面前被击垮，于各地持续败退。

对于这种状况，若神圣罗马帝国统一，遭受压迫的丹麦马上就加入战局。古斯塔夫为了确保瑞典这个环波罗的海帝国之安全，也加入了新教阵营参战。

丹麦军却战败了。取而代之的是决心介入欧洲大陆的古斯塔夫，他亲率总人数1.3万的精兵，分乘运输船于1630年6月登陆乌瑟多姆岛。

瑞典军走在世界前端，实施了全民皆兵的制度。这是一种征兵制度。跟除了国王的家臣军队之外几乎都是佣兵的欧洲诸国军队相比，瑞典军可说是世界最早的国民军。

但严格来说，德国远征军并不能算是国民军，国民军必须以国境警备与国内防卫为主。远征军的主力是志愿兵，再加上从德国招募的佣兵，部队人数高达2万，古斯塔夫就此出征。

在此时期，华伦斯坦因为专横的行为而遭到排挤，被罢免。战况原本对旧教军有利，这种优势在古斯塔夫参战之后完全倾覆了。

新教诸侯虽然得以死里逃生，不过他们并不欢迎古斯塔夫的驰援。这是因为加入新教同盟的成员，原本就是为了保全自己的既得权益以及领土才参战的。瑞典军的介入才取得胜利，古斯塔夫必定会索求相应的领土。对他们来说，古斯塔夫真是个不速之客。

在没有其他诸侯协助的情况下，古斯塔夫依旧

继续进击，他曾为选择补给路线而大伤脑筋，讽刺的是，解决这项难题的居然是皇帝军。

由于华伦斯坦被解聘，梯利就变成皇帝军唯一的将军，他退至奥得河畔法兰克福（Frankfurt an der Oder）与马德堡，计划把敌军引入自军的掌控领域后再迎击。不过新教阵营的马德堡在防御上很坚固，让梯利花了3个月的时间包围攻击。

因为在撤退空隙遭到奇袭攻击，马德堡终于被攻陷。梯利指挥下的佣兵进城恣意掠夺，马德堡几乎完全烧毁。将近3万市民几乎全遭屠杀，感到恐慌的诸侯便一面倒地加入了古斯塔夫阵营。

确保进击路线的古斯塔夫一路东进，在凡尔登（Verdun）构筑桥头堡。梯利后退，并依照基本方针展开迎击作战的准备。萨克森选帝侯约翰·格奥尔格害怕在梯利后退之后，自家领地的首都莱比锡会遭逢跟马德堡一样的下场，因此急忙与古斯塔夫结盟。总数高达4万的瑞典、萨克森联军，在终于获得自由进击路线的古斯塔夫指挥下，出发拯救莱比锡。

在梯利看来，这进击来得比预料中更快，不过引诱瑞典军的目的发挥了效果。双雄形成决战态势，于1631年9月17日在莱比锡北4英里的布莱登菲尔德平原对峙。

于战场相见的古斯塔夫与梯利伯爵

早晨，两军各自循着本身的宗旨进行弥撒，并且摆出必胜的阵形。布莱登菲尔德是带有和缓丘陵的平原。梯利军采用典型的西班牙式阵形，用以迎战北方军团。

古斯塔夫是年37岁，人称"北方狮子王"。他是一位以解放人类为目标的启蒙君主，抱持着必胜信念。梯利此时已届72岁高龄，他年轻的时候曾经当佣兵参与意大利战争，并练就席卷欧陆的西班牙式战术，是公认的不败之将。个性严谨，对神相当崇敬，人称"身穿甲胄的修道士"。

作为他阵形核心的，就是直接传承自西班牙军的大方阵。前面约有100人，排成12～15列。最前面是火枪兵，中间有如芒草般林立的长枪队，枪在朝阳下摇曳闪耀。在这恰似人肉城墙的方阵四角加上火枪手，便完成了1组大方阵。他把17个大方阵并排成一条横线，两翼配置骑兵队。

梯利的本阵位于大方阵后方。指挥左翼骑兵的是帕本海姆将军，以勇猛突击与"半回旋枪击战法"赫赫闻名。另外，在前面还列有36门24磅重炮。

在绵长的战历当中，梯利靠着大方阵打赢了好几场仗。敌军大多也出动相同的大方阵，但是他们都没办法对付由梯利指挥的西班牙式大方阵，使得

迎战古斯塔夫的梯利伯爵

梯利一直稳握常胜将军的名号。

不过古斯塔夫军的阵形却是梯利完全想不到的，古斯塔夫亲率的瑞典军并没有采取大方阵那样具备十足威慑力的阵形。在中间排列4个步兵旅，后方则有2个步兵旅和2个骑兵团。另外还配置3个步兵旅与2个骑兵团当作预备队。

在右翼有6个骑兵团，后方也有1个骑兵团，预备军则是4个骑兵团。

左翼的骑兵队为前面3个、后方2个团，阵容与右翼相比较为薄弱，这是因为左翼还有萨克森军布阵。萨克森军的阵形并没有资料留下来，推测应仍是以大方阵为主的古典样式。

骑兵的空隙由步兵队来填补，全部部队都带有1～2门小型大炮。

这也就是毛里茨提出、古斯塔夫继承的步骑炮三兵结合战术精华。古斯塔夫军所拥有的大炮超过100门，重炮将近50门，在中央步兵队的前方展开，由刚满30岁的炮术专家托尔斯滕森指挥。

毛里茨的战术是配备大量火力与机动战，而继承他的古斯塔夫在火器的配备上也相当出众。

不光是大炮，古斯塔夫军的火力装备也包括火枪。梯利军的火枪兵不到全军的3成，只包住大方阵的表层而已。古斯塔夫军装备火枪的士兵高达7成，用的还是发射速度比较快的新型轻量化火枪。

梯利军的火枪以火绳作为点火装置，枪管既长且重，发射时必须使用枪架，发射速度为1分钟1发。虽然贯穿力比较强，不过火力只能视为步兵的预备战力。

而古斯塔夫军则是以火力作为主战力。点火使用弹簧的簧轮式装置，而且子弹是将弹头与发射药合而为一的纸制弹药包，1分钟可以射击3发。

古斯塔夫军的火力比梯利军好上3倍，这已远远超过士兵的个人能力，属于战争技术的发展。

另外，他还把原本只能当作攻城兵器的大炮改为可用于野战、增强机动力、称为军团炮的新兵器，古斯塔夫的团级部队皆拥有1~2门。

军团炮是种比重炮还要小很多的3磅炮，相对于必须靠20匹马才能拉动的重炮，军团炮只需3名士兵就能移动。对于要靠步、骑、炮三兵种协作的新战法来说，是最重要的兵力。

采用新战术的威猛古斯塔夫军

炮弹在朝阳下腾空，两军展开重炮轰击。

从有如黑色火药沸腾般的炮烟当中，炮弹一飞冲天。雷鸣似的炮声仿佛让风也静止，连阳光都被遮蔽，只剩冲击波震撼着对峙士兵的心。

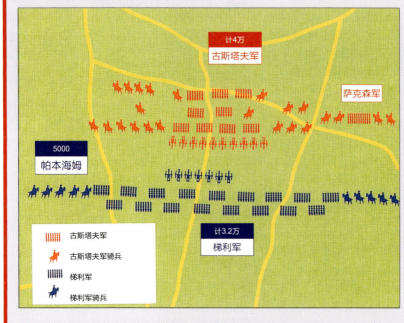

包含萨克森军在内的约4万古斯塔夫军与约3.2万梯利军在战场上对峙。梯利军采取把17个大方阵排列成一列横线，并于两翼配置骑兵队的典型布阵方式，并于中央大方阵前放置重炮。古斯塔夫军则以中央的步兵旅为核心，与骑兵团混合编组形成具纵深的布阵。在骑兵的空隙中，配置具备火炮的步兵队，与骑兵协同。左翼还有萨克森军布阵

现在的布莱登菲尔德平原，位于莱比锡北方约6.4公里，几乎没有起伏，至今仍保留着布莱登菲尔德会战时的样貌

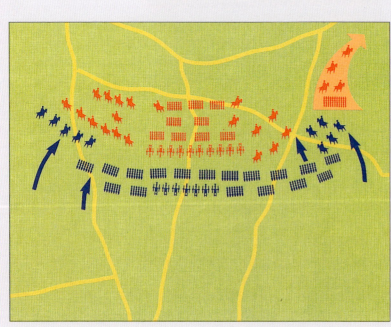

战斗在古斯塔夫军军团炮的猛烈炮火下展开，不久之后，梯利军的大方阵开始前进。古斯塔夫军并没有停止炮击，陆续打垮了大方阵。梯利军左翼骑兵队的帕本海姆按捺不住焦躁，径自下令突击，古斯塔夫军右翼的骑兵团拔刀应战。梯利军右翼同时攻击萨克森军，萨克森军连像样的抵抗也没做就落荒而逃，脱离了战场

战斗时期	1631年9月17日	
战斗主体	瑞典军	神圣罗马皇帝军（巴伐利亚军）
	古斯塔夫·阿道夫二世	司令官梯利伯爵约翰·采特拉斯
两军兵力	4万，火炮100门以上	3.2万，火炮34门
战斗结果	胜利／损失2100	战败／损失 战死7000，被俘6000

1631年的布莱登菲尔德会战，是发生在三十年战争第3时期的战役。旧教阵营的"甲胄修道士"常胜将军梯利伯爵，与新教阵营的"北方狮子王"瑞典国王古斯塔夫·阿道夫二世，在莱比锡北方爆发战争。沙场老手梯利指挥无敌的步兵密集队形西班牙大方阵，而古斯塔夫则是以从毛里茨的荷兰式发展而来的新型战斗队形对抗，并且漂亮地打败了大方阵

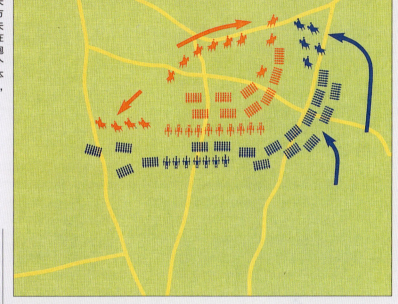

萨克森军败逃之后，发现古斯塔夫军左翼出现破口的梯利军，让大方阵冲着左翼移动。对此，古斯塔夫军马上让中央后方的3个预备旅在左翼形成战斗正面，并放置军团炮进行炮击。古斯塔夫亲自率领两个预备骑兵团往左翼移动，击败帕本海姆骑兵的右翼骑兵也前来救援，挡住了梯利军的攻势

布莱登菲尔德战场遗迹的纪念碑，从莱比锡中央车站坐巴士约需20分钟，位于牧草地的农用道路边，以铁栅栏围起来，孤单地矗立着

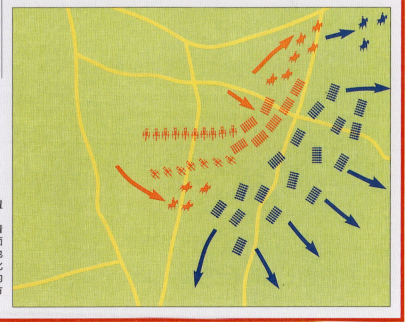

古斯塔夫军甚至掳获了梯利军弃置的重炮，对梯利军左翼进行炮击。无法迅速机动的大方阵，在能随着战局临机应变的古斯塔夫军战术面前是一点办法也没有，就连梯利也只能在幕僚的协助之下逃往莱比锡。此役证明，进行过军政改革的古斯塔夫新战术，在对付旧有大方阵上是有效的

每每发炮之后，炮车的车体便轧然后退，炮兵们立刻簇拥而上将它推回原位，并持续不断发炮。不仅是火枪，古斯塔夫军就连重炮的发射速度也是梯利军的3倍，就算门数有差距，梯利军的损伤依然显而易见。

炮击战持续了2小时以上。梯利的大方阵在绵延不绝的重炮射击面前逐渐被剥夺战力，使得指挥官们难掩焦躁。

左翼的状况尤为严重，炮击的威力将他们连马带兵整个击飞，根本无法后退。冲击力、炮声，再加上从粉碎尸体中溢出来的腥臭鲜血，使得训练过的军马也陷入恐慌。

突击命令一直没有下达，炮击战依旧持续着。就在梯利军的劣势显而易见时，梯利终于下达了前进命令。

士兵们大为振奋，令人颤抖的林立长枪泛起波澜，无敌大方阵缓缓向前移动。重炮停止了炮击，炮兵们也加入了出击行列。

不过瑞典军的重炮却持续发出咆哮、撕裂空气、飞翔前进的炮弹直接砸入前进中的大方阵里，把士兵一一撂倒。

梯利的眼神开始犹疑。炮击战应该只在步兵冲突前像仪式一样施展，不过古斯塔夫军却在不移动步兵之下持续进行炮击。

但是大方阵依旧没有停止。在猛烈炮击中前进的大方阵慢慢接近瑞典军的战线，在看到无法赋予有效打击之后，瑞典军的重炮也告沉默。

打倒大方阵的军团炮威力

在连续敲击的大鼓声中，大方阵即将走完最后的数十米。瞬间，瑞典军的队列号角齐鸣，步兵团与在一旁待命的军团炮开始一齐前进。

数不尽的炮声轰然响起，空气中传来几乎震破耳鼓的压力，刺眼的光也照耀着大方阵最前线的士兵眼睛。

此时，突破黑烟飞来的散弹风暴，将他们的身体撕成了碎片。大方阵的活人城墙就像被收割的麦田一样倒地不起，大方阵像是一座巨大的水坝，在此停滞不前。

古斯塔夫在采用军团炮的时候，也装备了对步兵用的炮弹。他在麻袋里装入步枪用的弹头，每发弹塞进8个，这种对人炮弹如预期般发挥了威力。

在发炮的同时就后退的军团炮，经过迅速重新装填后又被推了回来，之间的空隙则是靠铺满步兵队正面的火枪齐射来填补。

古斯塔夫军的战斗单位是以4个步兵连组成1个营，然后2个营联结起来形成1个团。营的核心是各36名长枪兵排成6列，总共216人，在左右则由横向16人配置成6列的火枪兵加固。每个单位在战斗时还会再加上1个单位的火枪兵，成为总数约500人的战斗单位。数量达到6～7成的火枪兵，会分成跪射、腰射、立射三段射击，火力不间断。位于大方阵外侧的火绳枪兵几乎瞬间就被击倒，在根本无从抵抗之下就崩溃了。

这个状况让梯利军两翼的骑兵队再也按捺不住，位于左翼骑兵队的帕本海姆忍不住焦躁，径自下令突击。戴着随风飘逸的华丽羽饰展开突击的5000骑兵队，一直冲到瑞典军骑兵队的战列空隙处，并拔出短枪扣引扳机。

枪声断断续续响着，瑞典军最前列数骑落马。射击完毕之后，第1列迅速折回后方，换由第2列向前，同样在开枪之后掉转马首。

瑞典骑兵队也起而应战，枪声此起彼伏，双方皆有数骑倒地。

帕本海姆骑兵队的

布莱登菲尔德会战

第1列往后交换时，在他们正运动到一半的时候，瑞典骑兵居然全员拔刀策马冲锋。

一切都发生得太突然了，为了按照顺序更替队列而减低速度的皇帝军骑兵，在全军一起冲进来的瑞典军骑兵打击力面前完全崩溃。

另一方面，梯利军的右翼也对位于瑞典军左翼的萨克森军展开突击。萨克森侯约翰·格奥尔格根本管不了丢不丢脸，马上溃败逃走了。

梯利军骑兵前去追击已经变成败兵集团的萨克森军，并且将之驱散。萨克森军就这样直接败逃，途中还掠夺了瑞典军的辎重队，在对于战况根本没有提供任何帮助下消失无踪。

由于这种意料之外的发展，梯利看见了逆转的一线曙光。瑞典军左翼现在正毫无防备地暴露出侧面。梯利的命令一下，大方阵便开始缓缓移动，展开包围瑞典军左翼，这是一项以大方阵的压力将敌军压溃的起死回生作战方法。而追击萨克森军的骑兵也掉转马头，冲往瑞典军的后方，使得战况陷入无法预测中。

不过古斯塔夫并没有调动左翼，而是让后方预备团前进。

预备队一边散开一边前进，穿过左翼部队的空隙后再度集结，在短时间之内就形成了坚固的战斗正面。

钝重的大方阵指挥官们，看见这原本不应该存

古斯塔夫·阿道夫阵亡的吕岑会战

在的炮列后都相当惊讶。

瞬间枪声响起。新形成的统一火线压倒了大方阵，而迂回至背后的骑兵队也为预料之外的敌军所阻。

预见新时代到来的战斗

古斯塔夫亲自率领两个预备骑兵团，又紧急调来击退帕本海姆的右翼进行增援迎战。展开拔刀突击的古斯塔夫粉碎了心慌意乱的梯利军骑兵队，并向着战斗开始时当作正面的丘陵突击前进。

那里只有少数火枪兵留守而已。将全部兵力以一列横线展开的皇帝军，一旦战略构想被破坏，就没有那么容易重新调整。相对于此，瑞典军采用的是横队梯团编组，可以自由应对战局变化，还能保有可动用的预备队。二者的差别，可说是相当明显。

古斯塔夫在转瞬间就摧毁了梯利军的防卫线，从侧面粉碎了因遭受猛烈攻击而动弹不得的梯利军。

往前推进的军团炮展开猛烈射击，且瑞典军的炮兵队还掳获了在战斗开始时用过就被闲置的梯利军重炮。

掳获的巨炮掉转炮口朝向梯利军。重获新生的24磅炮，正欢天喜地地发出怒吼。

很快，梯利已经回天乏术。

大方阵完全被摧毁，士兵纷纷丢弃武器逃之夭夭。

梯利为幕僚所救，好不容易抽身。不过他麾下无敌大军已经烟消云散，使其名声再也无法恢复。

布莱登菲尔德的隆隆炮声，正宣告着从16世纪开始持续一个世纪以上的战术思想已经崩坏。同时，欧洲的战术也产生了根本性的变革，进入了新的时代。

刻于教会的古斯塔夫国王像

耶拿会战
击败僵硬的普鲁士军
法军 VS 普鲁士军

JENA

普鲁士军仗恃着图林根高地，贪图安稳。腓特烈大帝的军制改革实在是太过伟大，结果故步自封的普鲁士军队过去的光荣在拿破仑面前粉碎殆尽

因"神"的出现而狂喜的国民

1804年,执行加冕仪式后的拿破仑·波拿巴,以拿破仑皇帝之姿,登上了法兰西第一帝国的顶点。

法国国民对于在英雄拿破仑之下所诞生帝国表示欢欣,对于提防周边列强因为害怕遭受革命波及而侵踏门户的法国人来说,常胜将军拿破仑是有如神明一般的存在。

成为皇帝的拿破仑,变成大革命精神的守护者。所谓大革命精神,就是否定君主专制,认为国家主权在于平民的思想。换句话说,就是旧秩序的破坏者,而拿破仑则把这种危险思想具体实现,并且想让它普及世界,因此对诸国而言是种威胁。

1805年,第3次反法大同盟缔结。英国、俄罗斯、奥地利、普鲁士等列强为了对付法国团结起来。法国面临越来越严酷的对外战争。

拿破仑以革命守护者自居,梦想把革命推广至整个欧洲。不过这条路却会迈向更大规模的战争,使得拿破仑必须以独裁的方式、靠着总动员体制向前迈进。拿破仑虽然是自由与人权的先驱者,却又带有必须压抑它们的宿命。而支持着这种成为战史转捩点之新战法的,就是革命。

拿破仑的战略,是靠着兵力的集中与展开,以机动力迅速行动,往切断敌军后方联络线的方向攻击;或是靠大量使用火炮与散兵进行压制之后,以纵队一口气冲入,切断敌人战线并将之各个击破。另外,在这之前的战争都只是君主之间的交易,以靠会战达成目的的限制战争为主流,拿破仑却能把国民当作战争主角来进行绝对战争。拿破仑的战术,必须依靠由革命所产生的国民兵才有可能实现。

1806年,拿破仑着手将德国各邦中的16个侯国纳入统治,将其组成莱茵同盟。同年8月,在名义上统治德国土地的神圣罗马帝国实质上宣告崩毁,德国分裂成拿破仑的莱茵联邦和普鲁士两边。普鲁士自腓特烈大帝以来的军事强国自尊因此受创,而且这个时期英国与法国之间弥漫着议和风潮,因而面临必须失去汉诺威的状况。拿破仑的议和条件之一,就是汉诺威必须归还英国。为此,保持中立的普鲁士就决定要自食其力击败法军,解除忧虑。

普鲁士向法国宣战

1806年10月,普鲁士对法宣战。拿破仑亲自率领18万大军,向普鲁士北部施加压力。

普鲁士军以图林根山脉为防线,将全军编组成3个军。主力为总司令官布伦瑞克(Brunswick)公爵率领的6万余人,置于防线中央,以东有霍恩洛厄(Hohenlohe)司令官的3.5万人,以西则配置布吕歇尔(Blücher)的1.5万人。

拿破仑把部队分成3个部分,一边协调一边进军。

位于萨勒河(Saale)左岸的部队往萨勒菲尔德(Saalfeld)前进,左翼则派遣拉纳(Lannes)的第5军与奥热罗(Augereau)的第7军。在由苏尔特(Soult)指挥、朝向班贝格(Bamberg)的第4军中,还加入了号称"勇者中的勇者"内伊(Ney)指挥官麾下之第6军,构成整体右翼。

中军则是由拿破仑亲自指挥的司令部,向着施莱茨(Schleiz)前进。另外还有贝尔纳多特(Bernadotte)指挥的第1军,以及名将"无敌达武"(Davout)率领的第3军。而号称在骑兵战斗上勇猛无人能比的缪拉骑兵集团则打前锋,并由近卫军巩固四周。当然,主力就是这支约有7万人的中军。

拿破仑让各军前往拜罗伊特(Bayreuth)与班贝

因耶拿会战胜利而得名的耶拿桥

因身为反专制掌旗者而深获民众支持的皇帝拿破仑

过长,密度很稀薄。相对于此,法军虽然分成3队,但是相互间隔短,各纵队之间也经常有联络官穿梭,保持临机应变。

当时的普鲁士军并不认为这是一种危险的状况。

说起来,所谓战术本身就是一种很难脱离固定观念的技术。一种战术一旦确立,不问敌我双方,几乎都会深信不疑地持续使用。它之所以会成立,必然有其中的原因,创始者有着特定的意图,但是后继者却往往因为惰性而一直执着于相同的战术。

普鲁士军的战术,原本也是靠着这样一位具独创性的用兵家想出来的。而他们则想把由腓特烈大帝这种一边迂回、一边于侧面展开,然后进行各个击破的战法用在拿破仑身上。虽然此次规模比腓特烈大帝所施行的还要大,不过普鲁士军的高官们根本就没有思考它还能有什么发展。拿破仑为了找到普鲁士军,并把他们引入决战,从各进攻路线放出了数量庞大的侦察骑兵。

拿破仑进攻莱比锡,并预计在此进行决战。莱比锡是个要冲地区,过去古斯塔夫·阿道夫也在此地与梯利和华伦斯坦一决雌雄。拿破仑预测普鲁士军会在此地集结,不过先遣的缪拉骑兵团传来了北方并无敌踪的报告。

拿破仑被迫修正战略构想,

格之间集合。拿破仑的大军重新施展在马伦哥战役时的急速机动力,仿佛3支巨箭,以最短距离冲入萨克森郡。拿破仑踏破位于普鲁士天然屏障的图林根山脉东方的法兰克尼亚山脉,跨过远离普鲁士军的萨勒河,一边切断其后方,一边在无人的旷野挥军北上。

当时可说是完全没有遭遇抵抗。普鲁士军虽然拥有与法军匹敌的大军,却没有一定的战略方针,只是沿着图林根山散漫配置。中军与左右两军的间隔

这种具有弹性的军级编组确实拥有能够因应状况变化应对的能力。

进行战斗准备的拿破仑

10月10日,普鲁士军分遣队与入侵萨勒菲尔德的法军第5军遭遇,指挥官路德维希(Ludwig)亲王败给拉纳军后逃走。

10月13日,接获拉纳报告的拿破仑命全军向左转,右军与左军往耶拿前进,中军当中的达武军、贝尔纳多特军则往耶拿北方的瑙姆堡前进。

施展混合战斗序列击败普鲁士军的法军。正面为耶拿

普鲁士军中只有霍恩洛厄指挥的3.5万人位于正面,主力部队应该正在魏玛(Weimar)附近集结。因此,拿破仑就想要把达武、贝尔纳多特两军送至他们后方,与主力部队进行夹击。

两将立刻展开进击,占领了瑙姆堡。拿破仑则日以继夜地急行军,挺进耶拿。

普鲁士军的行动与拿破仑的预测相反,他们对于迎击方针无法达成一致意见,总之先后退再说。威廉三世与布伦瑞克公爵率领的主力部队从中央开始退却,霍恩洛厄与布吕歇尔进行掩护。

急行军的拿破仑在13日傍晚进入了拉纳确保下的耶拿。拿破仑得知普鲁士军位于近郊之后,便亲自侦察,看出自耶拿西北延伸至西南的高地就是战略要地。

拿破仑除了紧急集结各军之外,得知普鲁士军正在兰格拉芬堡(Landgrafenberg)高地底下的地区布阵。如果能从这个高地进行炮击,就有办法对普鲁士军带来重大打击。

考虑到普鲁士军不可能把大炮推上这座险峻的高地,拿破仑就督促拉纳,并投入大量工兵队拓宽道路,把大炮拉上去。

在此期间,照亮夜空的普鲁士军营火还为法军布阵提供了协助。拿破仑一边掌握敌营阵动向,一边拟定了战略构想。

14日早晨,拉纳军与奥热罗的第7军会师,兵力增至5万以上。而苏尔特的第4军与内伊率领的第6军也迂回至高地,展开成摧毁普鲁士军两翼的形势。

拿破仑此时位于高地上,除了让近卫军团待命作为预备兵力,还对达武、贝尔纳多特两将紧急派出使者,指示他们从瑙姆堡进入奥尔斯塔特(Auerstedt)地区,直冲普鲁士军的侧背。

这项命令于13日深夜抵达瑙姆堡,两军开始行动。

发挥机动力的威胁

14日早晨,法军完成了阵形。奥热罗位于左翼,拉纳担任中军,右翼则由苏尔特占位,拿破仑与预备队一起待在中军后方。正面有火炮,睥睨着下方展开的普鲁士军,透着一股诡谲的气氛。

战场一带从大清早开始就浓雾弥漫,部队移动极为困难,普鲁士军想趁机发动奇袭。上午9点,负责普鲁士军前卫的霍尔岑多夫(Holtzendorff)部队开始秘密进击,等到拉纳军进入攻击范围之后,便高声大喊展开突击。

普鲁士军完全按照腓特烈大帝的操典,维持密集队形进攻。拥有激烈贯穿力的密集队形震撼着大地,虽然刺刀的寒光在浓雾中仅有若隐若现的光,不过强大的普鲁士军,对于摧毁法军来说应该是十拿九稳的。

但在普鲁士军的面前,没有法军横队的踪影。担任拉纳军前卫的步兵队一丝不苟地立刻散开,迎战普鲁士军的猝然攻击。

相对于组成密集队形前进的普鲁士军，拉纳军以集中射击来对付。断断续续的枪声，让组成充满压力横队前进的普鲁士军步兵纷纷被击倒，就像缺齿的梳子一样。

两军的视线被白雾阻碍，鲜血也在喷出的刹那，就像溶入牛奶般扩散开来，甚至连惨叫声都跟着消失。在山上的拿破仑依据枪声得知战斗已经开打，他立刻下令炮兵队准备射击，并敦促全军开始行动。

在开战之前，拿破仑已于同日上午6点切断了普鲁士军的防线，受命夹击正在集结（根据推测）之敌军本队的达武第3军从瑙姆堡出发，经过奥尔斯塔特往阿波尔达（Apolda）前进，在雾中展开进击。

普鲁士军正往柏林撤退，所以刚好路过此地。达武在浓雾中突然听到马蹄的轰隆声，得知遭遇了预料之外的敌袭，立刻下达指示。他让步兵队散开，形成坚固的方阵。面对这种四边有刺刀墙防护、以

普鲁士军把图林根山地当作防线，以路德维希亲王担任前卫，第2线是霍恩洛厄公爵的3.5万人、布吕歇尔的1.5万人，后卫则是布伦瑞克的6.3万人，最后方有腓特烈·威廉三世的本队布阵。拿破仑军在右翼有苏尔特、内伊的5万人，中央有贝尔纳多特、达武的7万人，左翼有拉纳、奥热罗的4.1万人，拿破仑自己则位于后方，握有18万人战力与普鲁士军对峙，在数量上就占了优势

战斗时期	1806年10月14日	
战斗主体（耶拿会战）	法军	普鲁士军
	拿破仑·波拿巴	布伦瑞克公爵、腓特烈、霍恩洛厄公爵
两军兵力	5.5万（奥尔斯塔特）2.8万	布伦瑞克公爵6.3万 霍恩洛厄3.5万
战斗结果	胜利/损失 约8000	败北/战死·负伤约2.5万，俘虏2.5万

连续射击不断开火的防御战术,普鲁士军很难攻克。

达武的防御相当坚强。率领普鲁士骑兵团的是猛将布吕歇尔,但不论是普鲁士军总帅腓特烈率领的本队,还是布伦瑞克麾下的士兵,都因为听到法军已经拿下耶拿的风声而士气低落。他们无心进行强势突击,因此无法摧毁达武的方阵。

在抵挡普鲁士军期间,达武军的后卫抵达。达武让他们往两翼展开,并进行散兵射击。加上掩护射击之后,普鲁士军被挡了回去。

耶拿方面战机成熟

转回耶拿方面。上午10点,覆盖战场的浓雾陆续散开,早已展开交火的霍尔岑多夫军与拉纳军终于可以清楚看见彼此的表情。

刹那间,山河为之震撼。位于兰格拉芬堡高地的法军炮兵阵地,向着下方的普鲁士大军一齐打开炮门。

法军炮弹飞过散开的本军头顶,落向普鲁士军。

耶拿与奥尔斯塔特相距大约14公里,战斗于早晨6点左右在奥尔斯塔特先行展开。从瑙姆堡出发的达武,遭遇了正在撤退的布伦瑞克与布吕歇尔所率领的骑兵团,兵力居于劣势的达武拼命防御。不过当贝尔纳多特的援军抵达奥尔斯塔特后,同时接到耶拿战况不利报告而士气低落的普鲁士军就开始往柏林撤退

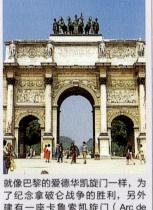

就像巴黎的爱德华凯旋门一样,为了纪念拿破仑战争的胜利,另外建有一座卡鲁索凯旋门(Arc de Triomphe du Carrousel),壁面刻有乌尔姆、奥斯特里茨会战等1805年的战役场景,完成于1809年

耶拿方面,奥热罗、拉纳、内伊、缪拉骑兵集团与霍尔岑多夫部队遭遇,爆发了战斗。拿破仑备于后方,担任掩护工作。拿破仑军击败了救援来迟的霍恩洛厄,还去追击左翼的布吕歇尔。相对于毫无援军的普鲁士军,拿破仑军后来又有达武、贝尔多纳特从奥尔斯塔特赶来耶拿支援,甚至转为追击战

普鲁士军因为突如其来的炮击陷入混乱,就算炮兵队拼命反击也毫无效果,霍恩洛厄又持续投入部队。

不过霍尔岑多夫根本就不管损失有多大,让士兵强行前进。一旦突入战线,密集横队就可以发挥强大威力。

拉纳军此时正陷入苦战,而浓雾终于散开了。在高地的炮击这段时间,基于苏尔特的号令,第4军也赶来威胁霍尔岑多夫的右翼。在与本队的联络即将被切断的状况下,猛将霍尔岑多夫也失去了锋芒。趁着这个机会,拉纳从右翼放出骑兵队,对敌人侧面进行扰乱。

"与本军的联络要被切断了!"

不知是谁如此喊叫着。队列因此产生动摇,刀锋随之钝挫。

早间有如牛奶般浓厚、伸手不见五指的浓雾随着时间变得稀薄,现在则已完全散去。矗立于山麓上的拿破仑看着打得火热的激战,仿佛他心底的英雄叙事诗。

"诸君,大雾已散。在奥斯特里茨见识到你们奋斗的太阳,现在也正俯视着你们啊!"

在灿烂耀眼的阳光当中,刀剑的光芒激起着血风,放射出去的炮弹迸出朵朵云柱,炸飞了普鲁士军的密集横队。虽然普鲁士军的大炮数量比法军还多,不过彻夜推上高处的法军炮列,却能补足数量上的劣势。法军步兵受到弹幕鼓舞,持续进行射击,普鲁士军的炮兵队却被自军横队挡住,根本无法炮击。

眼看战机成熟的内伊从左翼展开突进。遭到炮击而陷入恐慌的普鲁士军,在前线指挥官的指挥下组成密度更高的横阵拼死防御,使得内伊在遭受极大损失之后后退。

"法军左翼正在撤退。通告布吕歇尔将军,我军兵力不足!"

士兵接到霍恩洛厄悲痛呻吟的传令,朝着巩固后方的布吕歇尔军跑去。不过布吕歇尔却没有让麾下的1.5万士兵全面展开攻击。他将霍恩洛厄期望的增援逐次投入,结果被法军的散兵线各个击破。

太阳开始西沉,获得增援的却是法军。越过耶拿东方丘陵地带的骑兵队扬起烟尘奔驰而来,伴随着近卫军的欢呼,形成了一股激流,冲入霍尔岑多夫军的左翼。

这支部队是缪拉骑兵团。代表法军莱茵军团荣耀的披风随风飘逸,阳光照耀着圆筒帽上的装饰,缪拉骑兵集团踏着隆隆的马蹄,击垮了普鲁士军。

胜机在此出现,拿破仑决定投入近卫军。在小鼓的连击声中,近卫军装上刺刀向遭散兵侵扰不堪的普鲁士军主力正中间展开突击,完成中央突破。

机动力与散兵战术的成果

胜负已定。普鲁士军开始全面崩溃,像潮水般退去。

拿破仑先让缪拉骑兵集团与第6军前去追击,最后展开全面追击。

此时,奥尔斯塔特的战局也开始转换。在方阵中加入了刺刀与大炮,正进行防御战的达武看到普鲁士军产生畏惧,决定展开反击。正当采取散兵战术的前卫以射击让普鲁士军产生动摇之时,他让后卫形成坚固的纵队,并于齐射后展开突击。就在坐拥大军的普鲁士军开始挡不住时,法军又有另一支毫无损伤、士气高昂的部队抵达了战场,杀声震天地展开攻击。

与达武一起在瑙姆堡作战的,就是贝尔纳多特的第1军。他们在听到炮声之后得知战斗已经开打,此时终于赶到。该处是制住霍恩洛厄以及前方被达武挡住的腓特烈背面的地点。普鲁士军的退路也被挡住,并因恐慌崩解。

法军的攻击猛烈程度,恰好随着普鲁士军的混乱增加。布伦瑞克受了濒死的重伤,战线整个崩溃,法军又从三面展开追击。虽然腓特烈本军毫发无伤,不过阻止不了士气丧失殆尽的普鲁士军败逃。

法军靠着机动力、散兵战术,以及来自高处的炮击钉住了普鲁士军,因此胜利。另外,达武也靠着漂亮的防御战拖住了普鲁士军主力,兵分两路的部队合作无间,是此役胜利的关键。

普鲁士军在这两场会战中溃灭,最后还让拿破仑进入了柏林。几乎控制了整个欧洲的拿破仑,开始对英国进行大陆封锁,并且踏上远征俄罗斯之路。

耶拿的胜利虽然是拿破仑机动战术的辉煌成果,但在光辉背后埋下了深远的不祥闷雷。

赌上制海权的海上决战
特拉法加海战
英军 VS 法国、西班牙联合舰队

Trafalgar

"陆地大国"法国也想成为海洋大国,英国是它最碍眼的存在。
而且在英国还有海战的专家纳尔逊等着他们

意图登陆英国的拿破仑

在海上重现迂回机动的失误

对于在1800年的马伦哥会战中大胜的拿破仑来说,敌人只剩下英国。如果说拿破仑手上的是大陆军的话,英国首相皮特(Pitt)所拥有的就是大海军。英军在海战上具有压倒性优势,1798年,他们在尼罗河口追击远征埃及的拿破仑,并于阿布基尔湾摧毁了法国舰队,持续掌握着海上霸权。

1804年,《亚眠和约》缔结,欧洲出现了短暂的和平。但是拿破仑并没有停下来休息,他对英国产品课以重税,意图从经济方面进行制衡。因为这样,《亚眠和约》不到一年就毁弃了。

拿破仑的最终目标是对英国直接进行武力侵略,因此他想出了牵制英国舰队,以短时间掌握海峡制海权的作战方法。他想靠3个舰队的合作来牵制、引诱英国舰队。此时,英国已经派出海峡舰队、本国舰队、地中海舰队3个舰队封锁了法国的各个港湾。因此,法国舰队必须先想办法脱身。

法军主力是驻扎在法国最大军港土伦的舰队。作战方针是先让土伦舰队脱身,与同盟国西班牙舰队在加的斯(Cádiz)周边会合,然后护卫在布洛涅(Boulogne)待命的陆军,一口气渡过多佛海峡。附加作战想办法让布雷斯特(Brest)的舰队也脱身,护送士兵登上爱尔兰,把英国舰队的目光吸引过去。拿破仑这是想要把陆地上的迂回机动作战在海上重现。

侵略军的总规模达到数万。舰队司令官原本是拉图什·特威尔(Latouche Tréville)提督,不过特威尔于1804年猝逝。作战因此延期,改任命皮埃尔·维尔纳夫(Pierre Villeneuve)为司令官。拿破仑建造了从30人到150人乘坐的各式登陆舟艇,等待进攻的机会。不过洋流与气候变化非常复杂,横渡海峡必须花上非常多的时间。拿破仑果然只是陆地上的天才,他并没有认识到海上机动受气象条件影响的重要性,以及制海权的影响范围远比陆地上要广。

即便如此,维尔纳夫依然遵守拿破仑的命令,于1805年1月18日脱离了土伦,却在途中遭遇暴风,受到庞大损失,因此便折回土伦。英国舰队得知维尔纳夫逃离土伦之后便开始追踪法国舰队,却没有找到他们便返回国内。

英国舰队的指挥官已经看出维尔纳夫的真正目的是要侵略英国,这位指挥官,正是独臂、独眼的提督——地中海舰队司令官霍雷肖·纳尔逊海军中将。此时纳尔逊47岁,维尔纳夫43岁。

维尔纳夫企图与布雷斯特舰队会合,却先碰到了英国舰队,并与之交战。为了修理损伤舰只,就进入了费罗尔港(Ferrol)。他基本上奉行舰队温存主义,即使制海权被别人掌握,只要还留有舰队,就能发挥影响力。

法军司令官对战况不利的预感

8月3日,拿破仑决心实施侵略作战,并亲自前往费罗尔。此时他必须决定要对英国还是奥地利投注全力。

维尔纳夫一度出港。不过本应来会合的阿尔曼(Arman)提督所派出的联络船弄号(Didon)却遭遇英国巡防舰不死鸟号(Phoenix)的单挑并被打败,因此就在没有掌握状况之下逃进了加的斯港。

事已至此,拿破仑无奈放弃侵略英国的计划。8月9日,俄罗斯、奥地利、英国缔结反法大同盟,法国必须将战力转回欧陆。拿破仑除了决定解除维尔纳夫司令官的职务之外,也让舰队转往那不勒斯,计划将这些士兵用在对奥地利作战上。维尔纳夫被逼到了绝境。

因为战略变更而挥军东去的拿破仑,在奥斯特里茨与奥地利军激战

纳尔逊正在等待法国舰队集结。虽然他此时仍然在回避与法国主力舰队决战，不过并不是为了温存舰队，而是想一口气摧毁集结的法国舰队，确保制海权。

在此之前，回到英国的纳尔逊曾短暂上岸，然后率领舰队再度出港。

旗舰胜利号所带领的8艘舰只，朝向加的斯海域前进，盟友柯林伍德（Collingwood）提督指挥的18艘舰只已经先到一步。9月26日，与柯林伍德舰队会合的纳尔逊，将总旗舰定为胜利号。第二指挥官为柯林伍德，旗舰君权号（*Royal Sovereign*）。另外，为了防止法国舰队脱逃，他还派遣巡防舰尤里雅里斯号（*Euryalus*）等担任监视船队，相当重视侦察任务。不只是对侦察舰，纳尔逊对整个舰队都投以信赖，准备打一场大海战。

相对照之下，维尔纳夫对舰队并不自信。不只是乘员的技术不太高明，在加的斯会合的西班牙舰队也战意低落，为了防止他们逃跑，在西班牙舰队中混入了法国军舰，形成一种背离原则的编组。

10月16日，维尔纳夫的旗舰布桑托尔号（*Bucentaure*）升起了出港准备的信号旗。维尔纳夫选择用自己的手来达成任务，洗刷被解聘的污名。

10月19日，拿破仑在乌尔姆会战粉碎了奥地利军。就在同一天，法国、西班牙联合舰队起锚航向充满炮弹与鲜血的大海。

纳尔逊得知联合舰队出港之后，便下令全舰队升帆。等待联合舰队离开加的斯后与之挑战，最好能一决雌雄。可逃避的港口距离很远，因此他们想必会拼死奋战。为了消灭法国的海上战力，这是必要的。

英国拥有27艘战列舰，法国、西班牙联合舰队有33艘，英国引以为傲的"海上孤狼"纳尔逊提督与法国的维尔纳夫提督，在10月21日拂晓确认了对方的舰影。

发挥本领的"纳尔逊触击"

全舰队接到了战斗准备的命令。掌帆长发出怒吼，水兵们开始拉动转桁索。在信号官帕斯克（Pasco）海尉的指示之下，信号旗窜上了胜利号的桅杆。陆战队的少年鼓手打响小鼓，跟在后面的战列舰陆续升起收到命令的信号，转动帆桁将舰艏朝向下风处。

法国舰队旗舰布桑托尔号的桅杆上也传来瞭望员的高喊。维尔纳夫下令全舰队转向。对帆船之间的战斗来说，占据上风处的一方绝对有利。虽然还没交火，战斗早就已经开始了。经常驰骋于海上的英国舰队与一直遭到封锁、连训练都做不了的联合舰队，两者在操舰技术上有着天壤之别。英国舰队不一会儿就占据了上风位置，并且持续接近。

胜利号桅杆上升起了"排成两列纵队"的信号。巨大的战列舰展现惊人的动作，摇身变成两列拥有木造城墙的绵长要塞。军乐队演奏着《统治吧，不列颠尼亚！》（*Rule, Britannia!*），振奋了军心士气。

联合舰队这边也组成了两列纵阵，不过因为

特拉法加海战图

训练较差，排列得并不整齐，最后变成了3～5列、有如笼屉上馒头一般的混乱队形。

从二百年前的无敌舰队海战以来，海战战术就进步成统合各舰性能、在舷侧配备大量火炮组成战列的战术。这种战法要等到造船技术进步，使舰队可以统一行动，并且能够建造巨大军舰后才得以实现。所谓的战列舰，就是为此而生的舰种。

法国海军考虑得很周到，把船舰像规格品一样统合整齐，74炮门舰就特别多。不过维尔纳夫现在把这项优势自行舍弃了。

西班牙舰队的战意相当存疑，因为74炮门舰混进了西班牙舰队当中。而且在西班牙舰队中，还有很多像是世界最大的著名巨舰140炮门舰三位一体号（*Santísima Trinidad*）等虽然强大但是速度缓慢的舰只。法国舰队除了配合它们的速度之外，也因为技术比较差，根本无法靠舰队运动一决胜负。

看到这种状况,有位舰长不禁露出了微笑。他就是跟在布桑托尔号后面的敬畏号(Redoutable)的舰长约翰·雅克·斯蒂芬·卢卡斯(Jean Jacques Étienne Lucas)。卢卡斯知道自军舰队的熟练程度远不及英军,因此不能以炮击和操舰定胜负,而是要采取接舷之后直接跳上敌船杀开血路的作战方式。因此,卢卡斯在各桅杆上配置了多名狙击手。

英国舰队张开了所有船帆开始前进,时速为3节。时间就这样流逝,等到足够近的距离之后,纳尔逊下达了命令。

"帕斯克先生,升起信号。"

一连串色彩鲜艳的信号旗,迎着海风飘扬。

"英国期待各员皆能善尽义务!"

上午11点40分,各战列舰解开炮甲板上大炮的束缚,进行发射准备。在涂成红色的甲板上撒着砂砾,炮手们等待战斗展开。

主横帆被卷了上去,战斗准备已完成,看似进入射程的法国舰队其中一艘船,突然开始了单舷齐射。

英国舰队依然继续直进,维尔纳夫大跌眼镜。

战斗时期	1805年10月21日	
战斗主体	英国舰队	法国·西班牙联合舰队
	霍雷肖·纳尔逊	皮埃尔·维尔纳夫(总司令官,法军舰队司令官)
两军兵力	1级战列舰 3艘	1级战列舰 4艘
	2级战列舰 4艘	2级战列舰 0艘
	3级战列舰 20艘	3级战列舰 29艘
战斗结果 损失	胜利	败北
	被击沉、掳获舰 0艘	被击沉1艘,搁浅之后被俘10艘,被俘18艘
	战死449,负伤1242	战死1022,负伤1383,俘虏约4000

霍雷肖·纳尔逊所搭乘的英国舰队胜利号(照片为模型)

地中海舰队司令霍雷肖·纳尔逊海军中将

上午11点40分,英国舰队解开各战列舰舷侧火炮的束缚,完成了战斗准备。中午12点,英国舰队与法军、西班牙联合舰队展开战斗。英国舰队旗舰为胜利号,联合舰队旗舰是布桑托尔号。英国舰队以胜利号打头阵,施展"纳尔逊触击"(舰队纵队突击),采取纵队航行,从联合舰队的中央切过

资料提供/菱沼和秀

英国船舰维持两列队列，并以各自的旗舰为矛头，对联合舰队的侧腹深深刺上一击。

这就是"纳尔逊触击"，是纳尔逊的必胜战法。他将己方分成两列，以直角冲入敌舰队，切断它们的战列，并将之各个击破。如此一来，敌舰队几乎无法使用火炮，而且防御最弱的舰艏与舰艉还会遭到纵射，相对于此，己方则能使用舷侧的全部炮门，而且两舷都能使用。在整整100年之后，东乡平八郎在对马海战中所使用的正面压迫战法的先驱即纳尔逊的战术。

联合舰队被切断，英国舰队推出所有火炮开始炮击。炮烟弥漫着甲板，重炮喷出烈焰后踢着甲板后退，然后被紧绷的制止索拉住。

被炮弹命中的船舰碎片四散，拦腰折断的桅杆在倒下时扯坏了索具。英国舰队的两列纵列当中，先行突入的是位于下风处、由柯林伍德指挥的战列。君权号在切穿联合舰队战列时持续齐射，以纵射命中西班牙舰队副将阿拉瓦（Álava）提督所搭乘的圣安娜号（Santa Ana）。接着他又转舵，从近距离施展炮击。同样，后续舰只也在纵射之后接近最

掌握制海权的英国舰队在1798年的阿布基尔湾海战中击败了法国舰队，此时他们针对法国舰队驻扎的土伦港进行封锁，法国舰队却侥幸逃脱，并企图在海上进行迂回作战

英国舰队从"纳尔逊触击"转为接舷白刃战，法国舰队的敬畏号舰长卢卡斯在桅杆上配置了多位狙击手。下午2点，正当两舰队进行接舷白刃战时，卢卡斯配置的狙击手击中了纳尔逊。
下午4点30分，虽然转乘至法国舰队旗舰布桑托尔号的指挥官杜马诺尝试反击英国舰队，英国舰队的战列舰却早已采取迎战态势，使他放弃攻击而逃走。此时纳尔逊于舰内去世。在大约1个小时之后，随着法国战列舰阿基里斯（Achille）号爆炸沉没，特拉法加海战也告结束

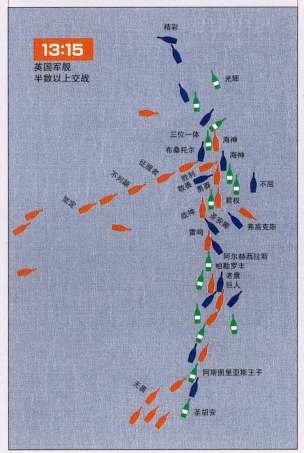

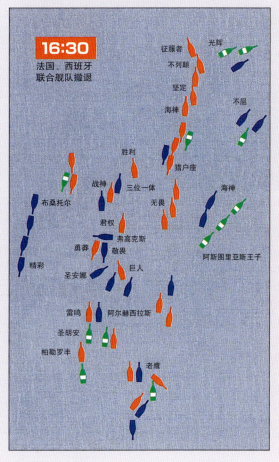

靠近的敌舰，并持续齐射。

另一方面，胜利号的战列则晚了一些才冲入。位于布桑托尔号前后的法国军舰集中炮击，胜利号在弹雨中挺进。维尔纳夫下令集中炮击英国舰队的索具，法国舰队发射锁链弹与棒弹，意图切断桅杆与索具，却因为炮击技术太差，大多数炮弹都碰不到桅杆而命中舰体。这些炮弹比球弹还要轻，因此没什么效果。

纳尔逊把船舰指挥交给哈迪（Hardy）舰长，专心于舰队指挥。法国舰队也展开反击。跟在布桑托尔号后面的海神号（Neptune）与敬畏号开始炮击，胜利号则把两舷的炮列都推出来，从左舷对三位一体号纵射，右舷则准备对付敬畏号。然而，这就是敬畏号等待已久的机会。

英国以提督之死换得胜利

"开始进行接舷白刃战！"

卢卡斯叫道。敬畏号与胜利号接舷，并且放出

装载于胜利号上的舷侧炮

了登船斩击队。胜利号的陆战队奋勇应战，惨烈的白刃战就此展开。

同样的光景，在其他船舰也上演着。敬畏号停止了炮击，把全部战力集中至斩击与狙击上。就在此时，一位狙击手开枪击倒了站在舰尾甲板指挥的纳尔逊。倒地的纳尔逊马上被送进医务室，卢卡斯又增加斩击队的人数，胜利号也随即动员水兵与陆战队。

下午2点。两舰队几乎完全贴在一起，不管是哪艘船，都闪烁着刀光剑影与枪支火焰。布桑托尔号遭到3艘英国船舰攻击，维尔纳夫因此投降。阿拉瓦提督也降下了旗帜，法国舰队副将马格恩的座

白刃战开始后，被法舰狙击的纳尔逊

舰被英国舰队俘虏。在炮击战中居于劣势的联合舰队并没有靠接舷战斗挽回大局，战斗的走向已经决定。日落时分，联合舰队又丧失了更多的船舰。柯林伍德战队掳获了10艘，纳尔逊战队掳获3艘。

虽然纳尔逊已倒地，不过他的战法却发挥完美。这是一种先以两列纵阵切断联合舰队，然后靠1级舰给予火炮打击，接着再让2级、3级舰接舷，将之掳获的战法。借此就可以陆续擒得丧失战斗力的联合舰队。

此时，因为走在前面而没有加入战斗的法国舰队杜马诺阿（Dumanoir）战队开始反转，尝试进行逆袭。不过他们在操舰上花了太多时间，等到好不容易掉转舰艏时，跟在纳尔逊战队后方的战列舰已经占据上风处，摆出了迎击态势。

杜马诺阿因此感到恐惧，直接逃离了战场。联合舰队最后连一艘完整的船舰也没有留下，持续奋战的敬畏号也在与胜利号、勇莽号（Temeraire）二打一的状况下，造成包卢卡斯在内全部乘组员8成以上死伤，最后终于降下了旗帜。

下午4点30分左右，纳尔逊听到胜利报告之后，咽下了最后一口气。纳尔逊在胜利与光荣中结束一生，并且保住了英国的制海权。

英国海军的操舰技术、炮术和斗志，都远远凌驾于联合舰队之上。联合舰队的火炮一如往常使用火绳式点火装置；英军却将燧发装置与火绳并用，能够维持正确的发炮时机，而且发射间隔也不到联合舰队的一半，从一开始就瞄准舰队，减低敌军战斗力。联合舰队被纳尔逊触击切断，无法采取统一的舰队行动。

海战的结果是完全丧失制海权的法军以大陆封锁令对英国发起经济战。而远征反对此令的俄罗斯失败，让拿破仑就此没落。

特拉法加海战是战史上首次赌上制海权的战役，其结局也戳中了拿破仑的死穴。

著名战役

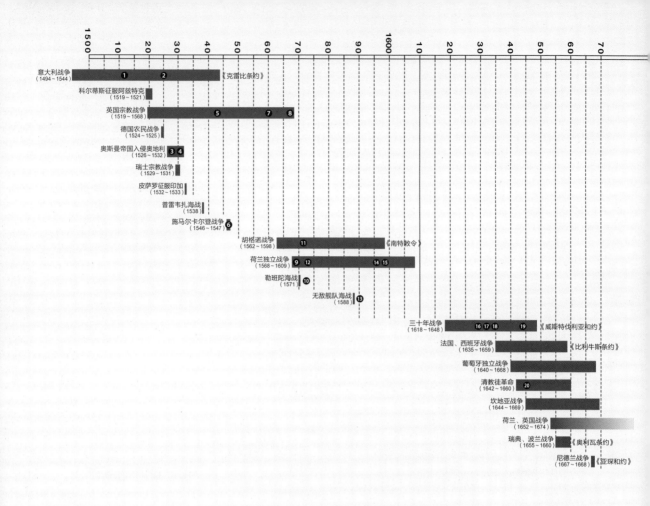

欧洲战争史年表
（1494～1815）

这份年表收录了16～18世纪近代欧洲进行的主要战争，还包括一部分伴随殖民地竞争而爆发的征服战争。另外，右边示意图标示出在本书介绍过的战争主要战场，发生在欧洲以外的战争则没有标在里面

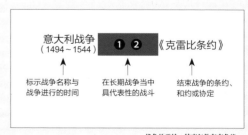

战争的开始、结束年份存有争议。

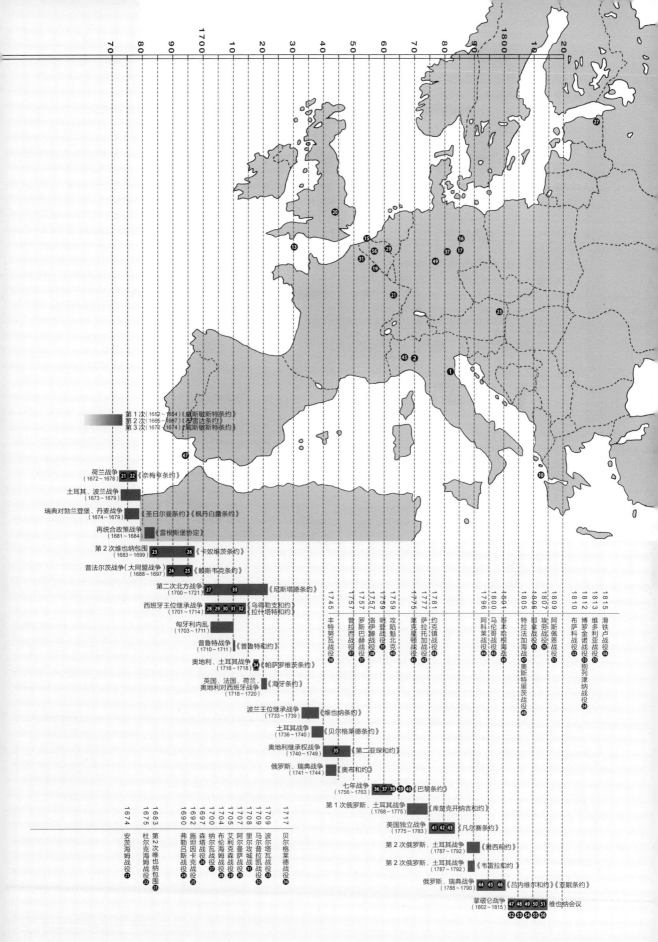

著名战役　175

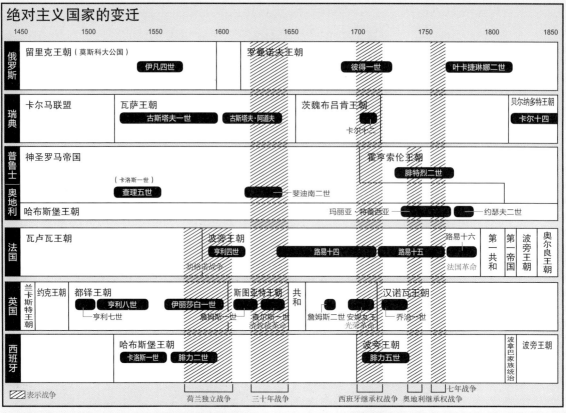
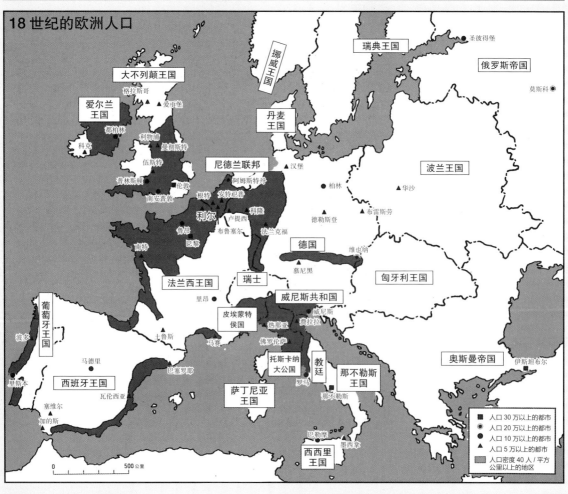

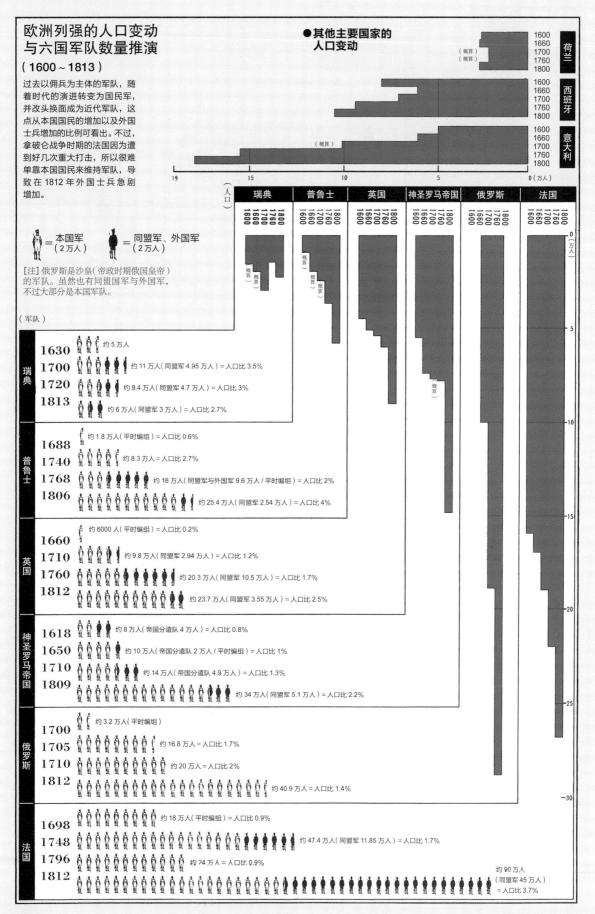

1525年2月24日

帕维亚战役
THE BATTLE OF PAVIA

	战胜国	战败国
	神圣罗马帝国	**法国**
主体	查理五世 波旁公爵查理	弗朗索瓦一世
兵力	约1.7万人	约2万人
损失	约800人	约8000人

Point 针对尚未成立统一国家的意大利问题，神圣罗马帝国与法国不时进行着战争，此役可说是意大利战争的第2阶段。相对于攻城中的法军必须费时集中兵力，欲发起反包围决战的皇帝军展开让兵力能有效分进合击的诱敌作战，而小火器的运用方法则直接决定了胜负

FACTOR 原因

1519年，西班牙国王卡洛斯一世被选为神圣罗马帝国皇帝，而法国国王弗朗索瓦一世入侵了意大利。
这是因为弗朗索瓦一世有鉴于自己在意大利的威信将会低落，以及担心卡洛斯一世在成为查理五世之后会延伸势力，并趁机对波旁家族的当家查理造反，所以必须巩固自己的王权。

不过法军却陷入了苦战，弗朗索瓦一世亲征入侵伦巴第，为夺取帕维亚市而包围之。对此，查理五世便赶来救援，并采用反包围决战的方法，让两军爆发了决战。

DEVELOPMENT 经过

1525年1月底，皇帝军接近帕维亚。法军在城塞周围挖掘壕沟，阻碍对方援军的接近。
两军之间，有一条桥梁被破坏的河，形成对皇帝军的防线。
法军为了对付沿着对岸绵延布阵的皇帝军，筑起了相同的防线，两军展开了零星的炮击。
这种情况其实是皇帝军反包围住了正在包围帕维亚的法军，不过欠缺决定性诱因，使得战况陷入胶着状态。
2月24日夜晚，天气相当糟糕。皇帝军为了打破目前的状况，就趁着暴风雨与暗夜发起行动。
皇帝军从包围阵展开炮击，并对法军防线发起突袭，引起法军注意，由马克思·佩斯卡拉指挥的骑兵团带领5个步兵队与2个骑兵队挥军北上。迂回队从浅滩渡河，攻进了位于弗朗索瓦一世本阵背后的米拉贝罗广场。
法军并没有注意到河川那边，只配置能够控制街道的守备队。因此皇帝军的攻击就转变成奇袭，派出1个步兵队去对付守备队，而迂回队则杀到了弗朗索瓦一世的背后。

弗朗索瓦一世对于在夜间展开的皇帝军炮击感到相当惊讶，不过他并没有察觉自军背后有敌人正在接近，而只发动突袭的皇帝军中央投入骑兵队。
这项反击在一开始是有效的，不过迂回队从后方突袭，再加上步兵队的枪击，使得法国骑兵队全面崩溃。
设置包围阵的法军，在集中兵力时花费太多时间了。结果导致法军的增援只能以小兵力逐次投入，碰到皇帝军主力的大方阵只会被各个击破。
原本应该支援反击的炮兵也无法对应急转直下的事态，而且帕维亚守备队还打开城门打了出去。法军包围阵从左翼开始全面崩溃，弗朗索瓦一世也被皇帝军抓住。

CONSEQUENCE 结果

这是一场集中兵力并活用机动力的皇帝军，完全打赢迟于集中的攻城军之战役。
法军无法形成完整的横队，挡不住皇帝军的骑兵。
由于炮兵的炮击不论哪一方都只有零星射放，因此决定胜败的就是小火器的运用法。
另外，皇帝军能以有效率的方式让兵力分进，对上钩的法军展开横击。法军的兵力逐次投入，无法达成有效反击。
此役之后，意大利战争进入了第2阶段，法国势力被排除在外。

1600年7月2日

THE BATTLE OF NIEUPORT
纽波特战役

	战胜国	战败国
	荷兰	**西班牙**
主体	奥兰治亲王毛里茨	阿尔布雷希特七世
兵力	约1万人 (骑兵1500骑)	约1万人 (步兵90个中队，骑兵150骑)
兵器	野战炮6门	半加农炮6门 轻炮2门
损失	约2000人	约3500人 受伤者、被俘占多数

Point 此役发生于荷兰独立战争中期，西班牙统治之下的尼德兰新教徒市民开始抵抗，战场在因为潮汐变化而泥泞不堪的沙滩。相对于固执大方阵战术的西班牙军，荷兰军能有效活用炮兵，且步兵与龙骑兵也能灵活合作，施展始祖型横队战术。

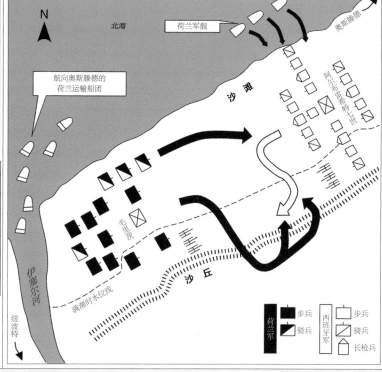

FACTOR 原因

在荷兰独立战争中，荷兰军拥有大量港湾，保持着来自海上的补给优势。但是海上战略的要冲：纽波特与敦刻尔克这两个港口却不在荷兰的势力之内，它们都是持有西班牙许可证的私掠船根据地，威胁着海上补给线。
另外，放着仰仗西班牙军的奥斯滕德（Ostend）不管，对于荷兰的战略构想来说也是个重大的威胁，因此奥兰治亲王毛里茨就在解放奥斯滕德之后转向了纽波特。对此，西班牙军再度占领了奥斯滕德，并对因薪水引发而掀起叛乱的将士采取怀柔手段，从各驻地汇集兵力，疾行前去切断毛里茨的背后。
毛里茨警觉到后方会切断，便让部队回到纽波特近郊，准备发起决战。

DEVELOPMENT 经过

军事司令官毛里茨趁着西班牙军薪水迟发、陷入混乱的机会进攻至纽波特。
面对仰伊塞尔河三角洲的纽波特，在满潮时进击路线会被淹没。西班牙总督阿尔布雷希特七世为了切断毛里茨的补给线，就急行前往保伊塞尔河东方的雷法银根桥。
毛里茨得知之后，命令副将堂兄恩斯特前去夺取桥梁。不过桥梁已经落入西班牙军手中，恩斯特的机动军在遭受重大损失之后开始后退。
不过恩斯特成功争取了宝贵的时间，毛里茨得以在干潮时从浅滩成功渡河，并在纽波特前面的沙滩布阵。虽然沙滩在干潮时的面积足以容纳两军展开，不过毛里茨也计算到随着时间经过，战场必定会越来越狭窄而必须移动。因此，毛里茨军就把较具机动性的兵种混合在一起编组成部队。
荷兰军以轻骑兵向西班牙军进行挑战，在与步兵的协调之下，慢慢将敌军引向放列于沙滩后方高台的炮兵队。
随着涨潮，战场变得很狭窄。拉长的西班牙军侧腹此时遭遇来自海上荷兰盖伦帆船的舰炮射击，因此阿尔布雷希特七世指示把战场变更至沙丘上。
不过，西班牙军的大方阵在移动上却很花时间，而且脚下的沙滩更让他们举步维艰。阿尔布雷希特七世投入了预备军，迫使荷兰军后退。
西班牙军沿着沙丘的棱线移动，而荷兰军则迅速变换列阵，以炮兵、火枪兵、骑兵的组合展开攻击。西班牙的骑兵突击被长枪与火枪的混合集团挡下，大方阵与荷兰军在混乱当中搅成了一团。
此时，毛里茨投入了事前温存的预备步兵团。巴利重新集结士兵，并且投入完成补给的骑兵队，使得西班牙军整个崩溃。

CONSEQUENCE 结果

确保预备队，重视机动力的毛里茨战法，击败了因强行军而疲累的西班牙军。能够弹性组合的机动军，把西班牙军从尼德兰踢了出去。
荷兰军有效运用炮兵，且步兵与龙骑兵的联合作战也发挥了效果。
不过打赢战斗的荷兰军也损失惨重，导致被迫放弃进攻纽波特而撤退。
之后，西班牙的影响力转弱，毛里茨与政治领导人奥尔登巴内费尔特（Oldenbarnevelt）之间的对立也加深。影响到后来奥尔登巴内费尔特一派的肃清，成为强国荷兰诞生的远因。

著名战役 179

勒班陀战役

1571年10月7日

THE BATTLE OF LEPANTO

	战胜国	战败国
	基督教诸国同盟	**奥斯曼帝国**
主体	提督唐·胡安 巴尔巴里戈 圣克鲁斯	提督阿里·帕夏 西洛哥 乌尔区·阿里
兵力	约8.4万人（士兵）	约8.8万人（士兵）
船舰	桨帆船208艘 加莱赛战舰6艘 盖伦帆船26艘 辅助舰76艘 火炮1800门	桨帆船242艘 火炮750门
损失	约1.5万人 被击沉12艘 被俘虏1艘	3万人以上 （俘虏8000人） 被击沉113艘 被俘虏117艘

Point 这场海战使地中海制海权从土耳其移至西班牙，成为西方势力取代自中世纪以来支配地中海的东方势力的转折点，也是首场靠着毁坏对手阵形来分出胜负的海战。另外，这也是桨帆船之间最后的白刃战，首次将火力优势的概念导入海战当中

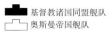
■ 基督教诸国同盟舰队
□ 奥斯曼帝国舰队

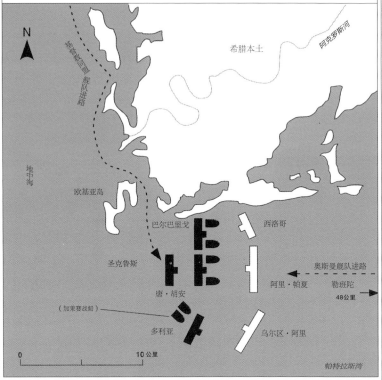

FACTOR 原因

这是一场针对地中海的霸权，由商业城邦国家威尼斯与大国奥斯曼帝国爆发激烈冲突的海战。

奥斯曼帝国与握有地中海商业霸权的威尼斯之间的冲突，导因于塞浦路斯的归属问题。过去，威尼斯是以对奥斯曼帝国支付贡税的方式来换取领有塞浦路斯，不过继承苏莱曼大帝的塞利姆二世却希望名副其实地拥有塞浦路斯，因此便集结了舰队。

塞浦路斯处于地中海要冲，一旦拿下之后便具有可以对基督教诸国宣扬优势的效果。

而在基督教诸国这边，教皇庇护五世则是关键人物。对于基督教世界来说，过去奥斯曼帝国不仅一面倒地攻陷罗德岛，进攻马耳他岛，还对塞格德（Szeged）攻击，此时正是教皇基于宗教热情发起反击的时候，而且因为基督教各国内部的势力关系，从哈布斯堡诸国与威尼斯来的援助又会成为种种利益关系的黏合剂。

以庇护五世与西班牙国王腓力二世为中心组成的"反土耳

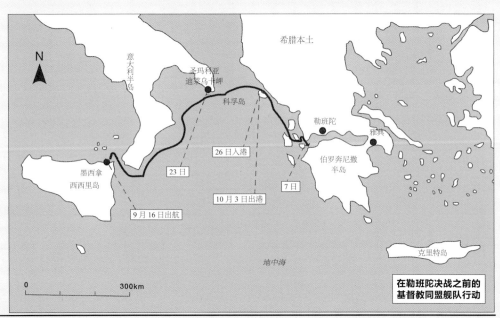

在勒班陀决战之前的基督教同盟舰队行动

180　兵战事典 6·欧洲近代篇

其神圣同盟"，由西班牙、威尼斯、热那亚，以及马耳他、教皇的舰队组成，大致上可以分成 3 个舰队。主力是桨帆船，还有远洋型的盖伦帆船 26 艘，再加上 76 艘辅助舰艇，船舰总数为 316 艘。特别值得一提的是，当中还有 6 艘重视火力甚于机动性、可说是浮动炮台的加莱赛战船。

另一方面，奥斯曼舰队是以海军提督阿里・帕夏（Ali Pasha）为总司令官，由 242 艘桨帆船构成。
至于战斗人员，同盟舰队有 8.4 万人，奥斯曼舰队则有 8.8 万人。

DEVELOPMENT 经过

1571 年 10 月 7 日，同盟舰队从阿尔巴尼亚沿岸的图卡特起锚，往奥斯曼舰队集结的勒班陀进击。奥斯曼舰队得知同盟舰队出击之后，就在勒班陀西方的加拉塔（Galata）海域展开，准备迎击。

10 月 7 日，两舰队可相互目视彼此。两舰队皆往横向扩展，试图像大鸟展开双翼一样包围敌舰队。当时的海战基本上是陆战的延伸，因此在形式上只要让其中一方的阵形崩溃，就能分出胜负。

奥斯曼舰队总共分成 3 个部分，总指挥是亲率中央队的阿里・帕夏，兵力为 95 艘桨帆船。右翼是亚历山德拉总督西洛哥（Suluc），拥有 54 艘。左翼则为阿尔及尔总督乌尔区（Uluç）指挥 93 艘进击。在他们的后方还配置有若干预备舰。

他们所面对的同盟舰队大致可以分为 4 个舰队。中央队由总指挥官唐・胡安坐阵，兵力为桨帆船 64 艘。右翼是多利亚（Doria）指挥的 54 艘，左翼则为威尼斯提督巴尔巴里戈（Barbarigo），在他麾下也有 54 艘。另外，后卫有西班牙提督圣克鲁斯（Santa Cruz）带领 30 艘作为预备舰队，可视战况随时投入。虽然两阵营的主力舰都是桨帆船，不过同盟舰队还拥有具备强大火力的加莱赛战船舰，在中央队与左翼队的前方各有 2 艘。因此，在舰艇数量几乎相等之下，相对于同盟军拥有 1800 门大炮，奥斯曼军却只有 750 门。

开战时，奥斯曼舰队的右翼队便开始急速挺进。对此，同盟舰队就以加莱赛战船舰进行猛烈炮击，右翼队陷入混乱后被逼入斯克洛法岬（Cape Skropha）。

不过西洛哥不愧是老练的海盗，他反过来利用这种状况，把同盟军引入浅滩，企图逆转战局。

对此，指挥同盟军左翼队的巴尔巴里戈靠着巧妙的操舰，让自己舰队的左翼利用展开包围的西洛哥，让舰队绕过去直冲西洛哥舰队左翼。同盟舰队指挥官很快就负伤，不过副座指挥官马上接手，让指挥系统不至于崩坏。但是奥斯曼舰队却做不到这一点，西洛哥倒下时并没有人接手，奥斯曼舰队的右翼就此溃灭。

往同盟舰队中央队冲去的阿里・帕夏同样也被加莱赛战船舰挡住。阿里・帕夏发现它们的运动性欠佳之后，就避开直接与加莱赛战船舰作战，而是看准空隙全力前进。加莱赛战船舰朝着奥斯曼舰队开火，使中央队在猛烈炮击之下陷入混乱。不过只要能够冲过这一关，加莱赛战船舰就不再具有威胁性，阿里・帕夏继续往唐・胡安的中央队挺进。

桨帆船的战法是先以舰艏大炮进行炮击，再展开接舷白刃战。阿里・帕夏与唐・胡安的旗舰接舷，周围的舰艇也陆续送上增援部队。在经过激烈的白刃战之后，阿里・帕夏遭到枪击倒地，并且被砍掉了首级，奥斯曼舰队开始全面崩溃。

在奥斯曼舰队中，左翼的乌尔区队相当善战。乌尔区队为了从同盟军的左边展开包围，便连回战场往南前进。同盟军右翼的多利亚舰队看到之后，也跟着一起往南走，使两舰队离开了主战场。

乌尔区察觉到这一点之后就转了回去，与同盟军中央队的右端碰个正着。虽然同盟军中央队右翼因此崩毁，但此时圣克鲁斯指挥的 30 艘预备舰队攻了过来。

阿里・帕夏已经倒下，唐・胡安又展开反击，使得乌尔区眼看败局已定，便切开同盟军的一角脱离战场。这场海战就在同盟军的大胜之下闭幕。

战斗开始后两舰队的动向

CONSEQUENCE 结果

这场海战是以火力优劣和保全指挥系统来分出胜负。虽然两军皆能贯彻上意下达，不过奥斯曼舰队不具有下级继承全军指挥权的组织。

另外，相对于把全军都投入战斗正面的奥斯曼舰队，同盟军拥有预备舰队。虽然预备舰队原本用来保护唐・胡安，不过也能依据战况任意投入，是支很重要的战力。

这场海战可说是桨帆船军舰海战的最终形态，除了是各舰互相进行白刃战时代的最后一场海战之外，也是把火力优势概念带入海战中的第一场战斗。

在这场海战中大显身手的加莱赛战船舰到最后却没有成为主流，而只是在过渡时期昙花一现。之后，海战就进入了拥有机动力的帆船时代。

知道奥斯曼帝国并非所向无敌之后，欧洲各国就把注意力转到新大陆上去。因此这场海战也是欧洲焦点转移的关键，具有重要意义。

无敌舰队海战

1588年7月21日~8月12日

THE ARMADA

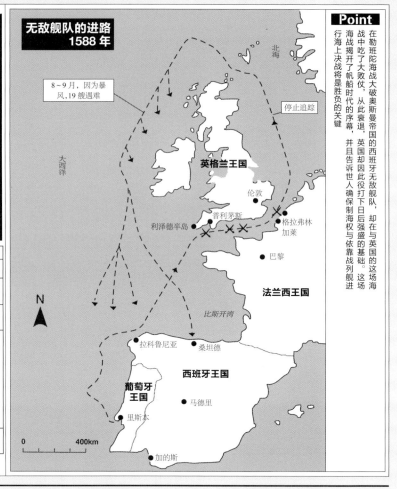

Point

在勒班陀海战大破奥斯曼帝国的西班牙无敌舰队，却在与英国的这场海战中吃了大败仗，从此衰退。英国却因此役打下日后强盛的基础。这场海战揭开了帆船时代的序幕，并且告诉世人确保制海权与依靠战列舰进行海上决战将是胜负的关键。

	战胜国	战败国
	英国	**西班牙**
主体	约翰·霍金斯 弗朗西斯·德雷克	麦地那·西多尼亚公爵
兵力	15292人（士兵）	8050人（水兵） 约1.9万人（陆兵）
船舰	盖伦帆船98艘（包含2艘大型舰） 辅助舰、武装商船99艘 加农炮55门 轻炮1920门	盖伦帆船20艘（包含6艘大型舰） 武装盖伦帆船、辅助舰102艘 加莱赛战船4艘 桨帆船4艘 火炮3431门 加农炮163门 轻炮970门
损失	0艘（火船战法损失8艘）	被击沉、遭难损毁64艘

FACTOR 原因

对于为挑战西班牙霸权，一面以私掠船袭扰新大陆航线并持续对荷兰新教徒支援的英国，腓力二世基于宗教狂热与征服荷兰的战略要求，决定进行武力入侵。

当时西班牙不仅成功暗杀了执掌独立战争总指挥的奥兰治亲王威廉（沉默者威廉），主力侵略军还有余力转向英国。而当英国天主教化的最后王牌苏格兰女王玛丽·斯图亚特（Mary Stuart）遭到处刑后，无敌舰队便以此为契机决定出击。

一直回避与西班牙直接对决的伊丽莎白一世，下定决心要以武力对决。她不仅把弗朗西斯·德雷克的私掠船队并入海军舰艇当中，编组成5个舰队，还与荷兰的乞丐军协调，准备迎击敌人。

无敌舰队的目的并非直接侵略，而是护卫将于荷兰展开的帕尔马公爵3万陆军部队渡海。指挥官原本任命勒班陀海战的英雄圣克鲁斯，不过他在出击前病逝。腓力二世重新任命麦地那·西多尼亚公爵（Duke of Medina Sidonia）为指挥官，1588年7月，集结于利泽德半岛的无敌舰队突破了多佛海峡，开始进行保卫帕尔马公爵从尼德兰渡海的行动。

对此，英国舰队于7月20日从普利茅斯扬帆出港，并于21日拦截无敌舰队，战斗一触即发。

DEVELOPMENT 经过

英国舰队利用夜间航向上风处，占据了有利位置。英国的盖伦帆船与西班牙船舰相比，小型船舰比较多。另外，西班牙船为了进行接舷白刃战，拥有较高的舰艏楼与舰艉楼，因此都比较重，甲板也很宽大，不利于灵巧操舰。相对于此，英国船舰可以敏捷行动。

另外，虽然无敌舰队的主力是盖伦帆船，但是他们依旧采取跟勒班陀海战时类似的半月阵形，因此就无法以各舰为单位行动，在操舰上也变得钝重。英国舰队则将各舰队分别组成单纵阵，在作战上采取以自由行动的方式来削弱无敌舰队的坚强船阵。

首日海战以拂晓奇袭拉开序幕，英国舰队并没有直接靠上无敌舰队，而是从上风处往敌军的后卫右翼通过并展开炮击，然后再反转以逆风航行法进行通过射击。在这种反复攻击下，无敌舰队中的圣萨尔瓦多号（San Salvador）起火燃烧，战舰旗舰也因为遭受极大伤害而脱队。虽然只损失1艘船，不过这艘船舰载有整个无敌舰队的金库，而且主计总监也在船上。因此这对经济上的影响非常大。

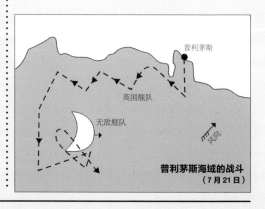

普利茅斯海域的战斗（7月21日）

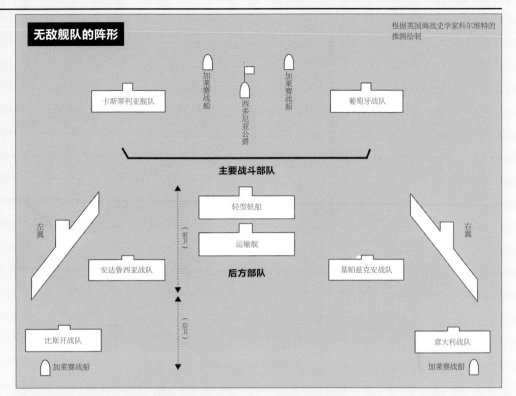

首战中可以看到英国舰队的炮击技术远远优于西班牙。英国船舰在海战中以射程较长的长程火炮作为主力,而且在西班牙射出1发炮弹的时间内能发射3发。另外,与西班牙船舰相比,英国的炮门也做得比较大,因此射角比较广,能够投入更多火炮射击。

就实际而言,英国的长程火炮因为射程较长,破坏力比较差,根本就构不成威胁,不过无敌舰队的官兵看到英军远比自军优越的技术而士气明显低落,对战况产生很大的影响。

西班牙军的战术是先以短射程加农炮进行炮击,在靠近之后用钩子把敌船拉过来,最后以白刃战来决定胜负。不过对于操舰灵活的英国船舰来说,这种战法并无效果,反而会加速导致舰列陷入混乱。

英军以德雷克舰队挑起夜战,捕获了无敌舰队安达鲁西亚舰队的旗舰与另一艘船。不过英军也因夜战使队列乱了,重新集结结花上一天的时间。

23日,无敌舰队幸运占到了英国舰队的上风位置。西多尼亚公爵下令拥有强大炮击火力的加莱赛战船舰队打头阵突击,他也亲自率领主力舰队展开攻击,两军进入了全面战斗。

这是开战以来的最大激战,无敌舰队的优势在英国舰队优秀的机动性面前并未长久持续,上风处不久就被英军给占了。

经过这一天的海战,西多尼亚公爵判断要保住对英国舰队的优势实在非常困难,因此决定保存战力跟帕尔马公爵会合,开始向荷兰沿岸移动。

24日,英国舰队回到基地补给。25日,比斯开湾舰队与霍金斯舰队交战。27日,无敌舰队在加莱(Calais)海域下锚,等待帕尔马公爵到来,不过帕尔马公爵遭到荷兰舰队封锁,无法从布鲁日(Brugge)出发。

对于等不到友军会合、正在停泊中的无敌舰队,英军决定在8月6日半夜进行火船攻击。这种战法通常是以小型船舰进行,德雷克却投入了8艘中型、大型舰艇。因为大潮而采取密集队形的无敌舰队遭到火攻之后陷入大混乱,阵形完全崩解。许多舰艇意图切断锚缆向外脱离,这些船最后顺着潮流四处漂散。

英国舰队总司令官霍华德得知这个状况之后,下达了全面攻击的命令。英国舰队靠着之前一直回避的近距离炮击与敌军一决雌雄,展开了总攻击。

8月8日,英国舰队针对无敌舰队的大型舰艇进行集中炮击,带给对方极大损伤。虽然西多尼亚公爵也受伤苦战,不过他依然靠着后卫成功重组出了密集阵形。比斯开湾舰队的旗舰已经沉没,许多大型盖伦帆船的舰体也都受损,无敌舰队好不容易脱离了战斗海域,却又面临强风与英国舰队的追击。

受损的无敌舰队各舰陆续沉没、搁浅;英国舰队判断风力如果继续增强的话就无法返回英国沿岸,于是在8月12日转头收兵。为期半个月的海战就此结束。

CONSEQUENCE 结果

无敌舰队在这场海战中的败北,对于西班牙来说是一大误算,西班牙从此呈现衰落的状态。

无敌舰队执着于在勒班陀成功的重炮击以及白刃战,没有转换成帆船时代的战法。相对于此,以小型舰艇为主力的英国舰组成单纵阵,贯彻机动战术,把无敌舰队要得团团转。

另外,相对于能在战场上确保补给地的英军,无敌舰队并未拥有补给地,因此要为弹药、粮食的缺乏而烦恼。而且为了达成与帕尔马公爵陆军会合的战略目的,不仅白白浪费太多时间,还遭到了火船突袭。

至于最大的败因,就是无敌舰队在没掌握制海权之前就企图运输大军。如果把登陆英国当作战略目的的话,就必须在事前与英国舰队决战才行。虽然西班牙之后也重建了舰队,庞大的费用却加速了没落。取而代之的则是英国、荷兰这些新的海洋霸权国家。

英国认识到只要确保制海权,就有办法跟大国相互较量。虽然英军因为使用长程火炮而获得胜利,却同时明白它的威力不足,因此舰载炮就改成配备短程的重炮。此役除了确立单纵阵战法、制海权概念之外,也让海战进入了以战列舰进行海上决战的时代。也就是说,这场海战宣告了帆船时代的来临。

吕岑战役

1632年11月16日

THE BATTLE OF LÜTZEN

Point 这是欧洲列强介入德国内乱而引发的大规模国际战争三十年战争中期的战役。此役是一场意图让步、骑、炮三兵做有机结合的划时代战斗，彻底采取攻势的瑞典军以些微之差取得战术上的胜利，不过国王古斯塔夫·阿道夫阵亡，新教军也因此更为团结，所以不能否定他们在战略上是失败的

■ 瑞典军
□ 神圣罗马帝国军

	战胜国	战败国
	瑞典	神圣罗马帝国
主体	古斯塔夫·阿道夫	华伦斯坦
兵力	约2万人	约2.2万人 (包含援军8000人)
损失	约1万人 (古斯塔夫阵亡)	约1.2万人

FACTOR 原因

瑞典国王古斯塔夫·阿道夫在莱希河畔击败皇帝军将领梯利之后，开始向维也纳施压。

感到恐惧的神圣罗马帝国皇帝斐迪南二世，重新任用了之前遭到罢免的大佣兵队长华伦斯坦。华伦斯坦对古斯塔夫的后方展开袭扰，并把折返的瑞典军追入纽伦堡，不过没有分出胜负。

古斯塔夫突破了包围，并反过来围住华伦斯坦。感到危险的华伦斯坦开始后退，古斯塔夫则展开追击。华伦斯坦在莱比锡近郊构筑阵地，古斯塔夫也开始建立冬季阵地。

华伦斯坦认为古斯塔夫在春天到来之前都不会有动作，就派帕本海姆前去压制新教军营的哈雷。

古斯塔夫趁着皇帝军兵力分散时前进，华伦斯坦火速召回帕本海姆，并在萨克森的吕岑构筑坚固的防御阵地以迎击古斯塔夫军。

DEVELOPMENT 经过

华伦斯坦把方阵置于中央，让炮兵在后方支援，并于两翼配置骑兵支援步兵预备队。另外配置个别的重炮阵地，当作打入瑞典军的楔子。

瑞典军朝着由2条壕沟挡住的方阵展开炮击。相对于瑞典军的2万，皇帝军此时的兵力只有1.4万，若他们能与帕本海姆军会师，战力就会逆转。因此瑞典军就让步、骑、炮三兵总动员进行攻击。

皇帝军的步兵防线出现崩溃，华伦斯坦此时亲自上前线指挥，把瑞典军的中央队挡了回去。

从皇帝军右翼阵地发射的支援炮，击中瑞典军左翼骑兵的侧面，使得骑兵队遭受很大损害。

看到这种状况，原本亲率右翼骑兵攻破皇帝军左翼的古斯塔夫赶紧回到中央队进行指挥。不过因为行动太过迅速，导致卫队来不及跟上，一马当先的古斯塔夫便遭到皇帝军步兵的狙击而战死沙场。

得知国王战死的瑞典军因此奋起，自全线压迫华伦斯坦军。皇帝军的重炮阵地三度被夺，虽然中央部分因为帕本海姆带领7个骑兵团回来奋战，而夺回了优势，不过帕本海姆也在混战中身负重伤(之后死亡)，皇帝军败势清晰。

由于太阳下山的关系，得知皇帝军侥幸免于全灭，华伦斯坦就此撤退。获得胜利的瑞典军却失去了古斯塔夫。

虽然瑞典军之后仍是新教军的核心，不过古斯塔夫阵亡，他们已经不可能再取得决定性的胜利了。

CONSEQUENCE 结果

这是一场两军都让步、骑、炮三兵以有机结合的方式作战的战役，旧教军有所进步，在布阵时重视火力。

相对于贯彻防御的华伦斯坦，古斯塔夫采用全面攻势。不过被引入侧面射击与具纵深构造的阵形，使得获胜的瑞典军也遭受重大损失。

虽然此役对于后世的战争形态带来相当大的影响，不过在胜负上却没有决定性，反而还因为新教军、旧教军都失去了卓越的领导者，使得之后的三十年战争持续陷入混沌。走上台面成为主角的国家则是法国，神圣罗马帝国也有西班牙当作后盾。

之后，华伦斯坦因为想要单独与瑞典军媾和遭到暗杀，战争的主角由法国与西班牙接棒。

罗克鲁瓦战役

1643年5月19日

THE BATTLE OF ROCROI

Point 这场战役发生在欧洲主要国家都有参与、已国际战争化的三十年战争后期，是幕后的法国为了打破外交困境、浮上台面发起的战争。法国吸收了步、骑、炮三兵共存的瑞典军战术，让这场战役成为近代炮兵创始与近代步兵起源的契机，确立了扩大战争的基础

	战胜国	战败国
	法国	**西班牙**
主体	孔代亲王	科·马勒
兵力	约2.3万人 步兵营18个 骑兵连32个	约2.7万人 大方阵20组 骑兵7000骑
兵器	火炮12门	火炮28门
损失	约4000人	约7500人 被俘7000人 逃亡6500人

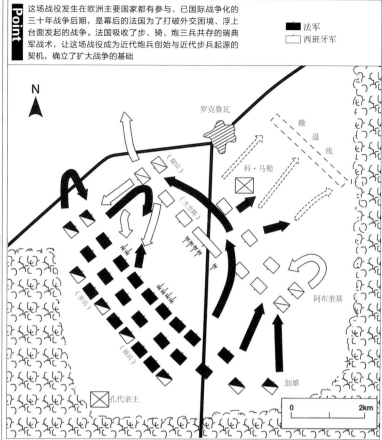

图例：■ 法军　□ 西班牙军

FACTOR 原因

瑞典国王古斯塔夫·阿道夫与神圣罗马帝国的大佣兵队长华伦斯坦都死了之后，三十年战争更加混乱，变成持续不断消耗的状况。

帝国军的主力是神圣罗马帝国与国王同为哈布斯堡家族人士的西班牙，他们在1634年9月于纳德林根大败瑞典军，因此对新教军产生了战略调整效果，许多势力陆续转而加入皇帝阵营，情势对旧教军阵营趋于有利。对此，过去一直藏在新教军阵营幕后的法国就与瑞典缔结同盟，站上了舞台。

法国也与荷兰缔结同盟，攻击属于西班牙领土的南尼德兰，如果此役失败的话，西班牙就会失去通往德国的走廊。2.7万西班牙军从尼德兰出发进攻法国，包围了罗克鲁瓦。法国指挥官孔代亲王接到情报之后，就率领2.3万兵马出击，当他知道西班牙还有6000增援部队正在接近时，便决定在侵略军与增援会师前将之击破。

DEVELOPMENT 经过

通往罗克鲁瓦的道路为森林与沼泽所阻，西班牙军对这里有所懈怠。法军以纵队行进通过这个地区，并在可以俯瞰西班牙军的高地布阵。

早晨，孔代亲王开始攻击。他让骑兵佯攻西班牙军右翼，并在看到阿布奎基（Albuquerque）公爵指挥下的西班牙军骑兵队开始移动正面兵力之后，就往西班牙军的侧面进行突击。孔代亲王趁着骑兵队突破西班牙军左翼的时候投入步兵队，经过1小时的激烈苦战，将敌人打散。

西班牙军击退了朝向自军右翼的攻击，并往法军左翼展开反击。骑兵在与大方阵协同之下前进，对法军步兵队进行压迫。

法军在经过甚至连火炮都被夺走的激战之后，步兵队被迫暂时撤退。不过他们迅速整理好队列，并投入预备兵力展开反击。

孔代亲王的逆袭击退了移动中的大方阵，他看到左翼有危险后，就把队列重新组合，让火枪队走在前面。孔代亲王又以骑兵队往西班牙军的中央进行突破，然后直接掉头突袭西班牙军步兵队的后方。

西班牙军骑兵队遭到来自后方的攻击，便开始动摇，丢下步兵队径自趁乱撤退，陷入无法进行统筹行动的状态。

孔代亲王连同他从西班牙军掳获的火炮开始进行集中炮击，加上数次攻击之后，西班牙军陷入溃灭状态。

CONSEQUENCE 结果

西班牙失去了从尼德兰通往德国的走廊，1645年，瑞典将军托尔斯滕森还在波希米亚大胜神圣罗马帝国，使得神圣罗马帝国再也无法跟新教军抗衡。

西班牙在海上的贸易航线被荷兰、英国的海军切断，经济因此没落，从大国宝座上滑了下来。

以结果来说，三十年战争依据缔结于1648年的《威斯特伐利亚和约》，在新教阵营的优势之下完结。法国大大扩张了领土，宛如一把指向神圣罗马帝国喉头的利剑，瑞典也取得了波罗的海与通往北海的全部贸易航线。

就军事而言，开花结果为西班牙大方阵的中世纪战术，被荷兰军的奥兰治亲王毛里茨开创始的三兵战术所取代。从此，进入依靠炮兵、步兵、骑兵进行机动战的时代。

著名战役　185

纳斯比战役

1645年6月14日

THE BATTLE OF NASEBY

	战胜国	战败国
	英国议会军	**英国保皇军**
主体	托马斯·费尔法克斯 奥利弗·克伦威尔	查理一世
兵力	约1.3万人（步兵7000人、骑兵6000人）	约9000人（步兵4000人、骑兵5000人）
兵器	火炮13门	火炮12门
损失	未满1000人	1500人 被俘4500人

Point 此役是在英国的清教徒革命中，议会军对保皇军取得压倒性胜利的一场战役。议会军由克伦威尔重新编组成一支称为新模范军的单一专属士兵军队，采用瑞典式战术，是一支经过充分训练、属于国民的部队。此役证明他们不仅优于佣兵军队，且不比国王的军队差。

■ 议会军
□ 保皇军

FACTOR 原因

清教徒革命是依据基本法主张议会政治的英格兰议会与采行君权神授理论的国王查理一世互相对立之下演变而成的武力冲突。在开始阶段，相对于以贵族和保守派士绅为核心、拥有强大骑兵队的保皇军，靠新兴士绅与商人、市民阶级团结起来的议会军虽然在经济上具有优势，不过军事上却很弱。

虽然两军都加进各式各样的民兵组织，不过议会把这种军队组织改组，变成专属的军队组织。这种称为新模范军的新军无视于序列，以实力本位的方式建构而成。重新编组而成的新模范军，在纳斯比战役中与保皇军一决雌雄。

查理一世要去救援被议会军包围的牛津，当他知道议会军已经解除包围继续进击之后，就在纳斯比北方的丘陵布阵。对此，议会军利用起伏多变的有利地形逐步靠近，总司令官托马斯·费尔法克斯率领1.3万名士兵布阵。

DEVELOPMENT 经过

议会军的副司令官奥利弗·克伦威尔与费尔法克斯为了活用骑兵的机动力，就让全军退出原本布阵的潮湿地带。保皇军趁他们后退之际，不等炮火进行掩护射击就急着前进，两军展开战斗。

费尔法克斯让欧奇（Okey）上校麾下备有火器的龙骑兵队隐蔽在战场左右，除了在保皇军前进时从侧面射击之外，同时活用其机动力。议会军新选择的战场有着丰富的起伏地形，使龙骑兵队成了良好的伏兵。

两军右翼骑兵队同时展开攻击，揭开战斗序幕。率领保皇军右翼骑兵队的鲁伯特（Rupert）王子发动突击，粉碎了议会军的左翼。鲁伯特继续追击后退的议会军，甚至遭到下马隐藏的欧奇龙骑兵队从侧面射击也不放弃追赶，一直进攻到议会军的补给马车队列处。

保皇军的中央部队不管兵力上的差距，直往议会军中央部队进行压迫。此时，查理一世投入了预备骑兵队，只要能对克伦威尔的侧面进行攻击，保皇军就胜券在握了。

不过，就在国王还没行动时，左翼骑兵队就被克伦威尔率领的议会军右翼挡下了。克伦威尔还让骑兵掉头，攻破了保皇军中央队的后方与右侧面。另外，在战斗一开始时被鲁伯特打垮的左翼骑兵也重新集结，对中央队进行支援，而龙骑兵此时则上马对保皇军中央队展开横击。

议会军进而对中央投入预备步兵，完全陷入包围的保皇军不是丧失战斗意志决定投降，就是开始设法逃跑。

好不容易完成掉头的鲁伯特抵达战场时，大势已去。保皇军的战死者约1500人。虽未全部歼灭，不过保皇军实质上已经毁灭。

CONSEQUENCE 结果

此役的胜负分水岭在于情报能否确实传达，以及士兵是否能够按照指挥官的意图进行战术行动。

保皇军骑兵队无视乎鲁伯特的战略目的而失控，又在混战中误判情势，过早脱离战场，再加上更多的误报，导致无法形成统一战力。

议会军能切实服从指挥官命令，持续采取统一的战术行动。查理一世就此逃亡，最后被抓起来处刑。

这场战役是像克伦威尔的新模范军这种经过充分训练、又有优质指挥官领导的国民军队，可以胜过佣兵或正规国王军队的最佳证明。不靠君主专制，而是单纯依据法律治理的社会所形成的克伦威尔制改革，可说是英国在之后能够成为"世界银行"而拓展势力的远因之一。

安茨海姆战役

1674年10月4日

THE BATTLE OF ENTZHEIM

	战胜国	战败国
	法国	**联军**
主体	杜伦尼	布农维尔公爵亚历山德拉
兵力	约2.2万人	约3.8万人
兵器	火炮30门	火炮50门
损失	约3500人	约3000人

Point 这是法国路易十四进攻荷兰的战争中，法军与背弃同盟的英国、德国以及西班牙联军为敌的战役。法军将领杜伦尼以急袭机动战成功完成攻势防御，虽然没有取得决定性胜利，却防止己国遭到入侵，以有利的形式讲和

FACTOR 原因

1672年，法国国王路易十四为了压制因重商主义政策成功崛起，进而成为欧洲大国的荷兰，遂与周边各国缔结同盟，并增强陆海军对其进攻。虽然法军一开始具有优势，并且占领了荷兰南部，不过荷兰切断了法军的战线，准备打一场持久战。荷兰的防卫战略，是利用本国大部分国土低于海平面的低矮地势，自行破坏堤防引发洪水，把法军孤立于各处。荷兰通过政变掌握实权的奥兰治亲王威廉表明彻底抗战意志，各国认为法国胜算渺茫，纷纷毁弃同盟加入荷兰阵营参战。

法国被迫转为守势，从荷兰撤退。虽然1674年8月的瑟内夫（Seneffe）之役由法军的孔代亲王获胜，度过了危机，不过法国却暴露于德国诸侯、英国、西班牙攻击的危机中。

负责法军阿尔萨斯防卫的杜伦尼，靠着莱茵军团展开攻势防御。他以拿手的背面行军挺进，完成出乎联军意料的急袭机动战。

DEVELOPMENT 经过

杜伦尼率领麾下1.6万莱茵军团渡过莱茵河，席卷美因河与内卡河的中间地带。

对此，以布农维尔公爵亚历山德拉为指挥官的联军沿着摩塞尔河南下，接收了中立都市斯特拉斯堡（Strasbourg）。杜伦尼的部队获得了增援，率领2.2万兵马前进，等待机会攻击盘踞斯特拉斯堡的联军。

联军在斯特拉斯堡西南方的安茨海姆近郊，挖出好几道壕沟，布下防御阵形。他们把安茨海姆村置于前方，左翼依靠小峡谷为防线布阵。在中央配置步兵队，两翼则是骑兵队。

对此，杜伦尼花费了整整两昼夜的时间进行强行军，急速接近联军防线，慎重地展开攻击。

他的阵形跟联军一样，在两翼配置骑兵队，中央则有步兵队，与联军中间夹着安茨海姆。法军左翼有枝叶茂密的葡萄园，挡住了骑兵队。

法军让右翼的龙骑兵与8个步兵营对联军左翼发动攻击，英军靠着1个团的5门火炮进行防守，而这位队长名叫约翰·丘吉尔，他就是之后在战史上大名鼎鼎的马尔博罗公爵。

丘吉尔隐藏在峡谷与森林当中进行炮击，击退了法军的攻势。联军投入右翼骑兵队，绕过葡萄园突袭法军左翼，不过杜伦尼却以左翼骑兵队的3个营进行横击，成功击退敌军。

虽然战斗的主导权一直握在法军手中，不过他们无法给予躲在壕沟中的联军致命打击，杜伦尼放弃了进攻。等到太阳下山之后，他下令撤退。联军也在同时后退，会战不了了之。

CONSEQUENCE 结果

虽然没有取得决定性胜利，不过因为联军的撤退，杜伦尼的防卫战略目的已达成。要打败躲在壕沟中的军队并不容易，很明显会让战斗陷入胶着状态。

荷兰把各国都卷了进来，1678年，法国在得以避免本国遭到入侵之下，以有利的形式完成讲和。

这场战役也使得全欧洲都对法国提高了警惕。

特别是英国选择与同为海洋国家的荷兰携手共抗法国，进一步导向了以英国为中心的欧洲同盟，使得握有陆上霸权的法国与筑起海上帝国的英国就此展开长期战争。

著名战役 **187**

维也纳攻城战

1683年7月14日~9月12日

THE SIEGE AND BATTLE OF VIENNA

	战胜国	战败国
	神圣罗马帝国、联军	奥斯曼帝国
主体	利奥波德一世（神圣罗马皇帝）索别斯基（波兰国王）	卡拉·穆斯塔法·帕夏
兵力	维也纳防卫军约3万人 波兰军约3万人 德国·奥地利军约4.6万人	约15万人
结果	被围，解围成功	溃逃

Point 这是在奥斯曼帝国军第2次包围维也纳时所发生的维也纳攻城与战斗。在因奥斯曼军拙劣的攻城战所招致的反包围决战当中，响应基督教诸国整体危机挺身而出的波兰国王索别斯基靠着夜袭与闪击战驱散了奥斯曼军，从此把奥斯曼帝国自欧洲排除

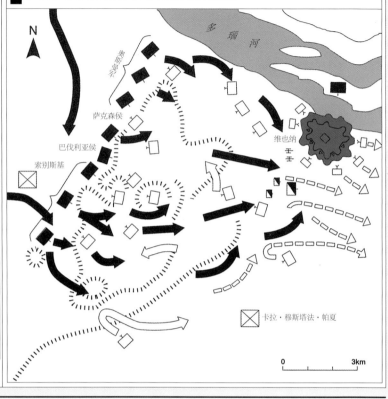

FACTOR 原因

苏莱曼大帝的巅峰时期过后，奥斯曼帝国不仅在勒班陀海战后丧失了地中海的制海权，也因为对哈布斯堡家族连年征战导致战费遽增，从新大陆流入的金银又让货币价值暴跌，而且国内无能苏丹辈出，丧失了过去的权威。

不过奥斯曼帝国依然拥有强大战力，德国、波兰等欧洲东部与之接壤的国家，从来没有对它放松过神经。

1683年，苏丹穆罕默德二世看准了奥地利属匈牙利爆发叛乱的机会，命令大宰相卡拉·穆斯塔法·帕夏（Kara Mustafa Pasha）率领15万大军从奥斯曼属匈牙利入侵，包围了维也纳。

神圣罗马帝国皇帝利奥波德一世把维也纳的防卫交给洛林公爵卡尔五世（Charles V, Duke of Lorraine），自己则逃到了林兹（Linz）。皇帝从该地对基督教诸国声请救援，波兰国王扬三世·索别斯基（Jan III Sobieski）作为主力，组建出了救援军。

DEVELOPMENT 经过

奥斯曼军自8月初建构起完美的包围阵，并针对维也纳西部进行重点攻击，还从地底挖掘坑道，尝试破坏城墙。对此，防御军虽然两度打出城外，却无法给予敌军有效打击，反而徒增损失。

唯一的救星，就是奥斯曼军无法运来有效的攻城炮，防御阵营则拥有较多的火炮。

另一方面，当皇帝利奥波德一世得知从1月开始机动的奥斯曼军以维也纳为目标之后，就已经向波兰国王扬三世·索别斯基提出救援请求了。

回应邀请的索别斯基亲率3万波兰军，于7月20日自华沙出击。行经220英里之后，在9月11日抵达维也纳外围。联军兵力除了索别斯基的3万之外，还有萨克森侯的1万、巴伐利亚侯的1.1万，以及皇帝利奥波德一世的2.1万，外加火炮170门。

维也纳城不仅城墙被打开破口，而且还缺乏粮食，不过市民的战斗意志很旺盛。

9月12日，联军在能够俯瞰维也纳的丘陵上布阵。中央是巴伐利亚和其他德军，左翼是由防卫指挥官卡洛林公爵所率领的奥地利军，索别斯基自己则位于右翼。

攻击原本在翌日，不过索别斯基在接获奥斯曼军的防备其实很弱的报告之后，便决定立刻展开攻击。下午5点，他们利用暮色开始进攻。维也纳守军此时也里外呼应打出了城门，从包围线内侧展开突袭。

索别斯基通过掌握奥斯曼军防备态势不足的情报网得知他们的本营所在地，依此对穆斯塔法·帕夏的司令部发动突袭。司令部因此陷入混乱，包围线又遭到中央突破，奥斯曼军因此败逃。穆斯塔法·帕夏在混乱中逃走，维也纳终于撑过了围城。

CONSEQUENCE 结果

经过大约1小时的战斗，奥斯曼军的包围网崩解，联军因为视线不佳的关系所以没有继续追击。几乎没有重炮的奥斯曼军在攻击上花了太多时间，毫无进展的攻城战令士气松懈。相对于此，索别斯基靠着急速机动进军，并且把握战机趁着黄昏强行进攻，成功突袭了敌军司令部。

这是一场因奥斯曼军拙劣的攻城战而引起的反包围决战，可说是靠着索别斯基的闪击战与切实把握时机的急袭导向了胜利。此役之后，奥斯曼帝国被推回了东方，并依1699年缔结的《卡尔洛夫奇条约》丧失了包括匈牙利在内的欧洲领土。取而代之的俄罗斯、奥地利势力，反过来形成对东方的强烈压力。索别斯基因为这场胜仗反而为诸国忌惮，导致波兰在他死后遭到瓜分。

纳尔瓦战役
THE BATTLE OF NARVA
1700年11月20日

	战胜国	战败国
	瑞典	俄罗斯
主体	卡尔十二	彼得大帝（会战时是查理·德·克罗伊）
兵力	约1.5万人	约3.5万人
兵器	——	火炮173门
损失	约3000人	约8000人 火炮145门

Point 此役可说是与丹麦、波兰结盟的俄罗斯开始进出波罗的海的第二次北方战争之序曲，针对包围海港要塞纳尔瓦的俄罗斯军，瑞典国王卡尔十二暗中前去支援，在暴风雪中以迅速机动进行各个击破与纵队突击，趁彼得大帝不在时粉碎了俄罗斯军。

FACTOR 原因

因三十年战争失去通往波罗的海出口的俄罗斯，在进入彼得大帝时代之后，决定将其夺回。因瑞典的土地归还政策而丧失既得权益的贵族，斡旋勃兰登堡、丹麦、波兰缔结反瑞典同盟，此时又加入了俄罗斯。丹麦包围了与瑞典同盟的霍尔斯坦（Holstein）公爵，萨克森侯也包围里加，同时在多处发起作战的方式，让瑞典措手不及。从奥斯曼帝国手中夺取通往亚速海的出口，并且以休战解除东方威胁的彼得，趁着这个机会向瑞典宣战，包围了通往波罗的海的要冲纳尔瓦。

对于这项行动，当时年仅18岁的瑞典国王卡尔十二积极展开机动战，意图将敌人各个击破。他在荷兰、英国的援助之下登陆丹麦，以1.5万兵马直击哥本哈根，并让他们投降。

然后他又急速调头，朝包围纳尔瓦的俄军前进。

DEVELOPMENT 经过

纳尔瓦守军大约只有1900人。彼得大帝原本想在卡尔十二攻打丹麦的时候投入大军及大量火力攻陷这座城，然后夹击瑞典军。不过这项计划却因为包围所花时间超出预料，而且卡尔十二也取得了想定外的胜利，所以就告吹了。

卡尔十二为了救援里加渡过了波罗的海，于10月6日在利沃尼亚登陆。里加虽然遭到包围，不过依然击退了攻围军。卡尔十二因此判断里加可以撑住而决定赶往纳尔瓦，率领8000士兵秘密行军，并摧毁了俄罗斯军警戒线分派来的谢瑞麦捷夫（Sheremetev）前进哨戒骑兵。哨戒骑兵队连通报都来不及就被歼灭，而卡尔十二在强行军之下，只花了1天就抵达纳尔瓦外围。在卡尔十二不断接近的时候，彼得因为围攻纳尔瓦花上太多时间而放弃，转往对岸的伊万哥罗德（Ivangorod）。他可能是去请求援军，或是直接逃跑。卡尔十二应该有俄罗斯军的内应，掌握正确的司令部所在地。他集中兵力，展开一举歼灭司令部的突击。11月20日下午2点，瑞典军的攻击在暴风雪中展开。俄罗斯军因为彼得不在，在法国出身的德·克罗伊（Charles de Croÿ）指挥下无法及时做出反应，因而遭到中央突破，司令部也被粉碎。而卡尔十二又让部队掉头，冲击已经动摇的俄罗斯军侧面。

在纵队突击中一马当先的卡尔十二让俄罗斯军陷入混乱，在无法进行有效反击之下溃败逃走。俄罗斯军损失两成以上士兵与大部分火炮，而卡尔十二则考虑到己军的疲劳，为俄罗斯军留了一条退路，让他们逃跑。纳尔瓦的包围就此解除，并成功阻止俄罗斯挺进波罗的海。

CONSEQUENCE 结果

瑞典军靠着急速机动力逐个击破，以及因指挥官身先士卒而提高的士气，还有集中兵力的纵队突击取得胜利。而俄罗斯军的败因则是没经验的士兵与警戒不够彻底，以及决战时总指挥官不在场，临时指挥官又是外国人，因此欠缺顺畅沟通，而且对大炮的操作也不熟悉，还有长期包围使得士气松懈等。

至于这场战役的意义，除了在于卡尔十二的电光石火迅速用兵，以机动战进行各个击破之外，还有对彼得大帝的意识变革的影响。败战之后，彼得为了与瑞典军对抗，除了定期征集士兵、建构以国库供应军饷的体制之外，还培育产业，特别是大量配备火炮。接着又编组出以步、骑、炮混合而成的机动军，规划抵御机动用兵的用兵方法。这种在正面构筑多数防御堡垒，以火力削减敌军兵力之后，再让部队前进的战法，之后就成了俄罗斯的固定战术。至于卡尔十二，俄军也在1709年的波尔塔瓦战役中一雪前耻。

1705 年 7 月 17~18 日

艾利克森战役
THE BATTLE OF ELIXEM

	战胜国	战败国
	联军	**法国**
主体	马尔博罗公爵丘吉尔	维勒鲁瓦元帅
兵力	约 7 万人	约 7.3 万人
结果	突破布拉班特防线	撤退

Point 这场战役是对因西班牙的哈布斯堡家族绝嗣而由路易十四的孙子腓力继承王位，列国缔结同盟表达反对并开战的西班牙王位继承战争当中的一场战斗。马尔博罗公爵靠着急速机动的兵力与出人意料的快速突袭，以集中突破与侧击的方式穿越了坚固的布拉班特防线，施展了漂亮的机动战

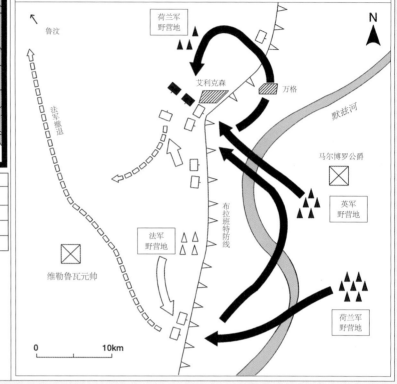

FACTOR 原因

法国国王路易十四意图染指西班牙领土。
1700 年，西班牙国王卡洛斯二世去世之后，路易十四的孙子安茹公爵腓力被指名继承王位，策动西班牙与法国合并的计划就此展开。如果这项计谋完成，法国就能确立控制地中海出口与大陆走廊的战略优势，以此压抑英国与北欧各国的活动。以英国国王威廉三世为中心缔结而成的英国、荷兰、奥地利联军，在 1704 年于布伦海姆击败了法军。法军在本国领地重整态势，并于国境附近筑起防卫线，准备打一场持久战。
1705 年，指挥联军的马尔博罗公爵丘吉尔计划从荷兰进攻法国本土。而法国则在布拉班特筑起绵长的防线，准备迎战。

DEVELOPMENT 经过

指挥法军的维勒鲁瓦元帅将 7.3 万兵力沿着防线配置，布下完美的防御阵势。
这项战略构想的根基，就是位于防线前方南北流向的默兹河。它的支流可以切断联军，让他们的行动受到制约。
对此，马尔博罗公爵在 7 月 17 日早晨动员工兵架设了 20 座船桥。他绕过了坚固的防线正面，计划以急速机动进行奇袭作战。
在马尔博罗公爵的本队展开行动之前，东方野营的荷兰军先有了动作。他们靠船桥渡过了切断进路的默兹河，往西挺进与防线接触，并与法军守备队展开战斗。
法军得知防线南部遭到荷兰军攻击之后，就转移了戒备重点。而马尔博罗公爵率领的本队则在当天日落之后出发。
为了隐匿行踪，他们趁着夜色迅速行军，渡过船桥成功与北方部队会师，并于后方重新编组纵队。
彻夜行军的结果，使得马尔博罗公爵麾下的部队抵达防线北部，接近万格（Wange）的前线。在这个地方并没有配置重点防御，马尔博罗公爵得以成功突破。他并未与敌军交战，而是立即反转，从法军主力集结的艾利克森背后展开猛攻。指挥法国守军的德雷格尔在经过短暂交战之后败逃，只剩一位指挥官卡拉曼组成方阵孤军顽强抵抗。
不过至此大势已定，法军开始撤退。虽然马尔博罗公爵眼看优势在即，不过持续 31 小时行军 27 英里已经让荷兰军极度疲劳，因此没有进行追击，使得维勒鲁瓦元帅获得撤退至鲁汶（Leuven）的宝贵时间。

CONSEQUENCE 结果

马尔博罗公爵靠着机动突袭作战，突破了布拉班特防线。
于艾利克森展开的战斗，可说是马尔博罗公爵机动战的范本；让兵力迅速机动，在敌军意料之外进行集中突破与侧击。换句话说，就像下棋，以俯瞰整个战场的视角作为战略基础。
为了突破坚固的防线，就必须大量投入兵力进行突破作战，并且还会产生相当的损失。而马尔博罗公爵除了移动部队以对敌军施加压力之外，也利用工兵确保移动路线，靠着迅速机动，针对敌方弱点进行打击。
法军为佯攻作战所迷惑，完美的防御阵形出现漏洞。
在此之后，西班牙王位继承战争就转为法国领土内的防御战，并且陷入胶着，白白浪费时间。
在以后的大规模战役当中，由有能力的指挥官掌握己方部队进行机动战，就成了普遍倾向。

1708年8月12日~12月10日

THE SIEGE OF LILLE
里尔攻城战

Point 这是西班牙王位继承战争中期的战役。法军据守由沃邦建造、拥有优秀防御火力的里尔要塞。而由马尔博罗公爵率领的联军则完成了几近于圆形的长期封锁线，法国的援军因为机动战术的关系而无法靠近，在确保补给线之下，联军拥有充分的火力逼迫法军开城

	战胜国	战败国
	联军	**法国**
主体	马尔博罗公爵丘吉尔 欧根亲王萨伏伊	布夫莱尔元帅 （里尔守备队） 贝维克公爵 勃艮第公爵 （救援军）
兵力	马尔博罗公爵 约4万人 欧根亲王约5万人	里尔守备队 约1.6万人 救援军约11万人
结果	里尔要塞开城	败逃

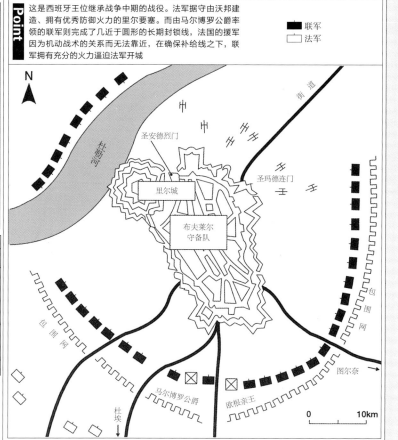

FACTOR 原因

针对想要身兼西班牙国王宝座并统治欧洲中枢的路易十四，英国组成了大同盟。
法军在意大利、佛兰德斯进行两面作战，而1704年的布伦海姆会战之后，他们就被逼入了守势。法军为了保全本国领土而展开防卫战，不过马尔博罗公爵却像一根楔子一样深深敲了进去，使法国本土暴露在威胁当中。
法军据守沃邦设计的里尔要塞迎战联军，并且要从背后切断敌人补给线。
联军有欧根亲王加上马尔博罗公爵部队总共约9万，以80门重炮形成包围线。相对于此，要塞内则有布夫莱尔元帅指挥守军，后方也有援军前来。里尔攻城战就在这个状况下展开。

DEVELOPMENT 经过

1708年7~8月，由欧根亲王与马尔博罗公爵保护的80门攻城炮以及3000辆补给车辆从布鲁塞尔机动至梅嫩（Menin），对里尔要塞展开封锁。封锁从8月12日开始，并于21日完成几近于圆形的完美封锁线。围攻军挖掘壕沟阻断里尔，除了夺取兵粮之外，还设置于要塞东北方的3座强大方垒进行集中炮击，削弱敌军抵抗力。
挑选出的主要攻击面，是北部的圣安德烈与圣玛德连两座城门。以沃邦城法构筑的要塞，设计成靠着这两座城门的十字炮火来相互支援，因此马尔博罗公爵要以炮击来破坏这些方垒。
路易十四下令对里尔要塞展开救援，让贝维克（Berwick）公爵与勃艮第公爵会师，率领总数11万兵马驰援。而马尔博罗公爵则与勃艮第在包围线的内线顺时针旋转，对援军组成战斗正面，并与欧根亲王会合与敌对峙。法军却在没有决战就后退，使得欧根亲王再度返回指挥包围战。

9月9日，补给完毕的包围军率领1.5万人往北面攻击。里尔守军坚持抵抗，两军都为弹药、粮食不足而烦恼。虽然法军切断了补给线，不过马尔博罗公爵把补给线改至沿着河岸与之对抗。法军为了再度切断这条线，就打开纽波特、伊珀尔（Ypres）等处的水门使出泛滥战法，并且攻击补给队，却被击退。联军在接受补给之后就恢复了战力。
10月中旬，里尔要塞外侧开了几个突破口，使司令部后退至要塞的城郭内部。为了打破这种困境，法军与巴伐利亚选帝侯一起转往布鲁塞尔。这是为了引诱马尔博罗公爵上钩，以解除包围的行动，不过在布鲁塞尔守军抵抗期间，联军兵分四路展开追击，歼灭了法军。救援被斩断的布夫莱尔在12月10日接受有条件的开城，使攻围战落幕。

CONSEQUENCE 结果

这是一场以长期封锁的方式逼迫重视防御火力的沃邦式要塞开城的战役。由于火炮的发达，使得以往的城郭不再具备充分的防御力，就要靠多数方垒合作形成火力十字点。而筑起坚固防线的要塞，在充分的火力与完全封锁之下，还是得乖乖投降。
靠火力进行攻城战必须具备大量弹药，而以大军封锁则要有粮食、生活物资的补给，确保补给线就是胜负的关键。
法军原本想要进行反包围，却因为马尔博罗公爵的机动战术没有达成。虽然切断了补给线，但是联军却能临机应变。此役证明了在进攻近代要塞时，火力与封锁是最为有效的方法。

罗斯巴赫战役

1757年11月5日

THE BATTLE OF ROSSBACH

	战胜国	战败国
	普鲁士	**萨克森、奥地利**
主体	腓特烈大帝	希尔德堡豪森 苏比兹亲王
兵力	约2.1万人	约4.1万人
损失	约600人	约8000人 被俘、逃亡约1万人

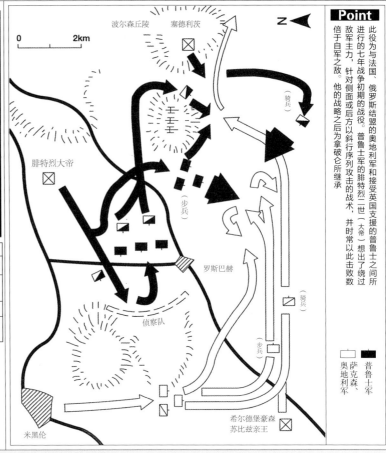

Point

此役为与法国、俄罗斯结盟的奥地利军和接受英国支援的普鲁士之间所进行的七年战争初期的战役。针对侧面或后方以斜行序列攻击的战术，普鲁士军的腓特烈二世（大帝）想出了绕过敌军主力、倍于自军之敌。他的战略之后为拿破仑所继承，并时常以此击败数倍于自军之敌。

FACTOR 原因

1756年，奥地利女王玛丽亚·特蕾西亚想要夺回西里西亚，因此法国就与奥地利亲近、结盟，而与法国在殖民地战争中互斗的英国则找来普鲁士结盟，担心普鲁士延伸国力的俄罗斯、德国诸侯、瑞典便因此贴近奥地利，使得普鲁士在欧洲大陆呈现孤立无援的状态。

腓特烈大帝为了避免陷入被夹击，想要制敌先机，以闪击战将它们各个击破，所以就入侵了萨克森。不过它们却在各处都败退，还让联军往柏林集结。不过主力的法军却没有动作，使腓特烈可以趁机迎击从波希米亚陆续机动而来的萨克森、奥地利军。

1757年10月8日，腓特烈分出一部分兵力前往首都救援，然后逆向推进，准备迎战联军。

在11月5日之前，普鲁士军机动至萨克森，联军则挟优势兵力展开攻击，意图一举歼灭普鲁士军。

DEVELOPMENT 经过

战场设定为萨尔河（Saare）西方的罗斯巴赫村。联军意图机动至腓特烈左方进行包围，采用绕东方迂回横击普鲁士军、将全部兵力集中于普鲁士军侧面将之击破的战法。联军兵分两路，一队按兵不动，准备与本队夹击因背后遭到奇袭而败逃的普鲁士军，扮演歼灭者的角色。另外一队的4.1万人则以3路纵队迂回至罗斯巴赫东方，试着对普鲁士军进行侧面攻击。对此，腓特烈赶紧放弃夜宿营地，一边假装后退，一边让塞德利茨（Seydlitz）麾下38个骑兵连往东迎击联军的迂回部队，并让步兵队急速变换方向，在南方形成战斗正面。

普鲁士军在丘陵上部署炮兵队的同时，也让主力展开布阵，所有行动皆瞒着联军的眼线，因此成功捕捉到还在进行回旋机动、尚未完成包围队形的联军。

下午2点左右，移动中的联军前线遭到赶来的普鲁士骑兵队攻击。联军往原本应该是普鲁士军侧腹的丘陵面进行攻击，却遭遇普鲁士军已经掉转方向的战斗正面。普鲁士步兵队组成密集纵队打垮了联军左翼，使他们陷入混乱。在此期间，塞德利茨的骑兵队又重新集结，组成3个梯队阻止联军的行动。普鲁士军的18门重炮对联军的前端进行集中炮击，主力的7个营则将火力集中在因为前端遭到炮击而停下来的联军身上。趁着联军陷入混乱，塞德利茨又转头去打垮了敌军右翼。普鲁士军的主力从左翼开始编组成梯队，对联军中央展开攻击。经过不到1小时的战斗，联军就败退逃走。虽然他们跟后方待命的部队会合，不过已战意全失。

CONSEQUENCE 结果

腓特烈的战术是发挥机动力绕过敌军主力，从侧面或后方攻击以获得胜利。

这场会战当中，两军都采用了迂回、包围战术，不过最后以擅长迅速重组队形的普鲁士军获得压倒性胜利。包围战法原本应该能够取得很大的战果，不过一旦在移动时被拦截，防御力就会降低。普鲁士军因为能够迅速行动，而且还能急速变换方向形成战斗正面，所以大获全胜。

腓特烈考虑到以往的战斗，即便胜利损失也很巨大，因此就不采用一列横队的线形序列，而想出了斜行序列这种机动战术。如此一来，行军队形就能马上变换为战斗队形，而且在少数先行纵队拘束敌军时，还能冲击侧面，将损失减至最少程度。

这场胜利使得普鲁士避开了危机。腓特烈建立的体制可说是军制改革、国家总动员体制的萌芽，这种战略成为战史上的一大改革，是开启拿破仑战术的重要转捩点。

萨拉托加战役

1777年9月19日~10月7日

THE BATTLE OF SARATOGA

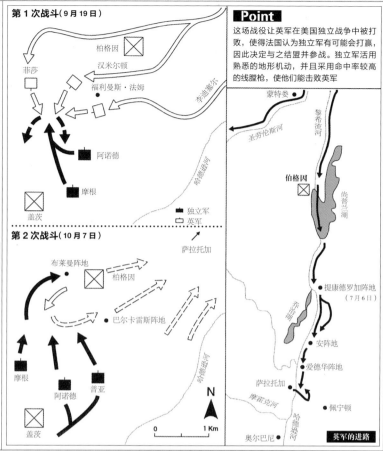

	战胜国	战败国
	独立军	**英军**
主体	霍雷肖·盖茨 贝内迪克特·阿诺德	约翰·柏格因
兵力	约7000人	约4600人
损失	470人	1500人

Point
这场战役让英军在美国独立战争中被打败，使得法国认为独立军有可能会打赢，因此决定与之结盟并参战。独立军活用熟悉的地形机动，并且采用命中率较高的线膛枪，使他们能击败英军

FACTOR 原因

北美英国殖民地的13州发表《独立宣言》后过了1年，以乔治·华盛顿为总司令官的独立军除了利用海上与湖中的私掠船威胁从英国本土派来的讨伐军补给线之外，还在陆地上以打游击的方式不断与之交战。虽然独立军在经济力量与士兵素质上比较差，不过依然骁勇善战。

进入1777年之后，英军为了孤立独立军的根据地新英格兰，展开了夏季攻势。

9月，以约翰·柏格因（John Burgoyne）为指挥官的英军一边消耗战力一边前进，渡过了哈德逊河（Hudson River）。不过原本要分进合击而往东行进中的部队却在中途被挡下来，且应该由哈尔将军带来的援军也跟前往宾夕法尼亚（Pennsylvania）的华盛顿南部军形成对峙，使得柏格因的作战构想因此瓦解。

柏格因带上佣兵之后，朝着会合点奥尔巴尼（Albany）前进，而独立军则在前方构筑野战阵地迎接他们。

DEVELOPMENT 经过

9月1日，英军分成柏格因的中央队1400人、菲莎（Fraser）率右翼2500人，以及飞利浦（Philips）的左翼炮兵队，还有李迪塞尔（Riedesel）的德国佣兵。对此，独立军的霍雷肖·盖茨（Horatio Gates）据守于壕沟当中，并对贝内迪克特·阿诺德（Benedict Arnold）的先制攻击建议采取审慎态度。

独立军让摩根（Morgan）上校指挥的狙击兵部队与迪尔伯恩（Dearborn）的步兵队前进，展开侦察行动。而他们则与英军前卫接触，战斗就此展开。摩根队在战斗一开始压制英军，不过在英军中央队重整态势之后陷入暴露于统一火线的危机。当狙击队正在压迫英军右翼的时候，阿诺德即使快要控制不住部队，却依旧持续猛击，并且转而从右翼冲入中央队。柏格因以900名步兵与6门军团炮筑起战线，持续拼命抵挡，快要瓦解时，英军左翼就对独立军的右翼侧面展开攻击，解除了危机。

相对于损失不到10%的独立军，英军丧失了33%的兵力，为了等待援军到来，他们构筑起3座野战阵地。虽然看起来是要打持久战，不过救援却一直没来。到了10月7日，柏格因决定突破战线前进。在9月交战时采取慎重态度的盖茨，已经把握自军兵力优于英军的事实，就开始积极进攻。他的进攻计划如下：迂回至英军右翼的摩根狙击队和步兵队，与2个旅的民兵一起从侧面进攻，同时对左翼展开攻击，等到对方正面变弱时，就由阿诺德的中央旅展开突击。英军完全陷入包围。指挥右翼的菲莎阵亡，柏格因集合部队逃入阵地当中。独立军封锁哈德逊河，切断了英军退路。因为退往提康德罗加（Ticonderoga）的路线被挡后，柏格因就此投降，而这场独立战争的重要转捩点，便以独立军的胜利告终。

CONSEQUENCE 结果

这场战役之所以会成为独立战争的转捩点，是因为它让与英国敌对的各个国家认为独立军真的有可能获得胜利，因此开始公然展开援助。特别是法国，他们派出强力的舰队至新大陆沿岸，突破封锁带，给独立军补给，还直接派兵登陆。

以战术而言，熟知地形的独立军行动敏捷，战斗技术优于疲惫的英军。在第2次会战当中，摩根指挥的轻步兵、狙击兵和民兵组成迂回部队，行动相当轻快，对英军纵队展开奇袭使其动摇，借此制造冲入中央队的好机会。

相对于英军的步枪都是滑膛枪，独立军的狙击兵所用的是射程较长、命中率又高的线膛枪。独立军的军装还能融入背景，使穿着显眼红色军服的英军士兵只能成为狙击的标靶。

以此役为契机，法国介入了独立战争，独立军于1781年的约克镇战役中大获全胜，终于在1783年成功独立。其精神为法国人革命带来很大的影响，最后导致拿破仑上台。

1800年6月14日

马伦哥战役
THE BATTLE OF MARENGO

	战胜国	战败国
	法国	**奥地利**
主体	拿破仑·波拿巴	米海尔·梅拉斯
兵力	约2.3万人 (包含德赛的5000人在内)	约3万人
兵器	火炮14门	火炮100门
损失	约4000人	约9000人

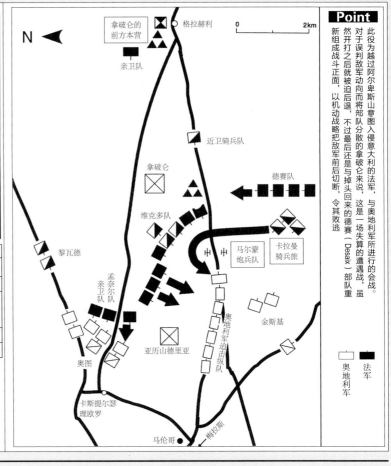

Point　此役为越过阿尔卑斯山意图入侵意大利的法军，与奥地利军所进行的会战。对于误判敌军动向而将部队分散的拿破仑来说，这是一场失算的遭遇战，虽然开打之后就被迫后退，不过最后还是与掉头回来的德赛（Dessix）部队重新组成战斗后，以机动战略把敌军前后切断，令其败逃

原因　FACTOR

1799年，成为第一执政的拿破仑在4月25日开始对奥地利作战。米海尔·梅拉斯（Michael Melas）肩负把法军从意大利方面驱逐出境的任务，率领10万兵力压制了意大利方面军司令官马赛纳（Masséna），并且夺取了意大利要冲热那亚。拿破仑带领新征召的国民军自巴黎出阵，越过阿尔卑斯山入侵意大利。
拿破仑为了切断奥地利军的后方渡过波河，前卫于6月9日与从热那亚出来的奥地利军爆发冲突，取得了胜利。奥地利军集结于亚历山德里亚（Alessandria），准备前进迎战法军。对此，拿破仑却判断奥地利军应该不会退往亚历山德里亚，而是会走热那亚方向，因此将部队分散，派遣德赛军团前去热那亚挡住敌军，自己为了迎击敌军主力梅拉斯前往马伦哥。不过奥地利军却是从亚历山德里亚前进，因此演变成拿破仑意料之外的遭遇战。

经过　DEVELOPMENT

6月14日，拿破仑判断梅拉斯的主力部队会停在杜林，且热那亚的奥地利军已经撤退，便把部队分派至各处，只留下主力在马伦哥宿营，战斗却在此时展开。在马伦哥宿营的部队是把切断奥地利军作为战略目标而推进至此的前卫维克多（Victor）部队，不过拿破仑判断奥地利军的主力会比预想中还要早到，因此下令德赛部队掉头，自己也赶紧前进，并让缪拉的骑兵队展开突击，除了对奥地利军横击之外，也为拉纳队提供防御。
梅拉斯进攻法军右翼，使维克多部队在寡不敌众之下溃灭。经过约1小时的战斗，法军被迫后退将近3公里。奥地利军在战争一开始时占据了优势。
看到法军后退之后，奥地利军就自信已胜券在握。梅拉斯下令采取行军队形，组成纵队，缓慢地展开了追击。后退的拿破仑却成功重新集结部队，加上转回来的德赛部队组成了迎击阵形。在中央有德赛队布阵，并有马尔蒙（Marmont）麾下的炮兵队支援。两翼则是重新编组的维克多队与拉纳队，而从缪拉骑兵团当中挑选出来、当作直接打击兵力的卡拉曼（Kellermann）旅则负责填补空隙。
下午5点，拿破仑对散漫追击而来的奥地利军展开逆袭。他对敌军纵队施以炮击，在混乱当中德赛的部队猛烈攻击。卡拉曼也从奥地利军的北方对其主力施以打击，拉纳军团在与亲卫队协调之下开始突击。奥地利军被前后切断，在混乱当中败逃。虽然德赛阵亡，不过奥地利军的前卫有2000人投降。败逃的本队有很多人溺死在博米达河（Bormida）里，几乎全军覆没。

结果　CONSEQUENCE

先赢一步的奥地利军虽然掌握了主导权，却让胜利溜走。他们无法分辨法军执行的是战术性后退还是败逃，因此采取纵队且无防备之下前进，最后因炮击陷入混乱之后又遭到骑兵旅横击，部队被切断，使法军正面兵力逆袭成功。
在战役开始时慢了一步，因逐次投入兵力而陷入苦战的拿破仑，却能做到迅速后退并成功重组兵力，形成新的战斗正面。虽然分离出去的德赛赶上来支援也是一个原因，不过能把这样的战力立即合并，还是要归功于拿破仑的机动战略。

拿破仑的战略分成从阿尔萨斯方面推进至维也纳，或是越过阿尔卑斯山入侵意大利以切断奥地利军两种来考量，而拿破仑则选择活用机动力越过阿尔卑斯山，切断了奥地利军的联络线。他除了确保自军的地中海走廊之外，也采行了各个击破的战略。马伦哥之役则是这项大战略的总结，是拿破仑发挥其军事才能的结果。

滑铁卢战役
THE BATTLE OF WATERLOO
1815年6月18日

Point 此役为逃离厄尔巴岛回到巴黎的拿破仑，在与威灵顿指挥下的联军激战之后吃了大败仗，使得"百日王朝"画下句点的战役。拿破仑原本想在普鲁士军前来支援之前各个击破，不过因为犯下迟迟不对内伊军增援以及深入追击普鲁士军等多项判断错误，导致自豪的骑兵队在步兵方阵的刺刀墙前败下阵来

	战胜国	战败国
主体	**英国、普鲁士联军**	**法国**
	威灵顿公爵 阿瑟·韦尔斯利 （英军） 格布哈德·布吕歇尔 （普鲁士军）	拿破仑·波拿巴
兵力	约11.3万人	约7.2万人
损失	约2.2万人	约3万人

FACTOR 原因

在1813年莱比锡之役中战败的拿破仑，于翌年4月退位，并被放逐至厄尔巴岛。不过当他得知联军在维也纳的战后处理会议中意见不合时，就从厄尔巴岛逃了出来。他在南法的裘安（Juan）登陆，一边吸收士兵，一边往巴黎前进。最后就连被路易十八当作最后保命牌的内伊也倒向拿破仑，让他进入了巴黎。拿破仑宣布帝国复活，并提倡要与诸同盟国共存。

不过对拿破仑的复活感到害怕、并且想要进一步肢解法兰西帝国以获取领土和利益的联军反而更加团结，开始从多方面进攻法国。

拿破仑重新征兵，除了派往各处防卫之外，还把12.4万主力部队集中于北部。

威灵顿的部队是从比利时布鲁塞尔出发的英国、荷兰、比利时、汉诺威、弗朗索瓦联军。加上从比利时列日出击的驻布鲁塞尔普鲁士军，总共有11.3万人。拿破仑的兵力虽然没有这么多，不过单就一军来讲仍有优势。因此，他就决定采用以迅速机动进行各个击破的战略。

法军的核心不仅包括身经百战的大陆军，号称无敌的近卫军也健在，以质来说，拿破仑具有优势。兵分两路的拿破仑把一军派给内伊去抵挡威灵顿，自己则于6月16日在里尼（Ligny）击败普鲁士军，令其撤退。

威灵顿本要与布吕歇尔会师并发起决战，不过因为布吕歇尔撤退，所以自军也跟着后退。而与前卫发生冲突的内伊则跟拿破仑会合。

认为普鲁士军会往东方败逃的拿破仑，派给格鲁希（Grouchy）3万士兵追击，不过普鲁士军却要去跟威灵顿会合而往西前进。

在大雨当中后退的威灵顿，抵达了构筑于圣让山（Mont-Saint-Jean）的防御阵地。威灵顿害怕法军迂回到西侧，因此在右翼配置了1.5万人固守。不过拿破仑在威灵顿军的正面布阵，他把步兵师放在前面，骑兵旅配置于后方两翼，且左右两翼也放有骑兵。至于近卫军则是摆在中央后方当作决战用的预备兵力。

威灵顿把步兵队展开于正面，让骑兵师集中配备在中央后方。在普鲁士军抵达之前，采取以防御优先的布阵。前夜的降雨使得地面一片泥泞，导致大炮较晚抵达战场，因此拿破仑的攻击延至上午11点发起。

DEVELOPMENT 经过

兵力各自分散的结果，使得法军7.2万人对上的是威灵顿军的6.8万人。法军以连续炮击对威灵顿军战线施压，在步兵打开破口时，对位于自军左翼的霍高蒙特（Hougomont）集中攻击，假装要把该处当作桥头堡。其实该处并不具有太大的战略价值，拿破仑只是借此引诱威灵顿的中央兵力。不过威灵顿没有上钩，只派遣兵力去防止右翼崩坏，预备兵力则按兵不动。威灵顿军驻守的阵地有一条横长的尾巴，如果采用横长布阵的话，就会变成有效的防御阵地。威灵顿军执行彻底防御，如果碰到危险状况，就让部队逃到尾巴的内侧去躲避，而法军的炮击仍然持续着。

拿破仑除了传令追击普鲁士军的格鲁希回来之外，也持续对圣让山的尾巴猛烈炮击。这却无法对躲在尾巴内侧的威灵顿军带来有效打击，过了中午之后，普鲁士军的前卫就已经抵达从战场能够远望到的地点了。为了达成各个击破的战略，不能让这两支部队会合，拿破仑又紧急派出4个师，使得兵力捉襟见肘。

下午1点过后，艾尔隆（d'Erlon）指挥的4个中央师在炮击没有发挥效用之下开始前进，组成以营为单位的3列横队。相对于以正面兵力200人排成27列的密集横队，威灵顿以位处右翼的圣拉埃特村（la Haye Sainte）农家作为防卫据点抵抗，陷入苦战。拿破仑又放出了胸甲骑兵队，意

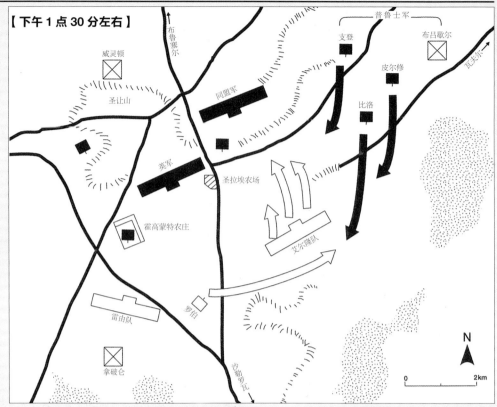

【下午1点30分左右】

图扩大攻击成果。威灵顿让2个重骑兵旅前去迎战,拔刀突击击败了法国胸甲骑兵,并对法国炮兵阵地展开袭击,却遭十字炮火击退。在此期间,4个步兵师粉碎了威灵顿第一条防线上的汉诺威以及比利时第一师。此时战线看似出现了空隙,不过从第二防线前进的皮可顿(Picton)第5师则上前迎战,以皮可顿阵亡为代价,击退了艾尔隆。

即使有步兵的正面突击,战况依旧陷入胶着状态。必须在普鲁士军抵达之前分出胜负的拿破仑再度展开炮击,而威灵顿为了避免士兵损耗,再度让部队退到战线尾巴的后面去。内伊看到敌军后退,以为他们已经一举得胜,就让麾下骑兵与近卫骑兵一起发动突击。这支庞大的骑兵集团在没有步兵伴随之下就展开突击,且拿破仑根本就来不及制止他们,威灵顿看到之后吓了一跳,令26个营的步兵组成13个方阵,在第一线摆了7个,后方则配置6个形成防御线。虽然方阵因为遭到5000骑的骑兵突击而崩解,不过方阵的刺刀却有效挡住了骑兵,使这项突击以失败告终。

傍晚,内伊再度计划突击。他召集了卡拉曼的预备骑兵师和近卫骑兵师,再加上步兵后开始攻击。

这次的攻击成功撕裂了威灵顿军的战线,不过前进路线上有很多壕沟,让不少人跌了进去,因此无法扩大战果。为了呼应内伊的攻击,右翼的艾尔隆师就冲向威灵顿军的左翼。内伊看到这个机会后便请求增援,此时拿破仑手上还有号称无敌的近卫军,不过他没有派遣这支部队出动。

等普鲁士军抵达并补强崩解的左翼之后,威灵顿就把步兵

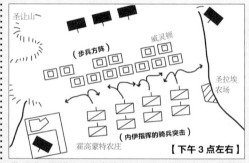

【下午3点左右】

散开成4列横队。当拿破仑投入近卫师的时候,英军步兵师正隐藏在尾巴的背面。近卫骑兵在骑兵的直接支援之下前进,等他们与散兵激战完,并认为能确保棱线之时,英国的近卫师就一齐展开射击。

无敌的近卫士兵被追着跑,就连反击也遭到击退。威灵顿此时又放出了英国骑兵队,且普鲁士军也从右翼展开突击,使法军总崩溃。

在这当中,只有一直按兵不动的老亲卫队依然组成整齐的方阵,掩护着拿破仑撤退。他们的牺牲使拿破仑得以脱离战场,法军就此败逃。

CONSEQUENCE 结果

拿破仑的战略是要在分进的敌军会合之前机动,以此将之各个击破。却因为无法歼灭普鲁士军,又分派出了3万追击军前去,最后导致战败。指挥追击军的格鲁希欠缺决断能力,即使得知会战已经开始,却仍继续追击普鲁士军,而且还拦截不到他们。

至于误判敌军的撤退方向则相当罕见。虽然在马伦哥也犯过一次,但格鲁希却跟德赛不一样,并不是可以自行判断的人才。而当内伊确保桥头堡的时候如果能投入预备兵力的话,可能就歼灭威灵顿军了。拿破仑的战术眼光,在这场最后会战中并没有发挥功用。

威灵顿因为执行彻底防御取得胜利。骑兵队在具备机动力与打击力的同时,却也缺乏防御力,对于组成刺刀墙的步兵方阵无法产生有效打击。

此役最后的结果是拿破仑完全失势,被流放到圣海伦娜岛。此后,一直到第一次大战爆发之前,除了克里米亚战争之外,各国就没有再发生过无限制战争了。

军事用语集

监修	今村伸哉（ Nobuya Imamura ）
文	白井雅高（ Masataka Shirai ）

军事用语集

人物篇

Niccolo Machiavelli
尼可罗·马基亚维利
< 1469～1527 >

意大利 / 政治家，思想家

■ **主要著作** /《君主论》(1513)、《论蒂托·李维的最初十年十篇》(1513～1521)、《战术论》(1520)、《罗马史论》、《佛罗伦萨史》(1525)

■ **简历** / 1469年生于佛罗伦萨。1498年成为佛罗伦萨政府的书记官。1500年被派遣至法国，学习"靠自己的军队武装，以单一君主统治国家的实情"。1502～1503年负责与欲攻占佛罗伦萨的瓦伦蒂诺（Valentino）公爵凯撒·波吉亚进行交涉。在终身执政官索德里尼（Soderini）之下进行军制改革。在此时期，陆续写着《关于瓦伦蒂诺公爵杀害皮特罗索·魏钦立等人的方法描述》，以及1505年的《将佛罗伦萨臣民组织成军队的论述》。他在其中提出组织"自己军队"的建言，并在索德里尼的支持之下尝试进行征兵，实施基于民兵制度的军事力量编组。到1512年为止担任外交官，而1512年时马基亚维利设立的军队打败仗，索德里尼逃亡，共和政权崩解。美第奇家族（Medici）的统治复活，马基亚维利因此失业。1513年，他因为被怀疑有阴谋而被捕入狱，在获释之后也被限制居住自由，因此就于佛罗伦萨郊外的寒村里专心写作。在此期间，他以替美第奇家族出身的教皇利奥十世进行政体改革献策来过日子。1527年，美第奇家族遭到放逐，共和政体重建，不过他并没有恢复官职，而是在不遇当中死去。

■ 为达目的不择手段，满肚子权术的政治模式、主义被称为"马基亚维利主义"，而这则是出自《君主论》当中所写的"君主必须像狮子一样威猛，像狐狸一样狡狯才行"。他的军事思想通过研究罗马史与自己做的实验来形成——

1. 重视步兵；
2. 创设有纪律的"国民军"；
3. 遂行决定性战斗。

脱离中世纪的军事思想，把历史事实转变为教训，使其具有普遍性意义。针对这点，即使是在现代，他的著作依旧拥有能够吸引读者的魅力。

另外，在他的著作当中，特别是在《战术论》里很重视罗马军的组织与战争方式——

1. 罗马军的各种组织部队、指挥系统、战斗队形的形成与战斗时的运用；
2. 野营地的选定；
3. 要塞化地带的攻防。

他除了记述这些事项之外，也批判当时欧洲军队盛行的重装骑兵佣兵军，而强调公民军的重要。

Justus Lipsius
尤斯图斯·利普修斯
< 1547～1606 >

比利时 / 哲学家，语言学家，古典学者

■ **主要著作** /《恒心论》(1584)、《政治学》(1589)、《关于罗马军》(1595)等。

■ **简历** / 1547年生于比利时的奥尔赖泽（Overijse）。在罗马担任德·格兰维尔（de Granvelle）枢机的秘书后，于1570年赴德国成为路德主义者，从1572年开始的三年期间，在耶拿大学执教。从1578年开始担任荷兰莱登大学历史学教授，1591年因为著作遭到宗教改革者的怀疑而回归天主教，1592年在鲁汶大学执教。之后，他参加了反基凯罗运动。在此期间，他在著作当中写下了研究罗马军军制的成果。1606年于鲁汶长眠。

■ 作为古典学者的利普修斯，在研究希腊、罗马文献时接触到马基亚维利的思想，成为赞同者。在莱登大学任教时，他基于马基亚维利的思想，强调"服从""忠诚""为国家服务"的教义。另外，他也在《政治学》中提到首先要重视军官资质的强化，表示只有执着于忠诚心、忍耐、认真的军官，才能让军队的纪律、训练品质提高。同时也谈到了设置常备军的构想，可说是把马基亚维利的军事思想又往前推了一步。利普修斯的思想直接对当时正在荷兰实施军制改革的毛里茨造成了影响。

另外，他作为新斯多葛学派哲学家发表的《恒心论》，在16～18世纪印刷超过80版，并对之后的蒙田（Montaigne，1533～1592，法国哲学家）、笛卡儿（Descartes，1596～1650，法国哲学家、数学家、物理学家）造成了影响。

Maurits Oranie Nassau

毛里茨亲王 < 1567~1625 >

荷兰／荷兰共和国总督，奥兰治亲王

■简历／1567年诞生，是威廉一世（沉默的威廉）的次子。17岁时，父亲遭到狂热的天主教徒暗杀。1585年就任荷兰、泽兰两省总督。之后，在约翰·范·奥尔登巴内费尔特的监护下，为阻止西班牙侵略兼任五省总督与陆军长官。1588  年西班牙无敌舰队败给英国之后，与担任菲士兰省总督的堂哥威廉·洛德韦克一起进行军制改革。1597年扫荡吉德兰、上艾瑟尔省东部的西班牙军，1598年终于解放了西班牙军侵略之下的共和国。之后，他在尼德兰南部进行海上封锁（安特卫普、斯海尔德河出海口），并且占领佛士德斯海岸，往西部进击，最后没有成功。在此期间，还有奥地利大公阿尔布雷希特受到西班牙指使而威胁共和国东边国境，不过在1609年则与西班牙达成12年的休战协议（领土维持现状），不过在共和国完成事实上的独立之前，两国依旧持续着紧张关系。1612年向日本派遣使节，获得通航与交易的许可朱印状，1613年在平户设置商馆。1617年加尔文派教会的阿米念派（Arminianism）与戈马鲁斯（Gomarus）派对立，支持阿米念派的奥尔登巴内费尔特与支持戈马鲁斯派的毛里茨之间因此产生矛盾。1619年，在联邦议会的支持下抓起奥尔登巴内费尔特，并且将他处刑。毛里茨一直到1625年以57岁的年纪结束生涯之前，都是名副其实的荷兰共和国最高权力者。

■具有军事才能的毛里茨，在荷兰独立战争（1568~1648，也称为八十年战争）中，为共和国的实质独立发挥了很大的作用。

从年轻时就任总督与陆军长官以来，他就认为独立必须具备军事基础，毛里茨重视以下几点，以建立不输给欧洲列强的军事力量为目标，开始了荷兰的军制改革。

1. 军队组织要以能力效率较高的小型编组作为战斗部队核心；
2. 建构与增强野战军；
3. 新战斗队形（横队战术）的研究与实验；
4. 研究古罗马的军队、战斗队形。

另外，各国正式承认荷兰共和国独立，是在1648年签订《威斯特伐利亚和约》后，这是毛里茨死后23年的事情。

Gustav Adolf

古斯塔夫·阿道夫 < 1594~1632 >

瑞典／瑞典国王（1611~1632年在位）

■简历／1594年诞生，是卡尔九世的长子。1611年继承王位，即位时随即面临与丹麦、俄罗斯、波兰抗争的危机，特别是堂弟波兰王齐格蒙特三世，为了王位问题不断有纷争。而且在1611年将要即位时，贵族、教会为了限制王权，通  过了包含削减国王大权意味的宪章。不过他任命阿克塞尔·乌克森谢纳（Axel Oxenstierna）为宰相，让他去调整贵族、教会与王室之间的关系，成功让此宪章有名无实，并着手进行各种内政制度的改善与整备。1613年缔结《克纳瑞德和约》（Treaty of Knäred），终止了与丹麦之间的悲惨战争（1611~1613），并夺回瑞典南部。1617年缔结《斯托尔波沃条约》（Treaty of Stolbovo），结束与俄罗斯的纷争（1613~1617），取得英约尔曼兰（Ingermanland）、卡累利阿（Karelia），将俄罗斯完全赶出波罗的海。1620年为了表示与新教国家的友好，与勃兰登堡选帝侯的女儿玛丽亚·艾蕾欧诺娜（Maria Eleonora）结婚。与要求瑞典王位的堂弟波兰王齐格蒙特三世展开战斗。1621年入侵波兰，占领了利沃尼亚的里加，在1626年的沃尔霍夫（Wallhof）大胜，征服利沃尼亚。1629年与波兰依据阿尔特马克（Altmark）的6年休战条约，让对方承认自己是瑞典王，并建立挺进德国的跳板。之后，瑞典介入三十年战争（1618~1648），在1631年9月的布莱登菲尔德战役中击败了神圣罗马皇帝斐迪南二世的军队，成为德国新教阵营的领袖，但是他对新教诸侯采取高压态度，导致同盟国纷纷离去。1632年侵略巴伐利亚，占领了慕尼黑。在8月的纽伦堡战役中败给了华伦斯坦（1583~1634，之后遭到皇帝暗杀）指挥的皇帝军，虽然于11月的吕岑战役又打败皇帝军，古斯塔夫却在此役中阵亡。

■古斯塔夫对瑞典军的军制改革，是在征兵、训练、军纪、武器、军制、战术方面断然进行，摘要如下：

1. 以征集兵作为军队核心，而不是佣兵；
2. 改良毛里茨的横队战术，让整个战术队形拥有机动力与攻击力；
3. 首次使用纸制药夹，让弹药装填更为迅速；
4. 在步兵团中配备2门3磅炮，完成与骑兵、炮兵组合的三兵战术。

另外，古斯塔夫也振兴贸易、开拓丰富的矿山，使经济趋于繁荣。他在德国内部因为宗教对立而掀起的三十年战争中支持新教派，与波希米亚的佣兵队长华伦斯坦持续展开死斗，人称"北方狮子王"。

Raimondo Montecuccoli
拉依蒙多·蒙特库科利
< 1608～1680 >

奥地利 / 军人

■**主要著作** /《战术论》(1643)、《战争论》(1643)、《战争术》(1654)、《匈牙利对土耳其的战争论》(1670)

■**简历** / 1608 年生于艾米利亚 - 罗马涅（Emilia-Romagna）大区摩德纳（Modena）的下级贵族家庭。1625 年加入奥地利帝国军。之后以上尉身份参与了 1632 年的吕岑战役，晋升为中校。因 1634 年的纳德林根战役晋升上校，1635 年在战斗中负伤，遭到俘虏，6 个月后获释。1636 年在维特施托克（Wittstock）掩护皇帝军后退，1639 年在梅尔尼克（Melnik）战斗中负伤，遭到瑞典军俘虏，在斯德丁（Stettin）过了 3 年战俘生活。1642 年成为摩德纳军指挥官，1643 年回到奥地利帝国军成为少将，在 1656～1658 年的第 1 次北方战争中指挥奥地利辅助军团，1664 年在圣哥达山口战役中击败奥斯曼军，持续晋升至中将，并在 1668 年成为最高军事会议的议长。1673 年与率领法军的名将杜伦尼数次交战，1675 年从野战军指挥官退伍。1680 年去世。

■蒙特库科利在 1648 年之前以大胆的骑兵战斗指挥官远近驰名，在 1649 年以后则致力于奥地利常备军的兵力调整。1673、1675 年基于机动战略遂行作战，融合了消耗战与歼灭战这两个极端，在军事史上留下了辉煌功绩。

他的著作与思想可以分成以下 3 个时期：

第 1 期（1640～1642）：提倡理想与实践必须结合，主张"战争的明确定义"以及"军事对政治的独立权"；

第 2 期（1649～1654）：重视"军事上的科学思考"，叙述数学、后勤线、组织、筑城；

第 3 期（1665～1670）：将古代史、自然哲学、人文主义研究与自己的军队经验集合，企图将"毛里茨以来的荷兰式与奥斯曼帝国的军事制度融合"，把近代早期的军事体系化。

蒙特库科利在思想方面受到利普修斯影响，战术方面采用古斯塔夫·阿道夫研发的诸兵种系统，效果相当好。另外，他的历史观、合理主义、针对战争的分析方法，后来为 18 世纪的普鲁士国王腓特烈大帝所继承。

Henri de La Tour d'Auvergne, vicomte de Turenne
杜伦尼 < 1611～1675 >

法国 / 军人

■**简历** / 生于 1611 年，是布永（Bouillon）公爵的第 2 个儿子。1625～1630 年参加荷兰独立战争。1630 年加入法军，1635 年以后参与三十年战争，建立多项功勋，1643 年成为元帅。1645 年与孔代亲王一起在纳德林根击败神圣罗马皇帝军，1647 年于楚斯马斯豪森（Zusmarshausen）独自取得胜利。1649 年在投石党运动（1648～1653）中协助孔代亲王，反对马萨林的中央集权主义，1651 年投靠宫廷阵营而与孔代亲王交战，1658 年将其打倒。之后他率领法军与神圣罗马皇帝军在莱茵河下游交战，并于图克海姆（Turckheim）获得胜利，不过在 1675 年渡过莱茵河后，于巴登（Baden）的萨尔茨巴赫（Salzbach）战斗时被炮弹击中阵亡。

■杜伦尼在三十年战争中于法国和意大利屡次击败神圣罗马皇帝军，对战争产生很大影响。他在路易十四亲政时代特别受到重用。

杜伦尼可说是法国军事史上最优秀的将军和战略家之一。

Sebastien Le Prestre de Vauban
沃邦 < 1633～1707 >

法国 / 军人、战术家、筑城家

■**主要著作** /《围城论》(1705)

■**简历** / 1633 年生于圣莱热（Saint-Leger）。1651 年加入孔代亲王军队，成为预备军官。1653 年加入法国国王的军队，在克莱维尔骑士团（Chevalier de Clerville）学习军事技术。1655 年成为王室侍从技术官，以及菲尔特元帅团的步兵连上尉。1659～1667 年，主要从事王国境内要塞的修整、改善工作。1667 年就任陆军部内管理技术业务总监。在此期间，平时进行要塞的监督、修理、筑城，战时则负责攻围战。在 1673 年的马斯垂克（Maastricht）围攻战中首次使用平行壕，1684 年的卢森堡（Luxembourg）攻城战则使用骑兵式胸壁。1703 年在获得元帅称号，退役，1707 年于巴黎去世。

■沃邦的功绩，大致总结为三项：

1. 完成筑城术；

2. 确立攻城术；

3. 致力于让负责筑城、攻城的技术人员成为常备军里的一个兵种。

其中筑城术可以分成第1方式（由帕甘的设计延伸而来）、第2方式（延长中堤，设置分离棱堡的方式）、第3方式（特别把第2方式的中堤加以变形的方式），而埃诺、佛兰德斯、贝尔格、里尔则采用第1种方式（1667）。攻城术要挖出平行壕，利用壕沟、土垒，以及临时构造掩护攻击部队。这种新式筑城，被欧洲诸国广为采用，成为范本。除此之外，他也从事水道、运河等设计，是近代建筑工程学的开拓者。

John Churchill, duke of Marlborough
马尔博罗公爵 < 1650～1722 >

英国 / 军人

■ 简历 / 1650年生于德文郡（Devonshire），是王党派的乡绅之子。1665年成为约克公爵的近卫军官，1670年出仕宫廷。1672～1673年在荷兰战争中立下功勋，被法国名将杜伦尼认可，并接受他的指导。1685年镇压詹姆斯二世的外甥蒙莫斯亲王叛乱，1688年在光荣革命之际转往威廉三世的阵营，1689年取得伯爵爵位。在新主子底下，他参与了对法战争与讨伐爱尔兰，却在1696年被怀疑与旧主子詹姆斯有来往，被定上叛国罪。1702年安妮女王即位之后又一跃成为英国、荷兰联军的总司令官，参加西班牙王位继承战争，并成为公爵。他在1704年的布伦海姆之役、1706年的拉米里斯（Ramillies）之役、1708年的奥登纳德（Oudenarde）之役中屡次击败法军，立下大功。由于他在国内与主战派的辉格党（Whig）联手，当1710年托利党（Tory）政府成立之后就被免除所有职务。1714年乔治一世即位后，他曾经暂时恢复军职，却没有施展身手的机会，于1722年驾鹤西归。

■西班牙王位继承战争，是因为西班牙国王卡洛斯二世把王位传给法国国王路易十四的孙子腓力五世，使得英国、荷兰、奥地利三国因害怕波旁王朝越来越强大而引起反弹所爆发的战争。马尔博罗在这场战争中重挫路易十四的野心，受到女王及全国国民的赞誉。第二次世界大战著名的英国首相丘吉尔就是他的子孙。

Karl XII
卡尔十二 < 1682～1718 >

瑞典 / 瑞典国王（1697～1718年在位）

■ 简历 / 1682年诞生，是卡尔十一的长子。在父王死亡之后，于1697年即位。1700年，第二次北方战争展开，他与丹麦国王弗雷德里克（Frederick）四世、俄罗斯帝国皇帝彼得一世、萨克森选帝侯兼波兰国王奥古斯特（August）二世的联军争战，占领了哥本哈根，并于1704年在拉韦纳战役中获胜，到1707年之前都专注于征服波兰。1709年在波尔塔瓦之役中大败，流亡至奥斯曼帝国，并说服苏丹对俄罗斯宣战，却逐渐不受信任而遭孤立，1714年回到瑞典属的波美拉尼亚。1718年进攻挪威，虽然征服了一些地方，却在腓特烈斯塔（Fredriksten）的包围攻击中遭到狙击而阵亡。

■虽然卡尔十二在争夺波罗的海制海权的第二次北方战争中，于拉韦纳战役取得大胜，却反遭利用这个机会在俄罗斯进行军备改革的彼得一世在波尔塔瓦战役中击败，逆转了战局。之后，在俄罗斯、丹麦、波兰、汉诺瓦、普鲁士的大包围网中，瑞典几乎丧尽了海外领土，称霸波罗的海的梦想破灭。最后导致瑞典丧失强国地位，并让俄罗斯挺进波罗的海。

Maurice de Saxe
萨克森伯爵 < 1696～1750 >

法国 / 军人

■主要著作 /《梦想》（1732）

■ 简历 / 1696年出生于萨克森，是萨克森选帝侯和波兰国王奥古斯特二世的私生子。1708年加入萨克森步兵团成为旗手，在1709年的佛兰德斯作战中任马尔博罗公爵与欧根亲王的手下，于马尔普拉凯作战。1711～1712年在北波兰的波美拉尼亚与瑞典军交战，晋升为骑兵上校，1713年退役并结婚。1717年加入奥地利军，参与了贝尔格莱德围攻战，1718年缔结《帕萨罗维茨条约》（Treaty of Passarowitz）之后，就回到了德勒斯登。1719年买下法军内的德国团长给父亲波兰国王。在此期间，他研究战争术，著有《梦想》。1733年，他父王死后引发波兰继承战争，他站在法军阵营作战，在1734年的菲利普斯堡（Philippsburg）围攻战中指挥包围军，1736年晋升法军中将。1740年爆发奥地利继承战争后，于1742年攻击叶格（Eger）要塞，1743年成为法军元帅。在1745年的丰特努瓦（Fontenoy）战役中击败英国、荷兰军，征服佛兰德斯地区，1746年在罗可斯（Rocoux）之役中占领了奥地利属尼德兰，并于1747年的劳费德（Lauffeld）之役入侵荷兰。1748年《亚琛和约》缔结后便退役，1750年去世。

■萨克森伯爵在战术方面的思想如下：
1. 考虑最好的机动方法，除了了解轻步兵的必要性之外，也重视炮兵以及火力；
2. 将2个步兵师、1个骑兵师与炮兵队编组在一起；
3. 追求具弹性的队形，自机动性方面否定佛拉尔（Folard，1669~1752，法国军事学家）所提倡的纵队战术；
4. 重视骑兵的机动力，追求以半回旋枪击（骑兵战术）与队形变换来进行攻击。

　　萨克森伯爵重视火力的战术，在丰特努瓦之役中有显著表现。萨克森伯爵此役中让装备滑膛步枪的步兵在炮兵火力支援下展开攻击，不仅重挫英国、荷兰军的战意，也成功将之击败。

　　萨克森伯爵还主张征兵制，不分贵贱贫富，全部男子都要为国家服役5年。

Friedrich II
腓特烈大帝 ＜ 1712～1786 ＞

普鲁士／普鲁士国王（1740～1786年在位）

■主要著作／《关于欧洲政局现状的考察》（1738）、《反马基亚维利论》（1740）、《战争的一般原则》（1746）、《政治性遗言》（1752）、《军事性遗言》（1768）、《布阵与战术的基础原理》（1771）

■简历／1712年诞生，从少年时代开始就与轻视学艺的父王对立，1720年在德国西部旅行途中发生逃亡国外未遂的事件。1732年与父王和解，成为步兵团上校，1733年与神圣罗马皇帝查理六世的侄女伊丽莎白·克莉丝缇娜结婚。1738年在著作当中敌视神圣罗马皇帝与哈布斯堡家族。1740年即位，因主张领有波兰西南部的西里西亚介入奥地利继承权战争，却遭到拒绝，引发了第1次西里西亚战争，1742年在波希米亚击败奥地利军，以《柏林条约》获得西里西亚的领有权与古兹伯爵领地。1744年，在第2次西里西亚战争中再度击败奥地利军，于1745年的德勒斯登议和时总算让玛丽亚·特蕾西亚承认割让西里西亚。1746~1756年花了11年时间增强军队，在七年战争中只有英国站在他这边，与奥地利、法国、俄罗斯为敌，遭到东西夹击，却通过跟俄罗斯的外交转换而获救。1763年依据《胡贝图斯堡条约》（Treaty of Hubertusburg）永久获得西里西亚。此后他努力避免战争，专心于写作。虽然1772年参与第1次瓜分波兰，1778~1779年也参加巴伐利亚继承战争，不过都没有真正参战。1786年在波茨坦去世。

■腓特烈大帝的功绩如下：
1. 强化有能力的官僚行政机构与常备军；
2. 在重商主义政策下保护培养工商业，强调严格阶级制度的必要性，平衡经济生产与军事力；
3. 以征兵区制度让征召负担均等化，各团因战力来源分派给特定地区负担；
4. 战术首先重视规则性，在严格命令下，有条不紊地从纵队转换为横队，进行复杂的队形变换，完成了横队战术。

　　他被称为"大帝"，是启蒙专制君主的典型，聘请伏尔泰（Voltaire，1694~1778，法国的作家、思想家），以充实文化。

Jacques de Guibert
吉贝特 ＜ 1743～1790 ＞

法国／军人，军事理论家

■主要著作／《战术概论》（1772）、《近代战争的系统拥护论》（1779）

■简历／1743年生于炮兵军官家庭。参加七年战争，在1757年的罗斯巴赫之役、1759年的明登（Minden）之役，1761年的维林豪森（Villinghausen）之役中立下功劳，于1768年晋升上校。1773年在普鲁士旅行时见到腓特烈大帝，成为巴黎沙龙的一员，在法国陆军部服勤。1775~1777年，在贾美因的提案之下着手进行法军的改革，1789年被选为地方议会的议员，以选出之前没有召开的三级会议成员，却遭政敌在法国革命中肃清，于1790年去世。

■《战术概论》的主张举例如下：
1. 设立能提升兵力、士气的公民军；
2. 以现地征调的方式获得物资，减轻后勤部队的负担，并采用师级编制；
3. 主张绝对战争论，追求决定性战争；
4. 建立能因应地形与状况弹性变换成纵队、横队的多目的步兵；
5. 在正面配置散兵，用以增强机动力；
6. 改良大炮，减少重炮，增加轻炮。

　　减轻后勤部队负担、采用师级编制、增加轻炮等，可以提高部队的自由度与机动性，使闪击战成为可能。而在《近代战争的系统拥护论》中，他认为为了防止革命，应该重视限制战争，同时也受到腓特烈大帝的影响，认为横队在防御上比较优秀，否定了自己前一部著作的主张。

Adam Heinrich Dietrich von Bülow
比洛 < 1757 ~ 1807 >
普鲁士 / 军事思想家

■主要著作 /《新军事体系的精神》(1799),《新军事原理》(1805) 等

■简历 / 1757 年生于法尔肯堡（Falkenberg）。1773 ~ 1789 年服役于普鲁士军，后因专心写作而辞职，留有多部著作。1807 年对普鲁士军提出严厉批判，因利己主义、提出独特主张等原因被判"狂妄"而遭逮捕，之后被收监于里加，直到死去。

■比洛在《新军事体系的精神》当中，把军事专门词汇明确化。他除了做出拿破仑的胜因在于机动力、废除仓库补给，并且实现吉贝特军事思想的结论之外，否定了腓特烈大帝的战术系统，认为应该重视教育、士气大于纪律。

他也推许法国的一般征兵制，认同国民士气、爱国心的重要性，提倡必须建立公民军。

虽然他的著作大多无视法国革命军的革新性，却集同时代的军事理论和运用之大成。

Napoleon Bonaparte
拿破仑 < 1769 ~ 1821 >
法国 / 法国皇帝

■简历 / 1769 年出生于科西嘉岛，是意大利系贵族夏尔·波拿巴（Charles Bonaparte）的第 4 子，1778 年前往法国接受教育。1784 年毕业于布列讷（Brienne）军校，1785 年毕业于巴黎军官学校，并在拉斐尔炮兵团继续用功。1791 年加入雅各宾党，1792 年回到科西嘉岛，因科西嘉独立运动与帕欧里（Paoli）对立，1793 年全家流亡法国。8 月成为国民公会军炮兵队指挥官，12 月成功夺回土伦港，晋升准将。1794 年在尼斯围攻战中担任炮兵队长，1795 年升任国内军司令官，就任军事顾问，1796 年 3 月担任意大利远征军司令官，1797 年与奥地利缔结《坎坡·福尔米奥条约》(Treaty of Campo Formio)，恢复了和平。1798 年开始远征埃及，1799 年归国，在 11 月的雾月政变当中树立执政权，开始军事独裁。1800 年在马伦哥战役中击败奥地利军，订下《吕内维尔条约》让奥地利屈服。1804 年即位为皇帝，在此期间遂行了拿破仑战争，席卷全欧洲，并且意图征服英国。1805 年 10 月在特拉法加海战中完全败给由纳尔逊率领的英国海军，称霸英国事实上已无希望，却在乌尔姆之役赢了奥地利军，进入维也纳。接着又在奥斯特里茨之役粉碎俄罗斯、奥地利联军，1806 年结成莱茵同盟，消灭了神圣罗马帝国，在耶拿会战中打倒普鲁士军，进入了柏林。1807 年发生弗里德兰（Friedland）战役，以《提尔西特条约》(Treaty of Tilsit) 让普鲁士、俄罗斯屈服。另外，在 1806 年的《柏林敕令》与 1807 年的《米兰敕令》之后，开始对英经济政策实施欧陆封锁，全面禁止与英国交易。1808 年半岛战争爆发，1809 年在华格姆战役中赢了奥地利，缔结《维也纳和约》，1812 年开始远征俄罗斯，一度在博罗金诺战役中占领莫斯科，却因为严冬与敌人有计划地撤退忍痛撤退，并在退路上遭到游击队与哥萨克骑兵的袭击而受到毁灭性打击。虽然在 1813 年 5 月的吕岑－包岑（Bautzen）战役与 8 月的德勒斯登战役中获胜，却未取得决定性胜利，并在 10 月的莱比锡战役中败北，使他跟联军的一连串解放战争胜负已决，1814 年联军进入巴黎。同年 4 月退位，被流放到厄尔巴岛。1815 年 3 月逃离厄尔巴岛，进入了巴黎，虽然击败了普鲁士军，却在 6 月的滑铁卢战役败给英国、普鲁士军，结束了"百日王朝"，于 8 月被流放到圣海伦娜岛，结束了波澜壮阔的一生。

■军事天才拿破仑在军制方面改良了火炮，并在各军中配置炮兵以集中运用。

另外在战略、战术方面则是把散兵、纵队、横队组成混合系统，成为具弹性的战斗队形，在战斗中针对敌军弱点集中战力，靠着机动战迅速包围侧翼、切断退路，以迅速果敢取得胜利。

拿破仑军不论在军制、兵力、机动力、战术熟练度、士气、情报搜集能力上都比联军优秀，不过在半岛战争开始的 1808 年以后，这些有利条件都已丧失，导致他注定失败。

Duke of Wellington, Arthur Wellesley
威灵顿公爵 < 1769 ~ 1852 >
英国 / 军人，政治家

■简历 / 1769 年生于都柏林。1787 年加入英国陆军，为步兵少尉，参加法国革命战争，1796 年转战印度，在马拉塔（Maratha）战争中立功，获颁"骑士"称号。1807 年担任爱尔兰大臣，1808 年参加半岛战争，在西班牙展开游击战，1814 年进攻南法，成为拿破仑失势的原因之一。第 1 次《巴黎条约》缔结后成为公爵与驻法英国大使，1815 年出席维也纳会议，听到拿破仑逃离厄尔巴岛之后指挥联军迎击，在滑铁卢战役中完胜拿破仑。

到 1818 年为止担任驻北法联军司令官，1828 ~ 1830 年就任首相，1846 年自政界引退，1852 年去世。

■威灵顿在战术上的特征为

1. 活用横队队形；
2. 重视来复枪；
3. 游击战术。

这些其实是美国独立战争时由摩尔将军想出来的。"把3列横队变成2列""以3个团编成1个轻装师""采用来复枪",相对于以滑膛步枪为主体支援美军的法军,这种在火力上建立优势的系统,是由威灵顿所继承,并且发展的。

将之与横队队形系统并用之后,威灵顿就能凭借有利地形进行暂时防卫,以及集中运用来复枪等,成功对拿破仑军的纵队战术带来了有效打击。

另外,游击战术、焦土作战则可针对法军在补给上的弱点,于半岛战争、滑铁卢战役中取得了胜利。

Gerhard Johan David von Scharnhorst
沙恩霍斯特 < 1755～1813 >
普鲁士／军人

■**主要著作**／《军官手册》(1787～1790)、《军事回忆录》(1789～1805)等

■**简历**／1755年生于汉诺威近郊的博德瑙(Bordenau)小农家庭。进入汉诺威炮兵军之后,于1783年当上军官,重新编组葡萄牙军,跟随英国的约克公爵于赢比利时,担任梅嫩要塞司令幕僚长,让守军成功逃离该要塞,成为汉诺威军幕僚长。1801年加入普鲁士军,担任后勤幕僚,监督各所军校,组成"陆军会",意图在陆军部内进行改革,培育出了克劳塞维茨等人才。1806年耶拿战败后,于1807年就任参谋总长,与施泰因(Stein,1757～1831)、哈登堡(Hardenberg,1750～1822)、格奈森瑙等一起进行军制改革。1812年在拿破仑远征俄罗斯时左迁为西里西亚要塞监督官,随着法军撤退、普俄缔结同盟后回到了参谋本部。1813年3月宣布全民皆兵令,出任布吕歇尔的参谋长,在5月的吕岑－包岑战役中负伤,该年6月死亡。

■**沙恩霍斯特致力于军制近代化**:
1. 不依靠外国佣兵,而要创设国民常备军;
2. 把"最高战争会议"改组为"军事部",采用师级编制;
3. 设置负责编制、动员计划、平时教育训练的特别部门;
4. 让特别部门研究情报、地志,使他们能进行战略、战术的准备指导。

他实施了以上几点,意图改革普鲁士军。1814年,他创立的一般兵役义务制度获得采用,不过沙恩霍斯特自己却因伤去世,没有亲眼看到成果。

August Neithardt von Gneisenau
格奈森瑙 < 1760～1831 >
普鲁士／军人

■**简历**／1760年生于托尔高(Torgau)近郊的希尔道(Schildau)。加入奥地利军轻骑兵之后,于1782～1783年参加美国独立战争,以英国佣兵的身份在加拿大跟美军作战。1786年加入普鲁士军队,当上西里西亚守备队军官,在1807年对法战争之际,因死守柯尔堡(Kolberg)要塞有功,晋升为中校。后入参谋本部,在沙恩霍斯特、施泰因之下参与军制改革,担任参谋本部第3班长,负责武器。1809年因为对普鲁士政府的对法政策提出反对意见而辞职,潜伏伦敦、圣彼得堡搜集情报。1812年拿破仑远征俄罗斯失败之后,于1813年回到沙恩霍斯特手下担任首席幕僚。沙恩霍斯特死后,他成为普鲁士军参谋总长,晋升少将,并担任布吕歇尔的幕僚长。之后,于1813年10月的莱比锡战役击败拿破仑军,1814年与其他同盟军将官一起进入巴黎。1815年的滑铁卢战役时再度担任布吕歇尔的幕僚长并取得胜利,1816年在莱茵第8军司令官任内退伍。1825年出任元帅,1831年为镇压波兰革命,以总司令官赴任,该年8月罹患疟疾去世。

■**格奈森瑙在普鲁士军的改革当中,主要是进行参谋制度的改革**:
1. 对于司令官的决定,参谋长要负共同责任;
2. 司令官与参谋长意见不一致时,必须直接传达参谋总长;
3. 中央只下概略指令,细部则交给各指挥官裁量。

另外,他在解放战争中避免与拿破仑军进行决战,以减低消耗,使自军获得最后胜利。

*

Karl Philip Gottfried von Clausewitz
克劳塞维茨 < 1780～1831 >
普鲁士／军人,军事历史学家

■**主要著作**／《战争论》(1827～1830)

■**简历**／1780年生于马德堡近郊的中产阶级家庭。1792年,他12岁就加入普鲁士军,1793～1794年在莱茵作战中担任军官。1801年进入柏林的军官培育学校,在沙恩霍斯特底下学习军事科学后毕业,成为奥古斯特亲王的副官。1806年在耶拿会战中成为俘虏,获释后于1810年担任柏林军官学校的教官,协助沙恩霍斯特、格奈森瑙等人进行普鲁士陆军的军制改革,致力于在解放战

争中取得胜利。1812年拿破仑远征俄罗斯时,担任俄罗斯军参谋军官,击退拿破仑军之后回到普鲁士军。1815年的滑铁卢战役以军参谋长的身份参加,战后担任柏林军官学校校长,埋头于战史著作,主要著作有《战争论》。1830年担任炮兵监,转至布雷斯劳,在波兰革命时担任第4东方军参谋长进行镇压。1831年罹患痢疾,于布雷斯劳长眠。

■主要著作《战争论》被视为近代战争理论经典,有4个主题:
1. 战争是政治的继续,战争本身并不是目的,而是为了达成政治目的的手段;
2. 战争的原型是摧毁敌方防卫能力的绝对战争,对应的军事行动则是决战;
3. 战争可分为"暴力与狂热","不确实性、偶然、概略性","政治上的目的与效果"三种要素,这些特性必须与民众、指挥官、部队、政府相关;
4. 战争依据形态可以分类为两种,一是以完全打倒敌人为目的的战争,二是夺取国境附近的敌国领土的战争。

就如克劳塞维茨在《战争论》中所提倡的,战争的形态之所以会分为两种,是有从对象来探讨战争的意义以追求战争的绝对性形态,或是追求现实性的形态这两种见解存在所致。

Antoine Henri Jomini
约米尼 ＜ 1779～1869 ＞
瑞士／军人,军事理论家,历史学家

■主要著作/《大战术论》(1801)、《对于法国革命中作战的批判性战史》(1809)、《七年战争的大军作战论》(8卷,1804~1816)、《书简集》(1819)、《革命战争批判战史》(15卷,1820~1824)、《拿破仑传》(4卷,1827)、《战略概论》(2卷,1838)、《1815年会战的政略概要》(1839)

■简历/1779年生于佛德州(Vaud)帕耶讷(Payerne)。1800年出任瑞士佣兵营少校,1801年辞去军务,在巴黎研究腓烈大帝的作战,写下《大战术论》。1804年被身在瑞士的法军司令官米歇尔·内伊看上,选为幕僚,在1805年的乌尔姆战役中活跃,被拿破仑认可,出任上校参谋。1808年在内伊麾下参与对西班牙作战,1810年升任陆军少将,任参谋本部战史部长,1812年远征俄罗斯时担任陪同总司令的幕僚,1813年的吕岑-包岑之役以内伊军参谋长身份参战,却与法军参谋总长路易·贝尔蒂埃对立,因此投降俄罗斯军。之后成为俄罗斯军中将,担任亚历山大一世的幕僚,1813年参加莱比锡会战,引导俄罗斯军走向胜利。此后专注于写作活动,于1826年参加亚历山大一世的葬礼后晋升为上将,担任尼古拉一世的武官,1837年陆续担任当时还是皇太子的亚历山大二世的军事辅导官等职位,写成《用兵术详解》。1854年在克里米亚战争中成为俄罗斯皇帝顾问,对战争提供建言。1869年于巴黎去世,高龄90岁。

■约米尼的军事思想在于消耗战,其概要如下:
1. 比起消灭敌军战力,较重视领土占领;
2. 将用兵术区分为政略、战略、大战术、幕僚要务、筑城作业、小战术;
3. 以迅速机动分离敌军,并对其中一部投入优势兵力。

这些对法国、美国的军事思想都带来影响,马汉(Alfred Thayer Mahan,1840~1914,美国军人)的海军战略也与之呼应。先列举敌人可能采取的行动,再与自军的行动方针做比较,这种状况判断方式,是由约米尼最先采用的,之后广为普及,特别值得一提。另外,他在《战略概论》中写到内战作战的基本原理:
1. 把军队主力指向决定性要点(攻击夺取后就可以制住敌军的死穴,敌方特别弱的地点),也就是后方联络线上,进行战略性大移动;
2. 以迅速机动方式将优势兵力指向敌军的其中一部分;
3. 对决定性要点集中兵力。

除此之外,他也论及以无限制战争力求歼灭敌人的"绝对战争论",对付弱小国家要想办法引发人民起义的游击战,自己则保持距离。

军事用语集 事项篇

机动战

通过不断机动的方式占据战术优势，依此获得胜利。目的是弹性运用各种手段来调整与敌人的相对关系。

机动战的雏形最早在三十年战争时由古斯塔夫·阿道夫实行，这种瑞典模式由蒙特库科利与杜伦尼继承，两人分别在1673、1675年的作战可说是机动战的典型。

此后，这种战法为腓特烈大帝所继承，他虽然拥有一支机械性的精巧军队，却因为受到后勤的制约而烦恼。而解决这个问题点，确立机动战的是吉贝特。他把战争的各要素（编制、战斗队形等）单纯化，让战争达成机械性与组织性的统一。为此，他废除了大仓库，以现地征集的方式取得粮食，强化机动力，不拘泥于要塞而自由行动，编组内含后勤功能的师，意图建立能够迅速机动的军队。最后，把这种机动性应用于实战的是拿破仑。

骑兵炮、步兵炮

骑兵炮是增加炮兵的机动力，用以对骑兵迅速行动进行密接火力支援而设置的炮兵。

相对于此，步兵炮则是对步兵提供密接火力支援的炮兵，炮手与弹药手会徒步伴随步兵。在当时，火炮当然是由马匹来牵引。

骑兵炮拥有优秀的机动力，炮手与弹药手都是骑在马上，与马匹牵引炮一起跟随着本队，在编组上可以迅速展开。骑兵炮的火炮是轻量型的榴弹炮，普鲁士的为6磅炮，奥地利则使用12磅炮。

这个兵种不知道是18世纪列强中哪个国家创设的，在1756年被腓特烈大帝采用，意图增强骑兵的火力。他之后并没有只把骑兵炮当作骑兵的火力支援，而是想让炮兵控制战场，因此致力于把炮兵全部改成骑兵炮。

由古斯塔夫·阿道夫创始的三兵战术，虽然在战术思想上很优秀，却因为伴随骑兵进行密接火力支援的炮兵与步兵前进速度太慢，使得骑兵要将它而无法充分发挥原来的机动力。在实际的三兵战术中，骑兵发挥冲击力始于距离敌人前方仅约50码的地方，因此没有发挥以长驱机动展现威力的骑兵优势。

奥地利军有列支敦士登（Liecbtenstein）将军在1774年实施炮兵改革，却较晚采用骑兵炮，直到1792年才创立。不过他们从很早就开始让炮兵军官骑上马，士官兵则是坐在有名的"载香肠马车"这种弹药车上移动。由于法军的格利包佛尔将军也曾在1756～1762年服役于奥地利军，因此法军炮兵就受到奥地利军炮兵很大的影响。骑兵炮也跟奥地利军一样，在1792年正式创设，步兵炮则编制于步兵师中，属于直辖火力，在运用上配属于步兵旅。骑兵炮直辖于轻骑兵师，配属于骑兵旅。

这种炮兵编组后来在各国都逐渐变成不区分徒步、骑兵，所有的步兵炮也都改成骑兵炮，并一直留存到摩托化炮兵出现的20世纪20～30年代为止。

军队编制

军队编成的发展史非常暧昧不明，可以确定的是连级单位在中世纪已经出现，而营则是从荷兰的毛里茨之后才有的。之后，普鲁士的腓特烈大帝编组出了团。在18世纪60年代，法国的德·布罗伊元帅采行了师级编制，拿破仑时代则采用军级编制，总算具备了现代军队编组形式。至于现代最普遍的军队编成各组织名称与内容，则如以下所示。

1. 军团。兵力在40万人以上，指挥官为上将等级，由2个军以上编组而成。
2. 军。比军团小，由2个师以上编组而成，大多由中将指挥。
3. 师。作战的基本单位部队，拥有包括后勤在内的全部机能，具独立战斗能力。由少将指挥，以3～4个团编组而成，兵力为1.3万～1.6万人。
4. 旅。规模比师小，兵力为3000～5000人，由准将指挥，以2个团以上构成。
5. 团。由2个营以上编成，上校指挥。规模比团还小的部队因为要专注于战斗，不具备后勤机能。
6. 营。由2个连以上编组而成的部队，以500～1000人构成，主要以中校指挥。
7. 连。由2个排以上编组而成，200人左右的部队，指挥者是上尉等级。
8. 排。在连底下的单位，一般会分成2个班以上，由25～30名士兵构成，指挥者是中尉或少尉。

轻骑兵、轻步兵

1. 轻骑兵。骑兵从公元前1100年左右就开始使用。轻骑兵正如字面所示，是轻装备的骑兵，装备弓矢、投掷枪、刀剑等武器。古代波斯军骑兵的核心，就是安息（Parthian）出身的轻骑兵。他们能够轻快机动，就连撤退时都能转向后方射箭。另外，其轻快的机动性对于探察敌情、警戒、扰乱、切断敌后方联络线、袭击敌后勤囤积所与补给马车等任务相当有效。即使是一般行进，速度也是步兵的2倍，而且在不适合骑兵活动的森林地带或山岳地带也有办法行动。轻骑兵在中世纪时曾隐藏到幕后，到了文艺复兴时期复活。手枪的出现，让他们能够以军刀和手枪遂行战略性任务。另外，配备轻型滑膛步枪的龙骑兵，也能进行跟步兵一样的战斗，肩负侦察与袭击的任务。

2. 轻步兵。轻步兵从古希腊时期就已经存在，相对于身穿盔甲的重装步兵，他们没有盔甲，主要以（依据时代、国家、地域有所差异）圆盾、投石、镖枪、弓、弩、小火器等装备为武器。古罗马共和国军除了拥有3000名重装步兵之外，还有200名称为velites的轻步兵。他们配备于军团前方，或是中队（maniple）之间，以妨碍、扰乱敌军前进，并且填补中队间的空隙。但是到了中世纪，步兵本身就遭到轻视，主要任务都是由骑兵担任。进入火绳枪与滑膛步枪的时代之后，轻步兵才增加，而在18世纪，轻步兵则用来当作散兵。

在奥地利继承权战争中，玛丽亚·特蕾西亚大量采用克罗埃西亚轻步兵充役，而这些轻步兵则在七年战争的科林战役中让腓特烈大帝吃足了苦头。之后，除了法国以外的欧洲各国都采用了轻步兵。虽然此时法国依旧轻视轻步兵，但是到了18世纪中叶，在法国启蒙军事思想家们的督促之下，他们也开始采用轻步兵，还成为拿破仑战术的重要战力。

现地征调

在军队中设置负责补给、运输等后勤作业的部队，不依赖来自大仓库的补给或大规模后勤部队，而是从目标国家或地区直接征调补给品，轻便行军。采用这种方式之后，部队就可不被要塞拘泥，而能自由行动，使得机动力大增。

吉贝特在法国革命战争期间将之实践，并在拿破仑手上完成。不过就像拿破仑远征莫斯科时那样，如果敌人采取焦土战术，使得物资无法从现地征调的话，会导致后勤枯竭，让部队陷入苦战。

西洋棋战术

北意大利的伦巴第平原拥有丰富的农产物资，各城市通过跨越阿尔卑斯山跟欧洲北部互通有无而繁荣，因此自中世纪以来常常成为战场。而在远征结束之后依然留在该地的士兵，就会变成佣兵。不过在1380年以后，外国佣兵消失无踪，转而出现具有意大利独特性格的佣兵徒党，成为都市国家军的核心。在这当中出现所谓的佣兵队长（condottiere），以1450年成为米兰公爵的弗朗切斯科·斯福尔扎（Francesco Sforza）最为有名。他几乎不进行决定性战斗，而是当敌军后方联络线被切断时，才会直接进行战斗。尽量不造成死伤，而是多抓一些俘虏，以换取赎金作为战争目的。因此，就会以西洋棋（国际象棋）的特性将之命名为"西洋棋战术"，不过这种战术在1494年查理八世入侵意大利之后就无效了。

焦土战术

主要用于守势作战，是一种为了不让入侵的敌人从现地取得粮食、补给品而把仓库烧毁、破坏至无法使用，并且自行后退，让敌人的后方联络线变长，借此切断其后勤的战术。这在对付敌方采取现地征粮方式时特别有效。

这种战法是俄罗斯从入侵他们的鞑靼人（蒙古军）身上学来的，特别重视此战法。彼得大帝在第二次北方战争、亚历山大一世在拿破仑战争中都曾使用，并且都取得了胜利。另外，在意大利战争中，这种战术也从东欧传了过去，由被围城的威尼斯军使用。他们把可供利用的一切物资都烧个精光，让整个地区无法被利用，最终证明了焦土战术的有效性，这种战术在欧洲广为流传。

歼灭战、消耗战

1. 歼灭战。王侯贵族为了保卫自己的领地而发起的战争称为限制战争。去除限制战争的框架，在法国革命之后因高涨的爱国主义热情而进行的是国民战争。而以征服战争为中心，可以在拿破仑战争中看见的战法则称为歼灭战，就军事上的意义而言，这种战争让敌人完全无法东山再起。

在克劳塞维茨的《战争论》里，把其中一方对其他各方进行全面性破坏视为目的的战争称为绝对战争，歼灭战则是实际执行的战法。

近代德国为了探讨歼灭战的模式，对古代迦太基与罗马之间的坎尼会战进行研究，并依此完成了施里芬计划（Schlieffen Plan），虽然在第一次世界大战中对法国的正面攻击并未成功，但在对付俄罗斯的坦能堡（Tannenberg）战役里实践了这种战法。

2. 消耗战。这是在军事上处于劣势的军队用以对付优势之敌的战法，是一种靠着游击战与破坏后方联络线来拖住敌人并消耗之，让他们退出占领地的战法。

在美国独立战争时由美军所采用，让英军吃足苦头，而英国的摩尔学去之后，就在拿破仑战争下的西班牙使用，同样让法军伤透脑筋。继承这种做法的威灵顿借此消耗法军，终于将之击败，成为打倒拿破仑的原因之一。

绝对战争、限制战争

1. 绝对战争。这是"观念上的"战争观，用来瓦解敌方防卫。指的是其中一方为了让其他各方陷入全面崩坏，而无限制使用暴力。

克劳塞维茨在著作《战争论》中，将绝对战争定义为"这种战争的目的是完全打倒敌人，为此要把敌人在政治上逼入绝望状态，并且使其在军事上瓦解，使他们必须依照我方的期望进行讲和"，这是在从拿破仑战争到第二次世界大战时进行的国民战争中可以直接看到的形态。

2. 限制战争。为了有限目标而进行的战争，也用来指因为受到国际政治等各种外在因素影响，而让"全面战争"受到限制的战争。

这是在单纯占领、兼并交界地区，或是用来制造交涉条件时所进行的战争，17~18世纪时，欧洲各王朝之间不断展开的就是这种战争。

战争术

从文艺复兴到17世纪，并不存在"战术"这个词。当时，奥地利军人蒙特库科利在1649~1654年撰写了《战争术》一书，他把战争术定义为"包含在军事行动中的数学、后勤、组织、筑城技术，将军事以科学方式思考"。

另外，古代的"战术"这个词已在中世纪时消失，虽然包含在战争术当中，不过要到18世纪法国的佛拉尔与他的弟子梅斯尼尔·杜兰之后才又开始使用。

战略、战术

1. 战略。不论战时或平时，为了达成国家政策目标，或是在战时追求最大的胜利，国家集结经济、社会、政治、心理以及军事上的力量行使的计划与管理。词源为古希腊的strategos，意为"将军之术或策"。

  另外，战略还可分为大战略、国家战略、军事战略以及作战战略。

2. 战术。当敌我交战迫在眉睫，或是正在遂行时，为运用军事组织而制作的编组计划，以及训练、指挥。词源为古希腊词taktos，语意为"命令，调整装备"。这个词在19世纪时分成两种：大组织的战术称为大战术；而小组织的战术，或完全以步兵、骑兵、炮兵其中一个兵种构成的组织所使用的战术则称为小战术。

战略、战术这两个词就跟"后勤"这个词一样，在中世纪到18世纪间是不存在的。在文艺复兴时期，就像马基亚维利的著作《论战争艺术》，使用的是不明确区分战略与战术的"战争术"一词，不过到了18世纪，已经可以看到将之区分的表达。

战略机动、战术机动

由于本书所记述的是欧洲的军事史，因此某些词在翻译时可能无法找到完全对应的汉语。而这个词就是如此，英语的maneuver，法语则以manoeuvrer便能一言以蔽之，直接翻译为"机动"，以语感来说，带给人的意思是"在与敌方相对关系上的物理性、地理性移动"。不过在欧美，maneuver一词还包含了重视战略、战术策略的弹性运用概念。因此必须把它分成战略机动与战术机动两种来说明。

举个战略机动的例子，在拿破仑战争中，当拿破仑正实施"campaign"时，会把某个地区想定为战场，让各军或各师分别经不同路线从根据地移动至战场，就称为战略机动。

战术机动就是当各军指挥官再度集结于战场，并受领拿破仑的命令之后，遵照作战计划让第一线部队形成混合战斗序列态势，这样的部队移动就是战术机动。

战术队形、战斗队形

从意大利战争开始有组织地使用火器，特别是火绳枪，而因为其特性的关系，如何组合火绳枪与长枪就是个问题。为了解决这个问题，就必须具备更完善的战斗队形。开先河的是毛里茨的战斗队形，最后发展为成熟的混合战斗序列，实际上花了大约200年的岁月。进入火器发达的19世纪之后，这种战斗队形变成单纯散开。但即使战斗队形发展成熟，它也无法单独行使持续性的战力，因此就要排好几个基本战斗队形组合在一起。另外，由于消解敌军冲击力必须保持纵深性，就得设置好几条战列线。从16世纪末到18世纪，列线已从3列变成2列，为了让整个战列更具强韧性与冲击力，还必须配备骑兵与炮兵。这种理想性的队形，就称为战术队形。

外线作战、内线作战

1. 外线作战。以大局来看敌我双方，我军位于从一开始就可进行包围或夹击的位置，相对于朝向外侧作战的敌军，我军会一边把后方联络线维持在外侧，一边从数个方向展开向心行动的作战方式。换句话说，就是将作战线保持在敌方外侧的作战。

  外线作战，可以将敌军包围、捕捉、歼灭，可以制住单一战线的敌军，不会为敌所制，因此很安全，还能切断敌军退路，威胁其策源基地。另外，这也具有作战的时间与空间，可以在遂行作战上位居主动。但是这必须对敌具有优势，还得分散战斗力，因此有遭到各个击破的危险。

2. 内线作战。相对于从外侧数个方向进行向心攻击的敌军，将我军的后方联络线保持在内侧的作战。结合全部的作战线与目标对峙，对横向分离或纵向分离的敌军进行各个击破，最重要的是集中战斗力与短时间完成战斗。

  内线作战属于守势，处于被动，与外线作战呈相对关系。另外，虽说这是战略守势作战，却能让战力位居弱势的一方通过决战获得有利的战略态势，并累积数场单一胜利形成整体胜利。

■外线作战

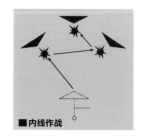

■内线作战

这种作战的特质是把后方联络线置于内侧，多会依据敌军的来向调整自军行动。

部队支援

所谓部队支援是指团、营级以下的后勤，拥有维持、增进部队战斗力并且支援作战的机能。具有部队支援的地区称为支援区，相连的后方联络线、补给干线也置于其指挥之下。

从中世纪到文艺复兴时期，军队会带着马车以运输粮食、装备等。西班牙军的贵族军官还会带着家人和家当一起行动，战斗时还要在战场上重新整理。另外，在火炮出现之后，还必须搬运弹药。马克西米利安一世、毛里茨会把粮食、弹药分类，用不同的马车装载，到达战场之后，依据这些马车形成团、营级梯队，立刻进行战斗准备。

在三十年战争之前，补给都是以掠夺的形式进行现地征调；战后经过反省，就想出了让部队具备独立后勤的方法。也就是说，理论上采用把补给仓库与现地征粮系统化的方法。团级编制到腓特烈大帝时代已经确立，团级以下的部队在不妨碍战斗行动之下，会定期携带支持战斗用的弹药、装备、粮食、医疗等可供自给自足的后勤物资。一旦作战有所进展，携行的后勤物资也会跟着消耗，因此就要从上级部队补给后勤物资。补给运输队会运来物资，而部队接收物资的地方则称为交付所。对负伤者实施最低限度的必要性紧急处理治疗，或是用于后送重伤士兵的地方则称为收容所。其他还有炊事所等，综合这一系列的设施、机能、区域，即为部队支援。

后勤

能够维持、增进部队战斗力，具有支援作战的机能。除了对粮食、弹药、装备、饲料等进行补给运输之外，还有治疗部队等医护功能。当这些机能一边各自发挥，一边进行有机结合之后，就能形成称为后勤的综合机能。

后勤的机能会从国家策源经由各级部队以一贯、持续的方式传递到最末端的第一线，后勤组织可依机能分为基地后勤、野战后勤、部队后勤，从策源到第一线的补给支援必须流畅。

从16世纪到18世纪尚未解决后勤问题，因此就构成军事作战上很大的阻碍。特别是农作物的生产效率低，相对于军队编组的补给机能又尚未发达，因此军队大多会攻击物资集中、经济发达的都市，使得许多都市要塞化，且让攻城战变多。

英语的 logistics（后勤）从希腊文的 logistikos 而来，这个词是表示计算上的手段。在古罗马与拜占庭帝国，有一种称为 logista 的军事行政官，到了18世纪，logistics 被当成军事术语使用。

炮

火炮会依据用途与任务来分类。其中当作对地火力，为步兵与装甲部队提供火力支援的称为野战炮；以破坏坚固城墙为目的，

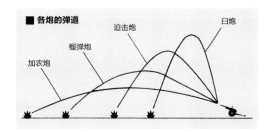

■ 各炮的弹道

由攻城军使用的是攻城炮。这只是依据用途不同而产生的不同称呼，并非指的是火炮不同。

野战炮在现代的对地火力中，是指除了反战车炮、战车炮之外的火炮，依据弹道分为加农炮、榴弹炮、迫击炮。15世纪出现于欧洲各国和奥斯曼的巨大火炮，号称具有强大的破坏力，对敌方士兵造成的心理冲击相当大。在材料方面，用的是青铜制与铁制。火炮的种类有以下几种。

1. 榴弹炮。炮身长度介于加农炮与迫击炮之间（是口径的20~30倍），射角比较高，初速中等。这是在17世纪左右普及的火炮，因为射角较高，能跟臼炮一样攻击躲在掩体后方的敌军目标，弹速与射程又比臼炮好。近代以后，口径10厘米左右的野战榴弹炮成为战场上的主角。

2. 迫击炮。炮身较短（是口径的10~20倍），属于高射角火炮，初速较低，射程也很短，拥有大曲射弹道，最适合用来射击藏在丘陵后方或有障碍物掩蔽的目标。由于弹道特性的关系，命中精准度相当低，不过重量很轻，可在分解之后由步兵短距离携行，为第一线步兵所使用。弹药从炮口放入，因此可以在短时间之内以多数炮弹对目标进行射击。由德国研发，最早用于实战是在日俄战争中日军攻击旅顺要塞的时候。

3. 臼炮。初速低，赋予炮身大射角以进行近距离攻击的曲射炮，可以借曲射弹道发射大重量弹头。其中大型臼炮自中世纪以来就被使用于要塞攻击中，可以携行的臼炮则当作步兵火器用于壕沟与山地作战时。另外，依据用途分成要塞炮、攻城炮和迫击炮。

4. 加农炮。英文称为 cannon 或 gun，是为了进行远程射击，发射高初速炮弹，并拥有低伸弹道的长炮身火炮。与其他同口径火炮相比，炮身、炮架都很大，也较重，通过牵引或是自走移动的方式作为野战重炮使用。另外，它也会装在固定炮架上当作海岸要塞炮，在野战中构成火力骨干。

炮兵后勤

炮兵后勤基本上属于部队支援的一种，统括火炮、瞄准具、弹药等在火炮射击上必要器材的机能。

对于炮兵后勤，部队指挥官要彻底管控弹药使用与限制事项，并且获取其他不足的重要装备品等，另外也要管制其他与作战具有重要相关性的后勤业务。

炮兵后勤的特色就在于弹药补给，部队指挥官会对炮兵队长

下达弹药使用基准，借以管制使用；队长则会对麾下部队下达使用基准，并管制使用。

使用弹药时要请求弹药，并且按照规定领取定量弹药。如果处于像是防御等必须在特定时期战斗的状况，就要一次把必要的弹药都领好，并事前囤积在支援区或后方地带。

预防战争

对于具有潜在侵略性的敌国，以制敌先机的方式在本国根据对方的战争遂行能力在陷入危险之前展开攻击，以阻止侵略意图、防患于未然的战争。

对象是对本国抱持侵略意图的潜在敌国，虽然这一点属于被动，不过本国能选择最有利的时间、地点、方法来攻击，则呈现积极主动，因此可说是侵略战争的一种。

预防战争会发生在相互抱持敌意的国家之间单靠实力平衡来维持表面上的和平，但其中一方看到对手的军事力量迅速成长、因而感到不久的将来会发生危险的时候。

腓特烈大帝进攻西里西亚、法国革命战争中对奥地利的攻击，以及因为俄罗斯的南下政策而感到强烈恐惧、由日军开打的日俄战争等，都属于预防战争。